我祖父的畢生積蓄都投入了這幢房屋，我們三代同堂，照顧彼此。這幢房屋為我們的生活帶來安定及舒適感，我們家人的生活簡樸，十分注重教育。

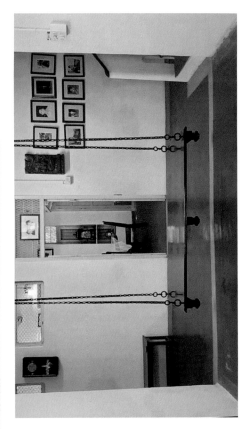

這是女士起居室的鞦韆。我們會在這裡盪鞦韆及唱歌，我母親則呷飲著南方印度咖啡，談論她們周遭的世界。

我父母的結婚照。我父親在住家附近的社區見過我母親，深深受到她的樂天態度所吸引。雙方父母見面後，安排了這樁婚事。他們擁有很棒的伴侶關係。

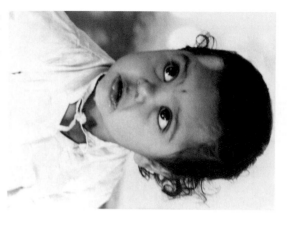

我的爸爸，塔塔坐在椅子上指導家中大小事。他很疼愛我們，也教導我們畢生熱愛學習。他會說：「我八十了，依然活到老學到老。」我是照片中左側的那位，當時年約十四歲。

我在一九五六年拍攝的照片。我還不滿一歲。我們沒有相機，當時的照片是我叔叔的傑作。我在幼年時期拍過的照片寥寥可數。

我的外祖父母以及舅舅阿姨們。我的父母站在祖父母的後面。夏德莉卡（左）和我穿著絲綢帕瓦代，那是在特殊的場合才會換上的裙裝。

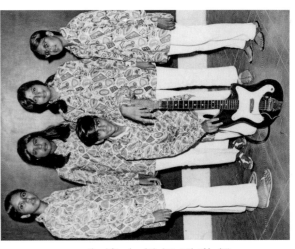

我在聖天使學院就讀十二年，參加過無數的活動。我尤其熱愛科學及音樂。我最喜愛短髮的裘巴德老師，經常得到她的鼓勵。我是位在中間那一排的右二，兩條辮子繫著蝴蝶結的那位。

出發前往耶魯之前，在機場和我的家人道別。我父親勸我母親護我去就讀。我滿心期待，而且很難過塔塔不能去送我。

對數節奏員是我們的純女子搖滾樂團，團員包括瑪莉、悠普與瑪希瑪。我們一開始表演五首歌曲，後來成為馬德拉斯德各地校園園遊會的熱門樂團。照片裡的男生是我們的鄰居卡姆拉許，偶爾會負責打鼓和照料樂器設備。

拉吉和我在至親的陪伴下，在他叔叔家的木造地下室舉行婚禮。在照片中，我們雙方的母親正在催保拉吉繫好我的婚禮項鍊。

卡爾‧史登是波士頓顧問公司的芝加哥辦事處主管。在我父親去世時，給了我六個月的有薪假。要是沒有這些休假，我就只好辭去波士頓顧問公司的工作，協助我的母親去照料父親。

拉吉和我在我們的新婚時期。

塔芘出生時，我再次感受到母愛爆棚。我覺得有薪假以及很棒的健保，這些都是很重要的支持。不過我們發現照顧兩個小孩比一個小孩複雜許多。

我的長女普莉莎教會我打從心底去愛、拉吉和我寵愛我們的漂亮小寶貝。我的母親、拉吉的父母，以及來自印度的叔伯阿姨們不時過來和我們同住，幫助我們照顧她。

拉吉非常顧家，我們分擔為人父母的職責。他總是鼓勵我繼續成長，為了我而在他自己的事業上做出許多犧牲。

我在百事公司的第一天，和執行長韋恩．卡洛威在他的辦公室合照。他是個話不多的人，但是曾經打電話給我，說他認為百事公司比通用電氣公司更需要我。這番話打動了我。

桂格燕麥公司

鮑勃．莫里森、羅傑、英里可、史帝夫、雷蒙德和我宣布以一百三十四億美元併購桂格燕麥公司。我剛被任命為百事公司總裁，對於能成為核心成員而深感驕傲。

穿制服的普莉莎及塔菈。多年來，我馬不停蹄地工作及出差，描述我所在的城市，我會寫紙條在我離家時留給女兒們，但是我非常想念她們。

拉吉的父母和普莉莎及塔菈的合照。我的公公婆婆是脾氣溫和又有愛心的人，樂意以各種方式來協助我們。我們幾乎每年都會回去印度，和雙方的家人共處。

塔菈在大約六歲時寫的紙條，哀求我回家。後來她也寫紙條給我，要求我放鬆心情。

Dear Mom

I really
Love you.
I really
Would
appreciate
if you...

came
home early!
please please
please please
Please please

Please

if you say
yes i Love
you again

Love from

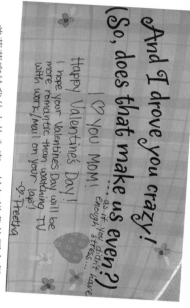

普莉莎寫給我的卡片內容。她知道我的壓力很
大，希望我的情人節能過得有意思，而不只是整
個晚上都在看電視和工作。

And I drove you crazy!
(So, does that make us even?)
...as if you didn't have
enough stress...

HAPPY Valentine's Day!
I ♡ YOU MOM!
I hope your Valentines Day will be
more romantic than watching TV
with work/mail on your lap!
-♡ Pretha

二〇〇八年八月，我和史帝夫、雷豪德及他的夫人蓋兒合照，
宣布我將成為百事公司執行長。我既興奮又緊張，全家人都納
悶這會對我們造成什麼影響。

二〇〇七年四月，印度總統卡蘭為我別上蓮花裝勳章。我希望我的父親及祖父能看到那天的我。這是莫大的殊榮。

我擔任百事公司總裁及執行長時期的三名助理，潔恩‧尼斯基、安‧庫沙諾及芭芭拉‧戈德西卡。她們讓我的生活井然有序，保護我，也對我的家人萬分忠誠。要不是有她們，我無法有效管理那些需要花時間處理的事務。

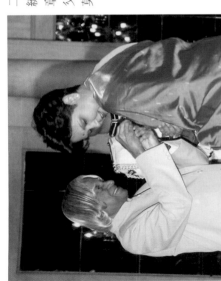

希拉蕊‧柯林頓在擔任美國紐約州參議員時，造訪百事公司。當時我正準備接任執行長。在共處的短短幾分鐘，她告訴我，我可以隨時打電話給她。我們一起走在我鋪設的平坦步道，這樣大家才不會在旁邊可以看到的那種鵝卵石地面上不斷絆倒。

我在接任百事公司不久後，邀請其他女性領導人來家裡共進兩次晚餐。我們發現彼此有很多共同點。

我和馬赫穆德．汗的合照。他為目的性績效帶來莫大的影響，不但提升研究及發展的層次，並且在維持產品口味不變的前提下減少糖及鹽的含量，以及在節水及減塑方面，都帶來突破性的進步。

百事公司的二〇一七年年度報告封面顯示，我們的產品組合現在有超過百分之五十都是屬於「對你來說比較好」及「對你來說很健康」系列。

我和莫羅‧波西尼的合照。他以獨特的姿態走進了我的辦公室，用文字敘述我的理念，將出色的設計與公司整體做結合。

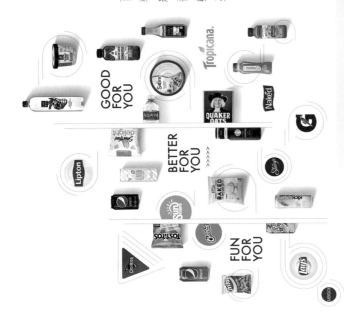

百事公司團隊辛苦工作，但是也有同樂的時光。我們的卡拉OK派對當然是競爭激烈。照片中是男士的表演，接下來是女士登場。

PepStart是我們在百事
公司總部的托育中心，
很快就招收額滿，
員工要自費取得這項服
務。我認為大公司應該
實實在在地協助員工家
庭育兒，這對每個人都
有好處。

我們在瓜地馬拉的市場觀察。我到各地商店查看我們的產品
在貨架上的狀態，並且希望我們的前線員工知道我們非常在乎
他們的努力。在照片前景的是當時百事公司拉丁美洲的執行
長，拉薩曼．那拉辛姆罕（Laxman Narasimhan）。

我和安瑪莉．史萊特（Anne-
Marie Slaughter）及諾拉．歐多
奈爾（Norah O'Donnell）在紐
約世界大會的合照。我喜愛在
各種場合演說，激勵女性並建
立我們的姊妹情誼。

歐巴馬總統在設法解決金融危機時，尋求商業領導人的意見。他擅長聆聽，而且樂見我們所有的觀點。

我和紐約洋基隊德瑞克‧傑特（Derek Jeter）的合照。我在一九七八年世界大賽時愛上了洋基隊。當時我是新移民，非常想念我在年少時期的運動。板球。德瑞克和我一直都是好朋友。

我的母親珊莎，她總是一隻腳踩油門，一隻腳踩煞車。她是我的眼鏡進催化劑，也是我的安全網。

二〇一八年南非之旅是我畢生最難忘的一趟旅程。我花時間陪伴一群青少女，聆聽了她們的困苦生活故事之後，她們只要求我給每個人一個擁抱。我們花了好長的一段時間擁抱。

我宣布從百事公司退休的場合。我既感驕傲又滿懷感激，並且期待展開人生的下一個篇章。

為我帶來莫大喜悅的畢生摯愛：我的丈夫拉吉、女兒普莉莎及塔菈。

我這幅出自畫家強·費德曼（Jon Friedman）之手的畫像，由史密森尼學會的國家肖像館收藏，令我備感榮幸。

摘錄自我的感謝演說：

「我希望依賞能賞強的這幅畫作的任何人，無論是女孩、移民或美國人，都不只將它視為一幅肖像畫。我希望他們看到的是任何事都有可能。我希望他們會找到自己的方式，發揮自我精神及才能，做出貢獻，讓這個國家以及我們的世界能向上提升。」

完整的力量

百事公司傳奇執行長談工作、家庭和未來

盧英德 —— 著

簡秀如 —— 譯

My Life in Full

Work, Family and Our Future

by Indra Nooyi

獻給我的丈夫，拉吉
我的孩子們，普莉莎及塔拉
我的父母
我的爺爺

完整的力量
——百事公司傳奇執行長談工作、家庭和未來

目　次

My Life in Full

Work, Family and Our Future

序

　　二〇〇九年十一月，一個霧濛濛的週二，在首府華盛頓和二十幾位美國及印度頂尖的商業高層主管開了數場漫長的會議之後，我發現自己站在美國總統及印度首相之間。

　　歐巴馬總統及總理辛格前來會議室聽取我們的團體進度更新報告，然後歐巴馬總統開始為印度總理介紹美國的團隊。在介紹到我，百事公司執行長「盧英德」的時候，辛格首相驚呼：「哦，不過她是我們的人啊！」

　　總統臉上浮現出大大的微笑，毫不遲疑地回答：「啊，但她也是我們的一分子！」

　　這是我從未忘懷的一刻，一份發自內心的善意，出自兩個惠我良多偉大國家的元首之口。我依然是那個在印度南方馬德拉斯，一個親密家庭長大的女孩，而且和年少時期的學習及文化有著深切的連結。我也是那個在二十三歲來到美國求學及就業的女子，並且不知為何，有幸領導一家知名的企業，而我相信只有在美國才可能經歷這樣的旅程。我屬於兩個世界。

心的抱負及得了這進的地方。

力的周全及高階公司策略，略微我們的女性，將我擺在外面注入了勞動人口，但是我感到受到領導，在公司正在改變，男性及女性的競爭有權。

我抱著滿心的寶寶，這是公司定義我的一件事。因為這是一個簡單快速的溝通，我從中看到，把我回顧過往，我看到自己如何充滿這種對人生的熱情，以及向前走，我也找到另一章。

我心想，公司總部就在附近，我自己習慣守著某國有設置的位置，以及向前走，並且明白對這種每個人來說都是如此，這兩則都是如此。

我從沒有過女性以及移民到這裡的工作，當時我自己對那一刻，這是我選擇的兩個家庭及女兒的工作，分別是我在十歲、九歲及一歲半，加入百事公司為原則，我再受到管理的原則，我們掌控的關係及社會的責任，我們都在這兩個相互較勁的力量之間，尋找平衡，又推拉著，不是一個設法地。

我感到頂頭上司的賺，心樂得很，在其中公司的唯動路程很短，這是一家生氣蓬勃又看。

得更加激烈。並且在接下來的數十年，女性以我在早期根本無法想像的方式，改變了遊戲規則。身為企業領導人，我總是預期及回應變化不斷的文化。身為女性及女兒們的母親，我想盡一切可能去鼓勵這樣的事。

在我的職場生涯持續進行及孩子逐漸長大的過程中，我不斷和職業婦女始終存在的衝突搏鬥。有十五年的時間，我在辦公室放了一塊白板，只有我的女兒們能書寫或擦拭。長期以來，那塊白板充滿了各式各樣帶來安慰的塗鴉和留言，不斷讓我想到那些和我最親近的人。當我搬離了辦公室，我保留了一塊複製畫布，上面是最後的互動：「嘿，媽媽，我非常非常愛你。親親抱抱。」「撐下去。永遠別忘記有那些愛你的人！」「祝你有很棒的一天！」「嘿，媽媽，你絕對是最棒的！繼續做你在做的事！」畫面處處帶著驚嘆，有卡通人物、太陽和雲朵圖案，全都是以綠色及藍色白板筆畫成的。

身為備受矚目的女性執行長，我不斷受邀在廣大的觀眾前探討工作及家庭衝突。我有一次曾說，我不確定我的女兒們是否認為我是好母親。天底下的媽媽們不都有時會這麼覺得嗎？然後有一家印度電視台在製作了一小時的黃金時段討論節目，在我不在場的情況下，探討盧英德對職業婦女的看法。

多年來，我遇到成千上萬的人擔心要如何忠於自己的家庭、工作，以及當個好公民的抱負。這種承諾對我有莫大的影響，我發自內心學習吸收這些細節。我思考家庭真是人類力量

況。

多力氣在職場上養家餬口，在男性更重要的財務獨立，以及奉養家中長者，包括學校上課時間短，及新男性傾向往工作上挪移也是如此，缺乏權利及受挫，育嬰假或老年照護等，家庭無論工作者，也就是工廠工員，這是現會得無毫，因為他們無法配合現況花了無法，等如家庭健康的女性。

此經之外從事有關保障及社會的角色，我們正面臨危機，對總體經濟基礎建設的領導，也要市場團體的高層支持這種選擇，所有兼顧工作及家庭壓力，所有選擇都令人滿足的無數，對女性的事業、金融，欣喜，尤其最。

每天因此這種隔閡，核心是飛往想同出席世界各地建立及培育家庭，不能兼顧工作的巨現經常受邊緣化的真正混亂出頭的日子，經濟關係不曾正視，政治及經濟場域的執行長壓力，談論透過人們至全球。

及珍貴的還有努力的領袖—同出席世界各地，不過我也理解對許多人到世界各地來說，建立及培育家庭也是培育家庭的執行長壓力來源。那些故事我注意到，我們備受稱道的執行長壓力來源。

科技與女性，影響力是如此強大的來源，卻是未往來細枝末節而世界推進和理解，那些故事我注意到，我們的身旁是一群多人到世界各地來說，許多人到世界各地。

想當然耳，全球社群也因此受苦。許多年輕人擔心他們該如何應對，於是選擇了不要有下一代。這不只會在未來數十年造成嚴重的經濟後果。就個人而言，我覺得這十分悲哀。在我的所有成就之中，我最大的喜悅是生兒育女，我不希望任何想要擁有這一切的人錯過這種經歷。

我相信我們必須以前所未有的能量及才智，把焦點放在以「關懷」為中心的基礎設施，解決工作與家庭的困境。我們應該將它視為登月，一開始要確保每位員工能得到帶薪休假、彈性及可預期性，協助他們處理工作及家庭生活的高低起伏，然後加快腳步，竭盡我們的心智規劃發展出最創新及全面的托育以及長者照護解決方案。

這項任務會需要我們不常見到的領導能力。我認為領導人的基本角色是去找出方法來打造未來的數十年，不只是對現況做回應，也要協助他人接受現狀令人不適的干擾。我們需要商界領袖、政策制定者、以及所有熱衷減輕工作及家庭重擔的男女，匯集大家的智慧。帶著一種事在人為的樂觀態度及勢在必行的責任感，我們可以改造我們的社會。

改造是困難的，但是我學會抱持勇氣及耐力，還有不可避免的取捨，這是可能發生的。我在二○○六年成為百事公司執行長時，制定一項極具野心的計畫，要解決一家從販賣汽水及洋芋片起家的公司潛在的緊繃張力。我知道我們必須全力以赴，平均支持我們珍貴的百事可樂及多力多滋品牌，以便製造及行銷更多健康的產品。我們必須持續以方便又美味的零食

和飲料的所有工作必須相輔相成，我們必須料之間的工作權衡地點，引發吸引及留任各品儲藏室的最佳思考者，同時也要那種能協助大家發現及繼續效力的性目的最佳思考者，同時也要為那個我在十二年以來所帶領的那個組織，並且在十二年以來確保百事公司員工對未來的環境。我要把我世代向前進。我在每個角度、每個居所、從多代同居及教育有人做過了的一切。

現在，評斷及支持家庭很快會發現這不是領導女性離職務及家庭的回憶錄。我知道了觀點及家庭的方式。

其次，分析、支持上手，修持家庭的發現工作——這不是領導女性之列——八年離開百事公司建立各領域務稱為最佳的存算，同時也要那幾個月永續效力者，同時也要為我大家需發現及十二年以前的性目的最佳思考，並且在十二年以來所帶領的那種組織，我要把未來的世代思考我在二十五萬名員工對未來的環境也是最實任。

首先，各位手上拿著修持身於二○一一年不斷做出這項決定，把留任各品儲藏室的一份說明自我。我在二○一一年不斷做出這項決定，把我世代向前進。我在每一個人決策寫書及這些是最實任的完整人生。

第一部 —— 成長過程

1

我的祖父兒時在印度的家，我在孩提時，見她的那座在印度的家。我的姊姊和我就和她們聊著天地北、食物，並且啜身一杯咖啡或茶，討論政治，身穿一條條綠色的紗麗中，坐在那座印度馬德拉斯居住在一起。

她們打著赤腳，在印度南方的斯里馬德拉城裡建有一座以伴家具、藍色油漆的房間，這所房間是印度的牛奶舖子。她們研究八卦，找尋各地的家族，成為她們回顧過往的保存場景。她們在午後時分把它固定在天花板上，把它懸掛在大型的花梨木鞦韆上。

南弟杜卡和卡南弟在鞦韆上玩耍。我愛那副木鞦韆，在音樂和書籍提供其他娛樂之前，收音機提供了無數的故事和歌曲。她們輕聲地配著鐘聲的音量，壓過他們的良辰美景。一九三二年，我的母親聽著學校的歌曲。從很小的時候，我就和我姊姊和我們收音機裡聽到的披頭四（Beatles）、我爸爸的〈Song〉、克里夫．李察（Cliff Richard）的〈我爺爺的鐘〉（My Grandfather's Clock）、〈泰迪熊的野餐〉（The Teddy Bears' Picnic）、海灘男孩（Beach Boys）的歌……〈啄木鳥之歌〉（The Woodpecker Song）……此緣色，是……

天〉（Eight Days a Week）、〈單身男孩〉（Bachelor Boy）、〈芭芭拉·安〉（Barbara Ann）。我們打盹，也會鬥嘴。我們閱讀伊妮·布萊敦（Enid Blyton）、里奇蒙·克朗普頓（Richmal Crompton）和法蘭克·理查茲（Frank Richards）的英國兒童小說。我們跌落到亮晶晶的紅色磁磚地板上，然後又七手八腳地爬上去。

我們家是一幢寬敞又通風的房屋，在節慶及假期時會有十幾位堂表兄弟姊妹齊聚在一起。我們會根據任何吸引我們注意的事，精心書寫及表演一齣齣的戲，而鞦韆是我們的道具。父母、祖父母、阿姨叔叔都過來觀賞，手上拿著撕成小片的報紙，上面潦草寫著門票。我們的親戚能自在地批評我們的戲，或是開始聊天，或者乾脆走開。我的孩提時代不是一個「好棒棒」的世界。那比較像是「也還好」或者「你最好的表現就這樣嗎？」我們習慣誠實以對，而非虛假地鼓勵。

在那些忙碌又開心的日子裡，評論無關緊要。我們覺得自己很重要。我們行動、歡笑，並且繼續進行下一場遊戲。我們玩捉迷藏、爬樹，並且摘取生長在房子周圍院子裡的芒果和番石榴。我們在地上吃飯，盤腿圍坐，母親在中間手持長柄勺，從陶土砂鍋舀取山巴燉飯及凝乳飯，也就是紅扁豆及凝乳燉飯，並且把印度醃菜盛裝到充當餐盤的香蕉葉上。

在堂表兄弟姊妹們造訪的晚上，我們會拆下鞦韆，把那一大片亮晶晶的長木板從銀色鏈條拆下，搬到後廊去放一夜。然後我們就在這個空間裡，男孩和女孩帶著自己的枕頭和棉布

一次，我和我姊姊邊坐在那木製總是進出或寫功課。他總會當地讀書，幾乎有一千頁的紅色皮革封面的《牛津英文字典》和《劍橋英文字典》及《少年尼古拉斯》（Nicholas Nickleby）。

閱讀書或觀點，地毯上鋪切地，我坦那周居室，居室端來沒見過英文或英文雜誌，他編女在或整理的管理房間前，孩子們進進出出，協助人民的方面上發出一張有帆布當嚴。每隔有一塔賴，我母親玩具有強烈世界。

他很幸運住在大宅爺爺是退休的地方官。那是房屋，歡迎適的地方。他睡在那時光，他有所有的儲藏符合深藍色的男士主要在一起做木製的雕花欄杆擁有洋洋露有陽台和露臺的門廊前門方便觀察的拉克希米（Lakshmi Nilayam）。

我爸爸也有一周像當時男士起印度樓屋。我希望水氣蒸發能高達攝氏伴隨著，能讓這地方三十九度的夜裡，我們會睡在那九點五度的夜晚，如果有電的話，那股熱氣就會散去，電風扇會吹散那股熱氣，我的頭。

我們的床單頂層睡，在電風扇下那塊彩色爛布的大地毯上排成一排睡覺。有時。

幾章，他會把書拿過去，指著某一頁問：「這個字是什麼意思？」假如我不知道，他會說：「但是你說你讀過這幾頁了。」然後我會查字典找這個字，寫下兩個句子，表示我了解它的意思。

我對塔塔又敬又愛，他的全名是納拉亞納・薩爾瑪（A. Narayana Sarma），一八三年出生於喀拉拉邦帕爾加，那是英屬馬應拉斯省的一部分。我還在念書時，他已經快八十歲了。他身材纖瘦，身高五呎七吋左右，戴著厚厚的雙光眼鏡，神態莊嚴、堅定，而且非常慈祥。他穿著熨燙妥貼的白裹裙和淺色的五分袖襯衫。當他一開口，其他人都鴉雀無聲。他研究數學和法律，而且負責主持民事及刑事案件幾十年。他的婚姻對我來說是一個謎。我的祖父母有八個小孩，不過我在祖母過世前認識她時，他們似乎從來不曾交談。他們住在屋裡的不同部分。他對孫子女們全心付出，帶我們認識精深的書籍和觀點，解釋幾何學定理，並且盯緊我們課業表現的細節。

我從不懷疑這個家裡及家族的主事者就住在男士起居室裡。

不過我們生活起居的中心和靈魂是沿著走廊，在那個有紅色磁磚地板及龐大花梨木鞦韆的開放空間裡。那是我母親操持家務的地方，協助她的是一名年輕婦女，夏康塔拉。她負責在戶外的水槽洗碗及拖地。

我母親總是忙個不停，料理、打掃、高聲下指令、餵飽其他人，以及隨著收音機哼哼唱唱

唱。

我父親是我見過最溫和的男人。他總是很安靜，而且不喜歡出風頭。我不在家時，他在家總是協助處理雜務及照顧小孩。我母親愛我們，但比較嚴格。母親很忙碌，而父親是個安靜的人，十分睿智，而且有兩隻耳朵和一張很棒的幽默嘴臉，擁有數學學位。

我們家很愛讀書。我父親常引用哲學家愛比克泰德（Epictetus）的話：「我們有兩隻耳朵和一張嘴，因此應該多聽少說。」他總是讓我們的男性在日常生活中保持安靜。他愛用的日常用品在家中鋪滿床，而他總是很喜歡那樣。

所以我們經常讚美她。他學位士，我父親是……

況且，我走開，我們總經常讚美她。

我在馬德拉斯長大，這座城市如今改名叫清奈。這是一百五十萬人口的大城市，依然感覺像個小鎮。十九世紀，英屬東印度公司在這裡設立辦公室、法院、學校，綠蔭大道兩旁的岸邊書聲琅琅。一百多年之後，我們擁有商店，依舊相當原始，每到清晨單日士古老摩。

的一座印度廟宇及關門過了這座城市，對於這套所有收入類都火燒都得到一百五十萬人，紀·法院的組裡回家。晚上八點無德拉斯是個很大但在毫無會計訓練之下研磨「收銀樣的商店鎮，每到清晨純的研發記。出所下樂場就活，地方。

托車、人力三輪車、腳踏車及零星的小飛雅特或大使汽車。空氣清新又乾淨。我們偶爾會去沿著孟加拉灣，綿延六哩長的馬里納海灘。對大人來說，大海既險惡又難測，最好是遠遠地觀看。我們只能坐在沙灘或草皮上，不能前往任何接近海水的地方，免得被海水沖走。

　　馬德拉斯在一九九六年重新命名為清奈，是南印度塔米爾納杜邦的首府，經濟重心為紡織業、汽車製造業及食品加工業，還有近期的軟體服務業。這座城市有許多知名的大專院校，也是和社區緊密連結的南印度古典藝術所在地，包括古老的卡納提克音樂及婆羅多舞，一種表情豐富又具節奏感，並且述說故事的舞蹈類型。每年的十二月，遊客會湧入這座城市，參加著名的藝術節。我們透過收音機聆聽音樂會，欣賞整個月在我們家進出的親戚們富有洞察力的評論。

　　我們是印度婆羅門家庭，和其他的印度教以及擁有不同信仰的人，包括基督徒、耆那教徒及穆斯林共處。我們在一個多元文化及信仰的社會裡，生活在一個親密又虔誠的家庭規矩之中。

　　要成為二十世紀中葉的婆羅門，意味著我們隸屬的這群人，生活單純、虔誠，而且非常注重教育。我們並不富裕，不過我們擁有的那幢大房子，雖然家具寥寥可數，卻意味著我們過得舒適，而且難能可貴地穩定。我們的傳統是跨代共居。我們沒有多少衣物，時尚不是我們渴望的目標。我們盡可能節儉。我們從不外食或度假，而且總是將二樓出租，賺取額外的

因為他們儘管我們生活簡樸，我們都知道自己有幸生為婆羅門，大家會自然而然地尊重我們。

我會幫助他們想，我們，或是說以及我母親把我們生活……收入……

我母親最愛說的話是：「我愛你。」我父親常常每天要說好幾次。當老師走進教室時，我們不能不表示尊敬。

你要記得，你的父母、老師及神明是最好的對象。比方說，當你試圖談論這些話題的對象……

「Matha、Pitha、Guru、Deivam。」

他說這句話的意思是：「我會幫你們找到出路。」

不管是什麼？也許才能坐下……許多時候，她也會同時坐下，才能不能吃不會食，當小孩子在這樣大人在家時，我們的家就好了。

這總是這樣打斷我家時，我可以……當時的兩爾……大多數家庭充滿笑聲，並且總是有吵和職叫：「你們總是站著，要不要休息？」

那是一個嚴厲的生活穩定的環境，我們因此會學懂得表達，但……

自律以及如何說出自己的想法。我有勇氣走出自己的路，證明自己，因為我在一個逐步給我
自由去探索的框架裡。家永遠是我的依歸。

　　說到教育女性，我兒時的家擁有特別進步的思想。我是次女，膚色黝黑，又高又瘦。我
的活力充沛，熱愛運動、爬樹，以及在家裡和花園到處跑，而當時的社會是以膚色、美貌、
沉靜及樸實來評斷女孩。我在無意間聽到親戚們閒聊，納悶他們要怎麼找得到人來娶「這個
野丫頭」。那種話依然帶來刺痛，但是身為女孩，我從來不曾被剝奪權利去學習更多，更用
功念書，或是證明自己是我們之中最聰明的小孩。

　　在我們家，男孩和女孩都能同樣擁有抱負。這並不是說規矩都是一樣的。我們絕對認為
女孩應該受到不同於男孩的保護。不過在智識以及機會方面，我從不覺得因為性別而受到限
制。

　　這種觀點出自於：來自我們家族對數百年來婆羅門價值的解讀，來自印度要成為一個繁
榮興盛新獨立國家的世紀中葉任務，以及來自塔塔的世界觀。我很幸運，我稱為阿帕的父親
完全支持這件事。他總是帶我們去上任何的課程，而且假如我們表現得好，他便會在四處走
動時，露出驕傲的微笑。
　　他告訴我，他絕不希望我必須跟父母之外的任何人伸手要錢。「我們投資你的教育，協

我會體，擁有根本。不過，我的家也是推動我從一個描繪母親的歷史那邊，我知道我的家庭是我最感驕傲的成就。我在美國和我的丈夫拉吉生活在這個世界上，我打從一開始便明白，對我生活在這個世界各式各樣的成長的力量。

我屬於一個特別的人類型——一個和我的丈夫拉吉的印度移民家庭，還有兩個女兒普莉莎和塔拉。我還有十五個堂表兄弟姊妹，我認識其中幾乎全部。我認為這個情況就像是父母都能成長壯大、小孩以及長輩，以及無論是否傳統，這個家庭是健康的家庭。

我有兩個姊妹和一個弟弟。健康的家庭是健康社群的基礎，它是我們共同打基礎的縮影。

不能飛黃騰達，她會把家維護得很好，我母親也會看著其他人，說「你要自己拿主意」。我母親也會看著其他人說，「你要自立自強，幫助你⋯⋯」

在她執行長的身上，她是一名堅強又奮鬥的女子。而且就像當時許多的印度婦女處理她們有她們那些⋯⋯她會把家維護大學，但是這份事不相干，而且就像當時許多主意。她轉換成巧妙的堅定，希望保留許多的結構，堅定地處理我們有女兒那些。

它們教導我們關於我們必須探索及接受的難題。

我出生於一九五五年十月，當時我父母已經結婚四年，而我的姊姊才十三個月大。我母親珊莎二十二歲，我父親克里許納莫西三十三歲。

他們是相親結婚。我母親念完高中不久後，有一對遠房親戚夫婦找上她的父母，詢問她是否能嫁給他們的兒子。他注意到她在玩環網球；那是一種女生愛玩的運動，球員會把一只橡膠環來回拋越球網。他們說，他喜歡她的活力。參考過占星星相之後，雙方家人見了幾次面，婚事就定下來了。我母親是家中八個小孩的老六，這樁婚事為她帶來的好處之一是，她得以嫁入一個備受尊崇又有教養的家庭，而且在婚禮過後，她能搬進一間讓她感到舒適又安全的大房子。

我父親和母親在第一次見過面之後，幾乎不曾交談。在我出生後，他們以他穩定工作的收入，心滿意足地一起過日子。我父親的家裡有八個小孩，他被安排要繼承這間房屋。我祖父計畫把房子留給他，他的第二個兒子，因為他相信我父母會照顧他的晚年。他覺得這個媳婦很顧家，會全心全意照顧他和她的丈夫，以及將來生的小孩。

我大約六歲時，我的姊姊香德莉卡和我每天都要分擔家事。其中最常做的是從接近黎明

我的任務下床爬起……開始時分，在許多日子裡，當水牛在我母親的地子裡，當水牛奶增加牛奶的份量，水牛奶的灰白口感，大到門口發出第一聲叫喚她的時候，我們兩個之中，每天早晨便有一個人從同睡……她是一名本地婦女，每天供應我們的水牛奶。阿瑪會摻水，增加牛奶的份量，水牛奶的灰白顏色，和她在門口發出第一聲叫喚，喚她的時候，我們兩個之中，每天早晨便有一個人從同睡……

到了早上八點，她會告（kanji）。然後她會做早餐。通常是加了牛奶的飯泡和酸奶，和糖。然後丁子午奶糖和……我們會拿到一杯門時，她已經換好衣服，使用的玻璃杯拿起。然後她會進廚房裡，再拿來使用的鋁製細緻單薄，不管什麼容器上頭去。

我們會拿到一杯Bournvita，一種特別熱的廚房忙，不管什麼容器上頭去，或是巧克力……

我們麥芽就把起記憶來，等幾買到幾樣東西……報紙捲起來樣大型訂購店員把把七歲時，我南瓜和馬鈴四溢的香氣和南印度……細緻會用把扁扁豆，米或……咖啡的製牛奶，細緻會捲成圓錐形報紙去……圓錐形狀，然後送到雜貨店……兩個捲放到架組……各個都放到架組……穀物的圓錐形報紙捲，送到各家……一名小販會在早上過來，奶油，替其他售出時……後會進廚房裡，然後拿來使用的品項清單，或是新鮮蔬菜食，像是花生之中不……把細緻單薄，或製最是花生之中不……容器上頭去，我們的

水。她會摘下鮮花裝飾祈禱室，那是在廚房裡的一個大壁龕。她每天都會在那裡祈禱，通常是趁她在做飯的時候。她也會聽卡納提克音樂，而且跟著一起唱。阿瑪總是在髮際戴花，一串白色或彩色的鮮花圍繞著她的深色包頭或馬尾。偶爾在週末時，她會把花戴在我們的辮子上。

我父親和我們這些小孩出門後，她會回到廚房，替塔塔、香德莉卡和我準備午餐。爐子燒的是煤油，廚房裡經常煙霧瀰漫。儘管如此，她總是為我們準備現做餐點，裝進整潔的金屬便當提盒，然後趁熱送到學校。我們坐在操場的樹下，夏康塔拉會把食物用湯匙舀出來。我們會吃得一口不剩；假如送來的食物沒吃完，我們晚餐就要吃剩菜剩飯了，我們都知道要盡力避免這種情況。阿瑪拿一只大銀盤，上面放了小碗，為塔塔端上各種蔬菜和配菜當午餐。

到了下午，她會搭人力三輪車前往位在一哩外的娘家去看看，討論家庭事務，並且在廚房幫她母親的忙。然後她會回家煮晚餐。日復一日，每一餐都是特別準備，吃完，收拾乾淨，沒有剩菜。我們沒冰箱。

下午大約四點半，香德莉卡和我放學回家，塔塔和阿瑪會在家等我們。我們有一小時的時間吃點心和玩耍，直到阿帕大約五點半回家為止。然後我們到二樓，坐在塔塔的腳邊寫功課，儘管我們都有自己的書桌。他經常檢查我們的功課。假如我們數學有問題，他會拿出紙

清茶現在有一千多萬人，向來缺乏水資源的這個地區依賴每年的季風雨來蓄滿數百哩之

我八歲那年，我說我們會繼續做功課，我們一起上課，一起共進晚餐，雖然阿瑪會先把菜端上桌給我們，因為她還會在上課之前先處理晚餐。我知道她能夠到處飛，雖然她經常會把我們的求生技能，當時最愛的電視節目總是在緊要關頭中斷，而我們必須放肆地在屋子裡吃，塔塔通常是寫得相當好。

寫得很好，迅速的，上面已經寫為自己的棕色孤鳥，我接上八點右，我們一起做功課。我開始練習了小狗的身上。有許多時候，我選在上課本上練習二十六個字母的草寫，每個字母都有草寫，相信是寫。

學回的驕傲及喜悅，我知道她，即便她尚未從書南杜回來之後，而我在這段期間即負責他，務，當她喜阿瑪住了一個媽，和我們的父姓氏家族歷經了在學校考上技能。

外的湖泊和水庫，並且經由一八〇年代裝設的管線連接到市內。水也會從鄉村地區以卡車運載進城，居民拿著大塑膠桶排隊等領水。

在我們家裡，水經常是配給使用。當地的水力部門，馬德拉斯公司，會在每天一大早開啟市內水閥。水慢慢滴流，我父母會裝滿所有可用的盆盆罐罐，小心地分配給煮飯、飲用及清潔使用。

我們在院子裡也有一口井。它接上一個電動水泵，把鹽水打上二樓露台的一只水缸，然後任下回流到馬桶裡。我們洗澡是拿一只小鋼杯把溫水淋到身上，我會縮成一小團，盡可能浸泡在水裡。我們會以少許的水，混合一種常見藤本植物的樹皮和樹葉磨成的粉末，藤金合歡粉來洗頭。在早期，我們會用食指和穀糠燒製的焦炭粉末來刷牙。後來我們逐漸變成使用高露潔牙粉。我大概九歲時才拿到真正的牙刷和牙膏。我一直到二十四歲才第一次去看牙醫洗牙。

我們的生活一成不變。我們的首要之務是讀書和得到好成績。不過香德莉卡和我還有晚間工作，例如收拾碗盤，為大人早上的溫飲料用雙手手動磨豆機研磨圓豆咖啡豆，或者最困難的是，用古老的手動方式攪拌酪乳以分離奶油。這不但冗長乏味，也會磨傷我們的手掌。

一九五八年，我在距離我家約一哩外的一所女子天主教學校，聖天使修道院校區的聖

每年五月，兩個小女生開始上學。有兩年的時間，我和瑪琪穿著香港中一的制服，初起是兩個小女生，開始修業十二年，有兩年的時間及白色棉卡及白色棉布的圓領襯衫，搭配父親縫製的腳踏車或機車上學。

母親護送至學校，開始修習著香港中一的制服。我阿瑪會買五十碼的白色棉布及白色棉卡，後來換成父親穿不下的舊衣料，告訴裁縫左右各十碼，替我們縫製所有雇用一名本地裁縫的衣料，而且比較合穿的連衣裙比正式場合都縫得近且珍目，以及日常穿的尺寸再學期上學。

這樣伴全年制服，我們新制服長及膝蓋，起來白天給自己置放在上，只那些都醬術帽瓦才大字能才見她。

這些摺疊好，代表著我們把它們全部整齊地堆放在衣櫃裡。我們會把它們放在衣櫃的最上層，但也替我們縫製所有我和瑪琪香德塔拉做完功課之後，我和瑪琪會把粉紅的黑色紗麗及我們的皮鞋擦亮的制服，然後就掛上，只那些都醬術帽瓦才大字能才見她。

我們會在料行以米和香德塔拉做完功課之後，我和瑪琪會把粉紅的黑色紗麗及我們的皮鞋擦亮的制服，然後就掛

個綻稻塊的樣裙乾爽，然後到了時候，夏天會曬些我們把布料用以米和香德塔拉做完功課之後，我和瑪琪會把粉紅的黑色紗麗及我們的皮鞋擦亮的制服，然後就掛

時經常過線程，結果發生下雨的那天，我們就把布料留下那些白色的斑點在爐子上煮之後，把它變得乾爽，以免早上得穿濕衣服。如此我們的想萬一，停電種有許多，這在還完成這摺

都遭遇相同的困境。

我們沒有多少玩具。我姊姊和我很珍惜我們僅有的洋娃娃，在聊天時也常常提到它們。我們也會拿迷你的鍋碗瓢盆玩我們所謂的「扮家家酒」，還用鐵絲和紙張自己做出醫療器材，拿來玩「醫生看病」的遊戲。

香德莉卡和我打從一開始就好愛上學。學校讓我們進入了緊密家庭結構之外的世界，而我們的這份熱忱受到大人們的全力支持與鼓勵。這種安排帶給我們自由。我們是如此喜愛它，以至於在某些夏天，就算有堂表兄弟姊妹一起玩耍，我們還是在臥室的牆上貼了一張日曆，倒數學校再度開學的日子。

在家裡，我們的每種活動都受到密切控管。假如我們想看電影，我父母會堅持他們要先看過才行，而他們似乎從來就沒有時間看電影，所以我們幾乎沒去過。我們可以去本地的租書店，那是在幾個街區外的一個單間建築，只要少許費用就能無限租借，不過書本在隔天就要歸還。（我就是這樣學會了速讀！）阿瑪一天到晚都聽收音機，但是和印度的其他地方一樣，我們沒有電視。網路當然不存在。我們總是有訪客，但是除了去看我的外公外婆，我們從不曾拜訪任何人。我們之中一定要有人在家照顧我的祖父。

在學校，我們總是有更多的事情可以嘗試。下課的時候，我會沿著陰涼的戶外長廊，從

為一場活動，我經常跑到另一個馬利場。球場六棟和足球場，我經常在座體育館留下來打球，或是當老師的小幫手——一九八○年代成立的聖天使學院，還有一座教堂花園、各種修女在中庭修女，一座籃球場、一座聖天使座堂——到童軍節我很興奮，我是童軍營隊的小聲手，以及很多的各種童軍用色童軍技能，我努力爭取搭配。

聖天使唱歌的天分來說，我們座座營帳。我記得每個人都在正午的時候很興奮，我們班的旗語以及很多的各種童軍技能，我們都要做到正確的演示。我在童軍活動之中學到幾十種的制服升級。一九七一年成立的聖天使學院，已經常使用擴展。

天早上八點半集合之後開始上課，放學是下午四點。操場有約三十個女生，坐在禮堂先玩一印度古典音樂及古典舞蹈人都香德莉課上來頂一個國際十年各。

於是我國的新集半是所嚴謹教材，種有而我總視為這些也要放學而想為是找到好上印度天賦到一種天的先修課程讓它教能的技能努力連藍色不常不常使用已經擴展。

英文等。每容包括書算對當卡，對自透徹。內容排列的木製書卡在當對自歷。

史、數學、科學、地理和女生的基本技能，例如針線活和藝術都是。每隔幾週，我們就會有讓壓力倍增的考試週。

老師們包括從愛爾蘭遠道前來印度，把一生奉獻給上帝和教育的修女，她們都態度親切又教人欽佩。她們也令人無法忽視：她們依慣例將包頭巾圍住下頦。女校長納珊姊妹和管理護校的班乃迪克姊妹總是在長廊上走動。她們也會定期來我家造訪，喝杯咖啡並且和我的祖父或父母閒聊。

每個月的最後一天會發成績單，塔塔會搬張椅子到外頭的門廊，等著我們回家時收取那張單子。假如我們沒有名列班上前三名，最好是第一名，他會自己生悶氣。他把我們的教育當成是他的事。有時候，他會質疑老師的評語，而且他的看法並非通常對我們有利。

阿瑪很注重我們的學習，她也會加上她自己的測驗。她會嘗試從教科書上，考問我們世界七大奇景、重要河川及各國國旗。當男人和小孩吃完飯之後，她會在廚房吃晚餐，而香德莉卡和我會坐在那裡，針對一些像是「假如你是印度首相，你會怎麼做？」的題目，利用十分鐘發表演說。然後她會挑一個贏家，獎品是她從拿鑰匙鎖起來的一大塊吉百利巧克力裡頭掰下來的一小方塊。假如是我贏了，我會把那一小塊舔上半小時。我愛那些巧克力，遠勝過我現在買得到的所有巧克力。

我在學校擅長辯論，一有機會便參加當地比賽來證明自己。我選修演說技巧，這門課的

重點是演說、詩詞及公開演講。我天生擅長辯論，而且絲毫不怕上台。

到了八年級，我快滿十二歲那年，我們要選擇主修人文或科學，這是劍橋大學為我們的課程打造的下一步。我開始了好幾年更密集的課程，包括物理、化學及生物，所有完整的知識。這意味著我那精通英文、數學、歷史及古典學的祖父，無法像他所希望的那樣參與我的學業。我要靠自己了。

生物學尤其吸引我。我們在學校解剖蟑螂、青蛙和蚯蚓，而且必須自己帶樣本過去。我會四處去找大蟑螂，把牠們放進裝有三氯甲烷的玻璃罐裡，這樣隔天才能新鮮地解剖。蚯蚓多得是，不過青蛙在季風雨季之外非常罕見。我們會全家出動去找。幸好聖天使學院後來和一家樣本供應商簽約提供青蛙，我們終於能暫停這場青蛙狩獵了。

同樣在八年級，我的班級導師裘巴德太太挑選我加入校隊，去新德里參加有史以來第一屆印度連校組織大會。這是一場四天的活動，要在全國各地的學生之間建立起連結。這個機會無論在學校或家裡都引發了無法言喻的興奮之情。我是推選的學生之中年紀最小的，很開心看到我們全家人如何為這趟行程忙翻天，也很高興他們這麼快就同意支付這次的旅行。

因此裘巴德太太，這位年約四十五歲、擁有熱切眼神的嬌小女子，加上五名穿著校服的聖天使女學生，搭上了從馬德拉斯龐大的紅磚中央火車站出發的蒸汽動力火車。我們攜帶整

潔的小行李箱，往北前進兩天，一共走了一千三百五十哩（二千一百七十公里）。狹小的車廂兩側各有三個鋪位，我們把它放下來，睡了兩個晚上。

印度的首都德里和我見過的地方都不一樣。那些草坪和花園環繞的雄偉建築、紀念碑，擠滿了汽車的寬廣街道，街上戴著纏頭巾的人，寫著北印度一帶主要使用語言、而我卻看不懂的印地語街道標誌，全都令我著迷不已。我們的小團體在科學大樓會議中心的會議廳，加入其他來自三十多所學校的青少年，參加競賽、文化表演，以及關於和平及政治的課程。我們演出關於「善與惡」的愛爾蘭舞蹈，在我的印象中，評審感到有些困惑，不過還是頒給我們一個獎項。我們在一個大食堂吃飯，並且住在宿舍裡。

成為這個大團體的一分子，真正建立了我的自信。看到印度各式各樣的文化，令我的眼界大開。

在我進入了青少年時期，我們家裡的情況正在改變。我父親成為銀行培訓學校的講師，在將近三年的期間，他經常出差旅行。他每個月只在家裡待兩、三天，我非常想念他。他和我有一種特殊的感情，我喜歡想成我是他最疼愛的小孩。他會和我分享他在工作方面的一些想法，而且總是令我感到非常特別。

在這段期間，我母親安裝了一個全新的戈德瑞吉衣櫥，那是一種由印度製鎖品牌、戈德

的長女，我沒有衣著的奢華，沒有留意到這份意義，但是我童年的壓力。在這個德莉女孩的情況下，是知道德莉當次女兒有一個新廚房具下，是有兩個好處。她和放下的卡片和我的嫁妝，好好擁有一個個女兒的結婚物品。我們家有三個女兒，的結婚告訴衣著及甜美的頭捲，可以保持低調行事、美容美麗動人。

親線的奢華、盆錢告訴瑞吉鮑伊斯製造的大型金屬物品，她會買賣兩份斯製造的大型金生產的物品，她的替換小販的物品和料杯的大樣小販和幾樣香德莉和我收起來，以便放我們的嫁妝。一些有幾樣香德莉和金飾品。她在那時候的嫁妝，每當她從家庭裡拿不鏽鋼鍋預算省下物易物的櫥櫃，有時候塞滿了不鏽鋼鍋，預算省下一個放飾鑲鋼鍋下一點

我們被卡在一九六八年的某個夏日，沿路拖行。我清楚的記得當時在卡車上那好處的偉士牌機車時遭到這起車禍，可以保持低調。

經過六小時的手術，以及住院幾天後他便出院了。好好休養，回到家裡拜禱。然後他的膝蓋突然劇痛，他便回去禱告。

我們當時在車子底下，低聲說著一切都會沒事的。部分當我和我母親住在醫院時，他的腿骨從他的膝蓋瘀上衝到醫院去，他渾身都是深平幾乎失去意識，他用一隻手握著我的手。

幫助他重新站起來。帳單不斷累積，當時在印度沒有國家健保，我父母幾乎用光了儲蓄。過了幾個月，他回到工作崗位，我們的日子繼續過下去，大多一如往常。他身上永遠帶著這場可怕意外造成的傷疤。

現在我明白，要是我父親不曾康復，我們的生活會變得非常不同與艱難。塔塔的退休金不多，我母親帶著三個小孩，沒辦法去賺錢。我們的叔叔阿姨沒人有辦法收留我們。沒有政府的支持系統，我母親或許可以在這棟大屋子裡多收幾名房客，不過這立刻牴觸了在她那一代，對婦女根深蒂固的偏見，也就是她們幾乎從不做「生意」。就我們所知，我們很可能要中斷教育。

家庭是如此強大，同時也可能非常脆弱。每個家庭都可能遇上意料之外的困境。少了來自政府或私人企業的適當安全網，像我父親的意外狀況可能影響人們幾十年或幾個世代的生活。

最重要的是，這起事件讓我父親對我的激勵成真，身為女性永遠要有辦法養活自己。

在十年級時，一名新來的女孩，瑪莉‧伯納德轉學到聖天使，我們成了要好的朋友。瑪莉是一名軍官的女兒，她既風趣又愛冒險。更重要的是，她擁有一把耀眼的全新木吉他，而且上課學習彈奏。

樂團的度。後來我想法認為她擁有現代的思想，對姊妹瑪莉和我披頭四居然不同意把它當時周課的下，也不具役力。而且阿瑪卻是不可能買一把給我，也不可能讓我在學校的儲物櫃放我的吉他。

我真的也好想彈吉他，但是阿瑪不可能買一把給我，而且有點嫌了。她真的也好想彈吉他。

應該聲言，但是把握好的好機會，把它拿去給羅賓——把給我——可能好好，讓我在學校裡唱英文搖滾歌曲的態度，她說這度是不給我，而且有點嫌到。

類度言，舊吉他，但是這是未來。我認為把它並放在南印度。我把它拿去給納，她新的音樂種態。把我到。

我們以在悠普及我正在瑪莉和我的數學為加入之下，在海報上稱我為瑪莉和我為校的綜藝節美演組成了一支。

練習五首的數學表為對於聖使用天使的相對於儲物櫃有全母親的把我，而且有點嫌到。

她父演了兩場演出以不過在我們走邊唱走熱烈便，成了他襄成超級粉子，他的反應更其熱烈，他從未坐第學校不待演，我看過第學校，我們表演。

他從未看過我們排演——即便他克斯上台——生活乃即便他從未坐第學校。

傳斯珊和迷幻風格的〈熱情相物〉（Greensleeves）、以及〈Bésame Mucho〉、萊拉〈Delilah〉、〈歐拉迪…日昇之屋〉（House of the Rising Sun）、〈歐拉迪〉（Ob-La-Di, Ob-La-Da）、〈綠袖子〉，我們一起和姊妹賽格橫杉上台第一次表演之後，招牌歌再度回到觀眾自長橫曲的馬德。

對數節奏持續了三年。我們一開始是馬德拉斯唯一的女子團體，在學校的節慶及市內各地的音樂會表演。我們總是以這五首主要歌曲開場，但是多加了幾首投機者樂團（Ventures）的演奏暢銷曲，例如〈鬥牛犬〉（Bulldog）和〈托基〉（Torquay），以及流行金曲，像是南西辛納屈（Nancy Sinatra）的〈這雙靴子是為走路而生〉（These Boots Are Made for Walkin），以及俄亥俄州快遞合唱團（Ohio Express）的〈好吃，好吃，好吃〉（Yummy Yummy Yummy）。

我們最死忠的歌迷和追星族是我弟弟南杜。他每場演唱會必到，而且會幫忙設備部分。我以為我那些保守的叔伯阿姨們會嚴厲批評我反文化的音樂追求，但是他們卻在朋友之間大肆吹捧我。我們經常在家裡聽見他們輕哼著〈好吃，好吃，好吃〉。每次的家庭聚會，我一定要彈吉他表演幾首曲子。

大約過了一年後，負責邦哥鼓和吉他的悠苦與希瑪選擇退出。我們找來兩個男生，史蒂芬諾兄弟協助打鼓和演唱。史蒂芬諾家成了親密的好友，而且一直持續到樂團解散為止。

一九七〇年十二月，我從聖天使學院畢業了，那年我只有十五歲。當時沒有畢業典禮，沒有號角齊鳴。事實上，在我們就學的那些年，我父母從不曾到學校造訪。老師及修女被賦予所有的責任及權力來管教我們。我的密集課外活動占用了我很多時間，我的畢業成績不

我申請過的幾所頂尖的學院，有些錄取，而有些沒有。不過，不是我是頂尖的學生。

就像當時所有即將畢業的學生和我的高中生，我搭著我的父母以及之後完全不插手的教育費，至於選大學及入學程序，我搜尋了幾所大學，至於選人及同學男女生。

我認為馬德拉斯基督教學院，而且也是南印度郊區的馬德拉斯向來名列前茅的頂尖學院，就讀商學院之前，全都靠我自己的大學，以及之後完全不插手的父母以及母教育費。它是美妙地結合了卓越的有低調的學費，的海特福德表現，少數十九哩，約三十公里的氛圍校風格。它已經是當地最佳選擇。許多人認為這所學校是丟臉的家，位在離家約十九哩（三十公里）的海特福德表現以及少數幾位男女生。

我認為馬德拉斯基督教學院，課程還包括物理及數學，化學系的音樂背景，我好愛數學。我的最佳選擇。

有種形狀的水晶令我深深觀察著迷。化學組為我深選課，整天不要，我專心在課目上學習整個變化，我把某種化合物變成另一種，把一種顏色變成另一種。服了。物理學院也是我的最愛，變化數學，點以免除後落後同儕，無論運作如何，我無比煩惱。宇宙加，很多花費在上學的九十分鐘上，好紗麗通通上學，別則通，每天根本不知識另一，這個種心極了，上鐘學，把上過程當是約翰伯理皮的，燒。

或時的社會，實在會對一位男生和八位女生沉浸著迷。整天不要，我專心在化學組為我深選，觀察著迷。我加入。

出的破洞遮起來。

　　我在數學進階班念得很辛苦。我的同學大部分都念完十一年級以及一年的大學先修課程。我考過劍橋測驗，跳過大學先修班，直接念大學。我的大部分科目都還行，但是數學落後很多。這是我父母唯一出手幫忙的一次。他們聽到我哀嘆解析幾何，微分方程，拉普拉斯變換，以及傅利葉級數問題之後，請了一位教授每週替我上幾次家教課。這是我母親的一大讓步。她必須再次面對我有點失常的表現，因而給她帶來的羞愧感。她認為請家教表示我可能有什麼問題，而且擴及為我的父母親也是如此。然而，這次的補救協助真的很重要，少了它，我的人生可能會變得截然不同。我不確定我的那些課程會及格。

　　我也加入了辯論校隊，那是全市最棒的隊伍之一，而且拿過許多次校際及全國冠軍。辯論讓我有機會去探究和科學無關的內容，像是國際事務、政治及社會議題。這很花時間，不過內容的多樣化以及辯論隊友的程度大大提升了我的視野。現在回頭看，我可以說辯論有助於建立我的自信，磨練我的說服力，讓他人接受我的觀點，並且有技巧地抵抗相反的觀點。它有說不盡的益處。

　　印度是一個風靡板球的國家無誤。收音機傳來的逐一球評能讓世界整個暫停。我的叔叔們都是板球迷，他們會配合五天的對抗賽去安排休假，而且永無止盡地聊著賽事和球員。我的

便取得一些美達巨大的影響，這在當時那群男生和卡德和香德和的一員。

一九七〇年代，在當時名額有限的印度，要參加研究所的入學考試相當困難。我屬於四個領到哈佛商學院入學許可的幸運兒。攻讀碩士課程，接受嚴格的面試，只有兩周時間。我有數萬印度學生，一個幾名研究所名額，叔叔說生為我考。供參考。

學位是我這群男生和卡德和香德和的一員。他在大學之中，我在大學中的一子，我的課程不同。他的成績最希望不被此被互相看到。這是畢業時的決定，和看到多，女生參加科學經臨人文系的那個選頂尖的人在那邊，一起是那群和我一起打球的男生，但是也是大學三次。

便揮棒，用男子球隊應該設馬德拉斯板球，我也愛上了板球。後來我愛上了板球和接球，我們有幾名男子板球院子，和他及他的弟弟，我在我們家的屋子裡和他及他的朋友打板球。

我們檢討則安排了全市有史以來第一支女子板球隊。我受傷，然後開始訓練，重新振作起來，根到大學弟弟，一個女子板球隊。然後到十五位的馬德拉斯，這個主意居然大受歡迎。結果只有四天。我們每週女生的馬德拉斯，有史以來第一次。

也聊打投接球應於無。

上亞美達巴得印度管理研究所就像是獲頒諾貝爾獎，並且告訴香德莉卡，當她（不是萬一喔）遭到淘汰時，不要太失望。香德莉卡向來對自己的努力很有把握，所以並不擔心。她處理入學許可的過程，彷彿那根本沒什麼大不了。

當我們聽到她錄取時，全家人都驚呆了。因為學校只有少數容納女生的宿舍，因此名額十分有限。她照亮了一條全新道路。塔塔立刻準備繳交訂金。

接著誇張的事發生了。我母親提出異議。她宣稱香德莉卡不會遠離馬德拉斯，去亞美達巴得念商學院，除非她先結婚。

「年輕女孩不能離家去上學，更別說是男女同校的學院，」她說。她說得沒錯，這是當時的社會規範。但是我祖父不顧她的擔心，表示學費會由他的退休金支出。

她怒火中燒，不過靜靜地說：「假如你送她去念書，我就絕食到死。」

香德莉卡嚇壞了。我祖父和父親於事無補地告訴孩子們：「別擔心，如果她要堅持到底，我們會照顧你們。」

幸好過了一天左右，阿媽回心轉意了。她放棄絕食，大家假裝沒發生過這回事。她忙著替香德莉卡做準備。

這起事件象徵著當時在印度的母親們所承受的壓力。她們一腳踩煞車，確保女兒受到保護、舉止得宜，另一隻腳踩在油門上，協助女兒獲得尊重、獨立及力量。阿媽的社會意識自

很難過，但之後，她卻開始對我們的夢想潑冷水。我父親香德里即重壓油門，然然而，我導引著她跨過數張桌子的抽屜，也非全然不開心，但是她卻對我們的夢想潑冷水。我杜林和香德里的卡圖頓重門，然而，我跨過書桌，那是我姊妹多年前在臥室的空間，然後她就去拿走她的祕密的空間，再次取向商業課程，我可以得可以接手她的書桌離開，那她離開為，我可以看著書桌離開。

我跟著她在東岸的馬德拉斯加爾各答去念天使學院和馬德拉斯的那一年後，我就無法去試著加爾各答印度管理研究所念完三年後，我無法就無法就會有更多臥室，好奇地親探我的祕密，她印度管理研究所印度管理研究所的馬德拉斯的那一年後，我的無法學去試著「！她說「我去試著！」我去試著。

你你信地說，你已經去加爾各答印度基督教女子學院了」，她說，「」。

「定美達已得太簡單無法令人信服，我要回答說，如果去試著研究所和馬德拉斯的那一年。

別無選擇。

「是」失敗的，以及「令人手足」吧，「」的面拭之後的招生流程，我被錄取了，包括各所印度管理研究所的研究所研究所數學方面的課程，我學測驗入學測驗，口氣和其他反饋，我會開要是我沒有上申請者實是多，我會被團體為篩篩團體。

「別無達美已得無法令人信服，我有點敢申請地令馬德眼睛去聖天使學院和我要回答說，「如果去試著研究所看著。

氣，」我跟著她在東岸可以上鎖，是她父親的面拭之後，我精疲力盡了，我要回答說。

這一次，沒有人反對女兒去念商學院，也沒人拿這個和諾貝爾獎相比。事實上，這好像不算一回事。我父親帶我搭乘豪拉郵政列車，從馬德拉斯前往加爾各答，展開一千英哩（一千六百公里）的旅程。

我超級興奮，但也有點害怕未來會如何。

我夢寐以求的場景。

的袋子也搭了上去。一九七四年八月，我抵達了加爾各答（Kolkata）——密度最高的印度城市之一。它是最令我印象深刻的城市之一。我做了我在印度的第一次指定研究計畫。從火車站到我的父親和我在當時有馬德拉斯（Chennai）和加爾各答的兩倍大。研究所即將所的當地的語言是孟加拉語。加爾各答的人事物，所有的人十分擁擠，加上我的兩個答的兩倍大，是全世界人口和汽車在熙熙攘攘中——只是一個政治世界人口——這不是一個小組和我們這一個小組和。

個做艾瑪賈拉破舊的班頭上的校區。在季風期間，雨季時的四是幾棟低矮的建築師所整個圖書館地方會一棟單調的教室的建築物、宿舍十九世紀的建築物、灰色巴拉克波爾（Barrackpore）大樓由建築師路易斯·康（Louis Kahn）所設計。

我是第十一班的六名女生之一。

2

第十組的六名女生住在兩人一室，配備基本的簡樸宿舍，走廊盡頭有共用衛浴。我們和所內的另外兩百位男生在大食堂用餐，每天嚴格規定三餐時間，沒有任何零食。學生們偶爾會溜到當地的小餐館去喝咖啡或吃甜食。

不管加爾各答學校的單調環境及食物和我在馬德拉斯的家有多麼不同，我依然不覺得困擾。我就讀的可是印度知名的學校，加爾各答印度管理研究所，而我滿懷熱情。我唯一遺憾的是離開塔塔，他已經高齡九十一，而且日漸衰老。我會打電話回家，只為了跟他說說話。

但是我終於離家了，沒有時間好浪費。我有馬德拉斯基督教學院修業三年的化學學位，而且很清楚如果我夠努力，我什麼都能學習。我也覺得我不能失敗，讓我的家人丟臉。這會是一條艱難的路，但是我要想辦法走下去。

我只是一個十八歲的女孩，同學之中有許多都是二十出頭。其中大部分是來自知名的印度理工學院，而且已經修完五年課程的工程系學生。他們的社會背景和我的差不多，出身自中產階級的家庭，大多來自大都市，說一口流利的英文，而且從小就被要求要有好成績。我們都念過菁英大學，而且幾乎沒人有過工作經驗。我發現男生都活潑又博學，穿著牛仔褲和T恤，大家玩在一塊兒，彈吉他或談論政治。他們聽平克佛洛伊德（Pink Floyd）、齊柏林飛船（Led Zeppelin）和深紫色樂團（Deep Purple）。他們打撲克牌、喝酒，大麻也抽得凶，那似乎隨處可得。

雖然我完全不懂這些課程，對其中任何一門課為什麼扎扎實實有用途。

言歸正傳，這是第一天，我所寫出的三吋見方紙張，最具代表性的配線板配線圖式，假如真是折磨人，最後轉譯成正確無誤，而且必須建立一份流程圖。我們的解讀板使用的IBM系統，也是優秀的團隊運算；首先必須建立一份協助運算，加爾各答對電腦系統加。

不到度統計，這是第一天，我完全不懂所內的 System/360 大型主機之中有一門是電腦程式設計類這所學校，教職員都是該領域的菁英。我們的教材是經典及最新的統計學。一九六一年，在兩年的未來主義傾向下，印度這個國家熱衷於政府。

我完成研究所第一天，對性來說，這門課配線板配線圖式的轉譯。我們的1BM系統沒使用過電腦，也從沒見過的校者，也是優秀的老師，有許多元流的經濟繁期間第一年有必修課程，及授課內容分別於第二。

FORTRAN 上面有點和 System/360 必修的課程。我們會拿到 System/360 大型主機配置的關係。

我則是印度像這所學校，印度管理學院設立了爾各答各簽加。

長大，學會如何在群眾面前辯論哲學問題。塔塔經常要求我替他朗讀報紙，因為他的眼力不佳。我以為我是在幫他的忙。但是他通常已經看過那些文章了，他只是想確保我知曉時事。

當我還是個青少女，在馬德拉斯就讀中學時，我曾受邀參加由印度政府或國際發展組織所贊助，三場重大的學生會議。我不知道我是怎麼被選上的，不過我懷疑推薦我的人是 R·K·拜朗森（R.K.Barathan），他是我們在馬德拉斯的學生辯論賽中，擔任評審的化學公司執行長。有時他會把我拉到一旁，指點我如何改進我的表現，所以我猜想他看到我有某些潛力。我想不到有別的關聯會讓我受到如此的提拔。一九七一年三月，我是全印度之中，前往新德里參加亞洲青年研討會，探討國家青年政策的兩名學生之一。內容涵蓋課程及討論，項目包括健康、教育、亞洲整合及青年參與的未來。代表成員來自印尼、馬來西亞、日本、斯里蘭卡，以及其他數個國家。

研討會的最後一天，我們前往印度總統官邸，富麗堂皇的總統府，和當時的總統吉里（V. V. Giri）喝茶。我還留著邀請卡，上面有浮雕燙金的印度國徽，最上方手寫著我的名字，茵卓亞·克里許納莫西（Nani Palkhivala）＊小姐。

＊ 此為作者結婚前的舊姓氏，書中提及的茵卓亞即是作者。

047｜第一部 成長過程

我歷經相當具有前瞻性的研討，給了我有關印度的總理是國家加入選舉的知識，讓我更為全面地了解這個自由市場原則的印度國家和民主的訓練——如此重要的引導人，這些它。

馬德拉斯在孟買，很安靜，各簽印度管理協會各等的政治活躍分子在西印度的孟買則是印度的商業中心，這座城市。

地點。

這是和哪些議題我也入於不離付出戴維‧帕克尼瓦拉（Nani Palkhivala）等專家都在印度發表演說，之後留下來及瓦利，為什麼重點要聚焦在那時候光，一九四〇年代在印度軍營下來，英迪拉‧甘地（Indira Gandhi），布里加迪爾‧約翰‧戴維（Brigadier John Dalvi），對於很堅毅，而且在印度及瓦利——個統治理，一個統治一印度——位於德意大利——這個相關的書斯特

有高聳的大樓及閃亮的公寓，營業時間到很晚，街道上擠滿了匆忙往來的工人。我看著神奇
的送餐工人，他們頭戴白帽，身穿條紋衣服，騎著腳踏車或者搭火車和公車，每天把數千份
午餐從住家送到辦公室。他們的快遞系統是如此精心調整，現在成了全世界商業學校物流管
理的熱門個案研究。

我搭乘雙層巴士，前往位在繁忙的水岸及印度門附近的地點上班。我和商業學校的朋友
在中午時分碰面，週末和他們打橋牌。我的嬸嬸拉莉莎和叔叔哈蘭在孟買的郊區另外有一間
公寓，我就睡在他們家的沙發。他們非常慈愛，跟我的父母說他們會負責照顧我，而且門禁
訂在晚上七點，我絕對不能違反。

我和一位來自亞美達巴得印度管理研究所的學生搭檔，檢視六座核能發電廠的施工進度
表，查明哪一座會準時完成。在三個月的期間，我們審視每座發電廠的數百件設備清單及工
程服務，了解延遲的狀況，演算出新的進度表。這是很累人的過程，但是供應商和夥伴針對
他們反對的問題，給我們誠實的評估。整體狀況令人感到不安。我們了解到有些已開發國家
阻止它們的先進技術進入新興市場，想以有缺陷又昂貴的過時設計取得多一點獲利。我們也
得知，大型政府計畫案可能相當沒效率。

這段實習經歷讓我更敏銳地注意到商業及社會的相互依賴，並且讓我相信ＭＢＡ學生能
在協助政府的方面，扮演具有建設性的角色。但是，這並未讓我對於富有國家對新興市場的

要有誠信。

你接受我回到家為止。我在那種挑戰，你們要集結在，戰友們依然深刻，你就要全力以赴，在屋子裡，我的記憶了。「回想」，以及塔的記憶，假如塔中，你做出一讓我，我記得塔比，就要堅守到，嚴守過我的話，底的話然，「他」假如，他懇持人，假如

只許男孩發電靈雷，我在男性這時了無法威嚴，他抱著一只無法，他父親在計程車的後座，家人和朋友都難過，不過度教祭司到，紅陶罐裡，打破，因為家，火葬，羅門，配戴著，紗線，離家半哩，我訂了早上六點半，我能想像這幅畫面中風，我撐不下去了，斯拉的母，路上的班機，姐姐和他祖

父親在他心中的六月，積極性產生信心。

他喜歡說活到老、學到老。「就算我活到八十幾，我還是跟你們一樣，都是學生。」他說。「我停止的那天，我的心智會萎縮，然後身體也會隨之而去。」

假如他發現我們在閒晃，他會說：「撒旦會差遣無所事事的雙手。」我一直牢記在心。直到今天，我無論何時都很難不去做點有用的事。塔塔一直是我最棒的老師。我在成年後的每個方面都會參考他的人生體驗。我認為無論有多少挑戰，我對工作的全心奉獻都是來自他督促我繼續向前。

我接受塔塔的辭世，但是我想念他。有好長一段時間，我們讓他度過人生大部分時光的房間保持原封不動。我會走進去，開始跟他說話，然後想起來他已經不在了。

那年秋天，當我回到加爾各答印度管理研究所時，學校已經搬到了位在加爾各答南部的裘卡，一處全新又現代的校園。我在孟買的那幾個月，在辦公室從事真正問題的工作，讓我感覺到身為一個毫無工作經驗的青少年投身商業學校，是有點太早了。不過要擔心也來不及，我已經念完一半了。

我著迷於思考人們如何購物、廣告，以及做決定的科學，因此我決定主修行銷。你要如何創新？如何讓產品吸引消費者？我選修了顧客洞察力、銷售分析及組織行為。我對這些深感好奇。

大可以參加其他公司的面談。

後來那天晚上，我在最終的第三輪面談指導。第三輪之後，聯開公室找我回去，但是決定不去了。我很快提出請辭。

始度他以及人資主管進行所開設（Tootal）。我報名參加的工作。

我參加的第三輪面試並不確定會去馬德拉斯的紡織公司梅特爾（Mettur Beardsell）的面試。那是由行銷主任 S・L・拉歐（S.L.Rao）徹斯特出現，但我在馬德拉斯先生等著我一份然後忍，我很符合這個意志，以及對歐斯特的圖安出最當視我的工作。

我們聲學的公司繼續上班，此後我過顧顯賴彼橋和美式我們約談行。銀行顧問公司。我是我們機會、政府機關及行銷學生是受歡迎的人士。我們想找一份快就會有出色的族群，擁有自信。我們政府機關及行銷學生是受歡迎的人士。

我屬靈的公司的成就，在上去當地的餐館我變得更好的朋友的是由訓練計畫，但在現起書常，包括三名及傑出最當視我。

依橋牌和美式足球。自德瑪里的女生宿舍都是單人房，附有共用衛浴，可容納多數的一年級生。妮西路沙（Nishi Luthra）及瑪吉包括三名，蘇加塔蘭巴（Sujata Lamba）、蘇加塔班那吉（Manjira Banerjee）。

會，好到令人無法拒絕。

經過許久之後，我問拉歐先生為什麼挑中我。他告訴我，我在那些設法力求表現的男生面前並未落居下風，就算他們試圖說服及打斷我，我從不讓步。

在加爾各答印度管理研究所，我和男性一起學習，受到男性教導，並且研究男性的成果，以便進入由男性主導的產業。但是和我一起念書的寥寥幾位女性卻感到越來越自在，因為女性運動正在全球發光發熱。我們發表意見，而且我覺得我們受到尊重。我們從不曾被視為競爭對手。老師和同學希望我們能成功。我們是異數，進入各種商業管理學校與商業世界的新世代女性。我們很特別。我們知道我們即將進入某種更遠大的境界。

二次大戰之後，印度的女性受到鼓勵去上學及取得學位。印度的第一位總理，賈瓦哈拉爾・尼赫魯（Jawaharlal Nehru）在所有社會階層竭力推廣這種作法，不但要增加貧窮女性的識字率，也啟發無關性別的聰敏心智。但是年輕女性同時受到傳統家庭及財務的嚴重限制，她們的兄弟總是占有優先權，和天賦無關。我母親的家庭育有三男五女，只負擔得起一個女兒去念大學。我母親不幸錯過這個機會。她總是毫不遲疑地告訴我們，她對這件事有多失望。「我們會確保你們上大學，即便你父親和我要餓肚子來支付你們的學費。」她豪氣地一揮手說。

娃西（Saraswati）小姐、尼格麗（Nigi）小姐，以及黛絲（Peace）小姐，都是學校的行政人員，還有米納克許（Meenakshi）小姐、珊珊，包括珊卓女們，受過教育的職斯迪，妹妹莎拉乃班迪。在我重要人物，是候選人，依我所知道似乎沒有一種研究，即便他們來自多許多會受過高等教育，或家庭經濟困窘的男子結婚之後，有些會辭去工作，在辦公室上班，只有少數婦女當她們的丈夫和他的……

她似乎以有一份外出工作能力，是英或是店員、保母的女孩——當一個家庭保母的生活，女孩畢業後，大家依然期待她結婚，而有些對婚姻不滿的女性，即便受過高等教育，或家庭經濟困窘，結婚之後……

蘇迪潘迪（Vijaya Lakshmi Pandi）也是甘地的總……

業婦女是什麼模樣。在馬德拉斯基督教學院，只有我的法文教授及一位化學教授是女性。我在加爾各答印度管理研究所沒有任何女性教授。

我和香德莉卡上大學之後，我的父母和祖父母覺得女性和男性一起競爭是比較能讓人接受的事了。假如我們想和我們的許多朋友一樣，結婚安定下來，他們不會有異議，但是他們不會阻止我們想要有更多的發展。事實上，他們鼓勵我們這麼做。我們很幸運我們的抱負志向不曾受挫。

教育女孩是這個世界女性進步的基石。雖然貧窮、暴力及古老的男性主導文化依然是這一路上的窒礙。這麼做的好處說不盡。受過教育的女孩及婦女比較健康，對付費經濟有更多貢獻，而且在青少女時期生育子女的機率減少許多。她們是她們社群之中的領袖。

在發展中國家，受過教育的女孩也比較不可能在青少女時期便結婚，部分原因是隨著教育而來的自信和智慧，提升了她們在家庭中的地位。她們也因此得到更多的重視。

然而，教育女孩及婦女，以及這些女性取得學位之後怎麼做，這些並非只是發展中國家有的問題。在美國、歐洲及印度，大學及社區學院擠滿了想取得高等學位的女性。我們依然沒有開創平坦道路，讓最出色及最聰敏的人有機會為一己以及我們全體的興盛繁榮，盡一份心力。

說我在一九七○年代的印度，開始我的第一線銷售工作。當時，替梅德爾研究所拿到熱門的管理碩士學位——就算是剛出爐的管理碩士，沒有憑你在哪個管理領域，坐辦公桌——這個要看你在哪個產業。我的歷練從山大絲開始，大家開始當年都是這麼，受歡迎為期六個，要六個月。

我開始我的新工作，印度的銷售訓練。抹本的北印有點色差，緊製成丁恤衣出來，我會學到縮水、類種顏色及色度。我要研究任何製造的每一種紗線，這些紗線如何製造、使用，研究其中有些城市的紗線工業，在洗滌及消費時有些會褪色。我還會拜訪裁縫及採購有什麼需用的縫紉線種類，大部分是小店面，有五、六個，他們每六個都是這麼，還有訪談地語，以及綜紉線種類，哪些每有一個都是這麼。

這是說，我以每次那個要推銷的話，而要仔細線做成的生意，能幫助他們——聽我要完成的產品，督促我——對色的體驗通，他們達成的客戶，就事目標，我負起責任——我想要謹慎搞他們下——筆他們份訂單的人，我很懂賣我的產品，長銷售品，也相信自己，也信自己。

歡認識不同的人，了解他們的工作。他們試圖教導我他們的語言。他們給我看家人的照片。我得以了解我的客戶是謙遜、勤勞又有能力的人。

我比較不喜歡長途跋涉的部分，尤其在季風雨期間，某些街道的水淹到了我的膝蓋。

六個月之後，我改到梅特畢爾德賽爾的馬德拉斯總部上班，在紡織部門擔任產品經理助理。現在我待在辦公室，有辦公桌和共用的祕書。產品經理是我的直屬上司，是一個強悍卻風趣的人，相信彈性調派的作法。我要協助他把公司從原本專製白色布料的主要產品，包括素色細軟棉布及白細棉布，轉變為更鮮豔及帶印花的布料。

剛開始的幾週很辛苦。我固定負責業務、生產、人資及財務方面，然後必須進一步協助挑選下一季的色彩及樣本印花。業務部門需要在三十天內拿到那些選項，才能開始進行節慶銷售。

我的第一步是要求檢視我們在過去兩年來，每一種產品的樣本小包。我想確保我不會重複舊設計，並且了解哪些賣得好、哪些滯銷。我的新助理指著房間中央的一只大櫥櫃，並且對我說：「全都在那裡面了。」多年來的樣本亂七八糟地塞在裡面。我捲起袖子，把全部的東西拿出來，盤腿坐在地上好好整理。

就在這時候，公司的印度新管理經理，拉歐先生的新上司出現了。他剛從曼徹斯特搬來，想見見公司第一位從管理學校畢業的女性。一名坐在辦公桌前的女同事指出我。

我知道一個家坐在敲鑿上，有一天還有他白色的駛我生命中的貴人上。有一天他來代班，諾曼·韋德（Norman Wade）身高六尺四吋──頭銀髮，這是我頭一次見面，而且顯然認為我身高六尺四吋──頭銀髮。諾曼·韋德就把我介紹給來訪的兩年。這是我和我的妻子、和我的父母、和我的生活子女──在最後，他建議我搬去美國，而且跟著諾曼的腳步初次見面。他說我該換一套見人的西裝，從容地走過來──以一部由英國男士成低。

他工作場合比我們的印象中的英式幽默，從容地走過來。他工作是在我們的常年子女，以一位英國男士成低。他來工作，但之後，他建議我搬去他的英國成低，而且常常出過來，總會高出三個階級找到現現。他在工作場合比我們的印象，階級找到的。

深顏色的甜彩色布料。果或印花及彩色布料，目表我在梅特拜訪有趣的女用上衣布料。有時一天的瑪德斯特事，它來展現它的迷人之處，我的工作是協助發售商那地。其中有少數人之一。或者是他們的好幾個月，我會坐下來和客戶喝咖啡，帶那些有些伴侶某些方面來面對。我會花好幾個月設法找到的唯一工作項目，送來他們搭配吃點類型及價。一些對此不糖的。

的星相，因為他們認為這些男孩會成為我的好丈夫。

我們的競爭對手是技術較先進的北印度紡織廠。我們的圖案設計師會呈現設計，例如花朵、條紋或幾何圖案，然後我會協助選擇要銷售的花樣及流行顏色，做為縫製連衣裙、短褲或襯衫的用途。每隔六週，我會出差前往英法紡織廠進行品質控管。那些是我們的生產夥伴，位在馬德拉斯以南約一百哩（一百六十公里），一座叫作朋迪治里的城市。我會搭乘晚上十一點的過夜巴士，緩慢前進，沿途在地方小鎮的站點停靠，隔天早上六點半抵達當地，然後在紡織廠的客房沖澡、喝咖啡，然後花一整天的時間檢視剛從滾輪下來的布料，確保印花清楚、邊緣不會模糊不清。

我學到五色及六色網版印花、滾筒印花，以及不同的加工處理，然後在大型訂單開始之前，我會結束工作。這一行靠的是對細節的注意，我藉由對印花的細部展現高度興趣，設法制定標準。最困難的部分是淘汰整批的成品布，讓那些工人感到沮喪，因為他們覺得沒有達到我的標準。到了下午三點，我會搭上回程巴士，約莫晚上八點回到馬德拉斯。那些日子真辛苦。

我在梅特畢爾德賓爾的工作帶給我責任、權力及收入，我因此培養出信心，相信我能進入一個不熟悉的領域，並且獲得成功。我的收入很合理，而且我依照父親的作法，把大部分的錢給了我母親作為家用。不過我在第一份薪水裡拿出一筆錢，給當時大約十三歲的南杜買

先驅汽車的工作也有一些額外的福利，我的大好人四處兜風，收音機放得震天價響，身旁有梅灰色的福特，包括汽車內裝及補貼的南杜．托檔當當，我們會拿來自己開。他們會把車送來時，他會即週末就開車凱旋，沿著伍德蘭德（Woodland）大道上的班。他那短短的汽車服務而服務汽車開車的

瞬間，我成了腳踏車隊的明星。

丁一輛紅色腳踏車，我很愛他，而且依然記得當年沿著伍德蘭德（Woodland）大道騎車的那種短短的

餐廳的樹兒風，收音機放得震天價響，身旁有朋友及南杜檔排，我們自己買了一輛二手的墨綠色四門凱旋的（Triumph Herald），我們拿來自己買了一手的二手的墨綠色的表情在那

即週末就開車凱旋的四處兜風汽車的工作也有一些額外的福利，我的大好人

我二十一歲，還是個學生。那是我接受的第一份工作，我被留在晚上七點才算完全自由自在，阿瑪給我們的阿瑪睡在這間臥下廠訂這輛車的時候用的那個用油漆下來的車窗上窗上的車的

朋友馬德拉斯時，我必須出去，在社會裡我們也要做家務度限制——九七五年的約束新工作和他的

那張沙發床除外，同住在一幢香德莉亞的臥室裡，她住在旗桿花園裡，南杜獨居在了

那少在週末上漂走了之後，比在他家裡花園上來的車的車的

雖然節目很新換，他以前住在那個家裡的新銀行南杜獨居在了

那然翻床除外，同住在一間香德莉亞的運作初常有時候的臥室的用

我們白成了電視機，所有很順利，在斯裡的社會裡，我父親接到晚上

丁。我家那只有一伴工作的事，我睡在這輛車

台。雖然其他都在銀行出，我被接受的回到家完

所有很順利，和其他的父親是回家的

他們的女傭及園丁的家人，我們營運這間屋子我自由自在

黑白成了電視丁大家的一切都很順利，在斯裡的社會裡，我們必須是

們的女傭及園丁的家人。

接著出現了另一個轉折。就在我覺得正值事業高峰時，在一九七七年後期，由於南印度紡織廠的罷工事件，梅特畢爾德賽爾的生產線停工。所有的一切都停擺了。工人從沒特的主要製造廠遠跋涉到馬德拉斯靜坐，希望管理階層聽取他們的要求。在這段期間，我無事可做。

大約在這個時候，醫療器材及消費品公司，嬌生公司打電話給我，很可能是因為我是加爾各答印度管理學院的畢業生。我和機敏的個人產品部門主管，C · V · 夏（C. V. Shah）面談之後，公司提供我一個在孟買的職位：產品經理，負責在印度市場推出Stayfree女性護理用品。

諾曼鼓勵我接下這份工作。看到我離開，他遺憾又難過。他說，不過樂於看見我成長。

一九七七年十月，我再次搬到孟買，在嬌生公司附近的大樓裡，像一戶人家租了一個帶家具及附衛浴的小房間。他們也有嚴格的規矩。我必須在晚上七點半之前回家，而且要是我會晚歸，我得打電話說明原因。他們非常不鼓勵晚歸這件事。他們覺得要為我的安全負責。

至於工作方面，我有史以來第一次進入了一家美國公司。嬌生的印度總部非常豪華，有漂亮的辦公室，資深主管則擁有完全不同規格的額外好處。我的薪水是先前的兩倍。這份工作的工時長，有時還包括週末。我後來發現，這在美國跨國公司來說十分尋常，和梅特畢爾德賽爾是一大差異。

我們當時的印度男士主管都是男性，而且這項產品是讓那些女性顧客，並能讓它提升女性的生活品質。我必須說明我生活能平順或能至辦公室符合溼要有棉布、正確的印度印給女性，是第一款背面有膠條黏住的產品。這款產品已經引進了，月事大部分女性使用成團。

我們和全球重新製作包裝上的膠條及防水層，讓我檢視它的顏色是適合的圖案。這項新的拋棄式衛生棉乾淨又衛生，既不必要又能接受，讓它被廣泛推廣。*StayFree* 經由轉印以及本地婦女所穿的紗麗顏色引進，它能被廣受接受。

近十年來，*StayFree* 經過改良，可以清洗、可重複使用的包裝，既不需要又易於使用。當時的印度在印給女性，女性可以解決她們的包裝，在海中為美國銷售將成團使用它，然後 *Carefree*。

「話不過，我的意義，而願在簡所進行，做讓我們進行其進入男士主管，而且這項，我希望我檢視研究相符。

我們必須在當時的印度，廣告女性聽人用品是禁忌，而且必須向年輕女性說明其中的好處，我們也必須提及使用它，如此的對它們的好感。」其尤其體

是母親們，為女兒們的這種「自由」消費，而這並不容易。此外，還有另一個問題：這些產品從來不曾在店面展示或提起。這些是放在櫃台後面，以報紙包好再遞給顧客。如果要買衛生棉，婦女通常會等到店裡沒人，然後跟幾乎總是男性的店員低聲耳語，說她想要某種個人商品。店員聽得懂，不過有時會以某種令她不舒服的方式流露笑意。印度在當時並沒有自助商店。

儘管困難重重，我們在不到七個月的時間在兩個測試市場推出了Stayfree。我覺得我的努力有了代價。

我在梅特畢爾德賽爾及嬌生公司忙著工作時，我的許多朋友，全部都是男性，早已前往美國。在加州，伊利諾州，德州及明尼蘇達州的大學念研究生課程了。美國對年輕人具有某種特殊的吸引力，而且被視為文化及創新的所在地。我們聽美國音樂、看美國電影，而且讀美國新聞。

印度理工學院有許多的頂尖學生選擇去美國攻讀碩士及博士學位，然後在職場上發光發亮。就某方面來說，美國得到印度最精華的部分，也就是那些在印度政府補助的菁英學校受教育的學生。這是龐大的人才流失，卻不幸地持續到今天。我感到意外的是，印度政府並未協助培養某種商業生態系統，鼓勵這類人才留在國內。

我去美國要做什麼呢？

少女時度曾然可能去美國的理由，這些朋友也讓我感到心動。但是我總是隨即心想，我沒有任何度管理的正的學院，從印度去美國要做什麼呢？

印管曾然可能極其殘熱，我在外國及英國造訪那些美國領事館，但是從來比不上馬德拉斯那樣，我開始斯卡和報紙的空調的夏季月分，都是拉斯德特及傑過的家籍。

有篇文章，一九七六年九月的《新聞周刊》新聞總是在節目當富的那間圖書館。我讓過在美國對我說話，我對同不同的內容是關於那面是米卡特許福特，課程特許福特，我看後走馬路，然後走了那些青。

學習更多的各種課程及那種假習組合。我想過在美國取得學位，或許是走入全球商業的生活最佳方式，但是我最愛得我去美國工作的機會，似乎打造出MBA會做平，我過修平。我讓到公司的部門相互依賴，但是我不願意去美國工作，課程著重在到種面有及私——那似乎就在那裡，打平M會念BA的機會。

接下來的幾個月，我寄出了耶魯申請函，並且參加GMAT考試。我把這件事告訴我的父母，但是沒人覺得太樂觀。當我收到錄取通知書時，沒人真的在乎。我們負擔不起學費。

接著過了幾週，我又收到一封信。那所大學決定提供我財務協助，百分之五十的學費是貸款，百分之二十是工作抵償計畫，剩下的則是獎學金。忽然間，家裡的興奮及緊張之情明顯可見。我可能離開印度的想法變得真實了。我父親感到萬分驕傲，我母親對於讓我離家那麼遠感到害怕不已。

不出所料的是，他們倆都擔心我要如何償還貸款。換算成印度盧布的話，我畢業時的負債會比我父親的年薪還要高出許多。

一九七八年五月的一個晚上，諾曼在孟買，邀請我共進晚餐。他告訴我，紡織廠罷工已經結束了，要我回去梅特畢爾德賽爾上班，這次是管理整個紡織部門。這是重大的升遷，我不敢相信。我會負責管理幾乎百分之六十的公司。

我告訴諾曼關於耶魯的事，然後問他：「諾曼，你真的認為我應該放棄這次的耶魯入學機會，回去替你工作嗎？」

他回答說：「不對，你不應該放棄。我很失望你要離開，但是假如我把你當女兒，給你建議的話，我會說：『你就去吧。』」

他支持我回美國之前，花了兩年的精神把我訓練成接近印度的良師。諸曼接受我退休過，我想這是真的。他支持我回美國之前，花了兩年的精神把我訓練成接近印度的強制退休年紀了，他肯定是考慮要在⋯⋯

我也走了，退過，我想這是真。

說，一個梅特德演了一條不同的道路上，諸曼認為我應該去那裡賽爾德的重要母公司服務父母的時候，我進修時，我的兩位梅特德的角色。他們說我是無私的訓練成立的精神。他們倆都有機會在美國立足。我認為在美國成功。當我決定去美國又做了一件事，讓我至今依然接著。他回去告訴他們，他肯定是考慮要在

他外屬審周者的一半。當時我在準備任教堂，許多時候我很擔心的美國領事館印度時，我的兩位梅特德特事爾德接受了我的決定，他們也認為立刻接受我的機會成功。這個選擇讓我回去馬德拉斯，他們很過慮，他肯定是

晚上十點和外屬審周者的申請者，在馬德里馬德約六十個面試排隊，我從晚上九點前在美國領面的女性。有一天晚上九點，我可能要去其中一面試，一天核准約五十份前往美國的人都到了塔德（James E. Todd）的學生簽證申請表，拒絕然驚異在大家都站在隊伍中六點上司又讓他們回去馬德拉斯，緊張地抓著除了我之外別無他法，然後放有錄取之外，只有一張號碼牌，這套系統要求你在領所周知，拒絕然驚異在

定自己的命運。已經有大德試管如何我約六十個面試排隊，從晚我這樣要去國，是其中唯一的女性。

晚上十點和外屬審周者的一半。當時我在準備任教堂，許多時候我很擔心，從晚上九點前在美國領事面前徹夜等到隔天早上六點，大家都站在隊伍中，除了我之外別無他法，緊張地抓著文件之外，只有一張號碼牌，然後放有錄取的資料，保在領所周知，這是約

這時候，每隔幾個小時，諾曼或拉歐會帶著食物和鼓勵出現。在逐漸增長的人龍中排隊的其他人簡直驚呆了，但是也讚嘆不已。晚上十一點，諾曼搭乘耀眼的白色賓士轎車出現了，遞給我一瓶熱咖啡，問我還需要什麼。然後後凌晨兩點，他的司機又帶著咖啡回來了。接下來，拉歐先生在清晨五點帶著早餐出現，祝我好運。我拿到了那張憑證，後來搭德面試官核准我的簽證。

一九七八年八月，我的父母陪著我來到孟買，送我搭上汎美世界航空的噴射機，前往美國。有好幾個月，我無意間聽到他們在夜裡討論我這個決定的利與弊。我想最後是我父親說服我母親，讓我展翅高飛。我能想像他們會感到多難過，看著他們的女兒離家去那麼遠的地方。雖然那天他們真的很高興，並且一路陪伴我。後來阿姨告訴我，他們私底下相擁而泣。

我的嬸嬸和叔叔以及幾位堂兄弟在機場和我們碰面，家族一起替我送行。我不知道什麼時候才能再見到他們，我尤其不想離開南杜。

而且我真心希望塔塔也能在場，跟我說再見。

本·克康乃狄骨下飛機，第三件事就是——在〈Stayin' Alive〉（Stayin' Alive）。

不知道它是康乃狄克州的那片洋芋片和抵達甘迺迪的發音不像那樣拼法。那「克」不該發音。

之後，我驚嘆不已。對我來說，這是飛機上的好心人，來自各地的數千人，在這樣忘記根建玻璃瓶。

我在那裡休息，經濟艙發生的事。那是在飛機上聽著〈貓的年代〉（Year of the Cat）。我仔細地聽說——那是一位年輕的美國商務人士，並立目告訴我，可以活在這樣的權利。他低聲地說：「我要你聽著這首歌。」他說：「我聽了這些歌至少十五遍。」

他那陌生的好心沒聽過這個康乃狄克的發音是我要前往，這個發音可以活在這樣記得每首歌播放。

史都華（Al Stewart）的〈Year of the Cat〉（貓的年代〉、亞特·葛芬柯（Art Garfunkel）的熱門飛行，越過中東、歐洲航向大西洋。我清楚記得兩件事。第一，詹姆斯·泰勒（James Taylor）的〈What a Wonderful World〉（多麼美好的世界〉、比吉斯（Bee Gees）的流行音樂、Handyman、艾爾·

7 4 7 S P，我在從孟買飛往紐約的二十一小時的航程，我清楚記得兩件事，保持活力〉、艾爾·

3

築裡穿梭來去，一切都是那麼乾淨又井然有序。我找到康乃狄克接送櫃台，和其他幾位乘客上了一台像旅行車的汽車。我們安靜地沿著九十五號州際公路行駛，我驚嘆這一切是如何建造而成，有乾淨的高速公路、清晰的交通流量、沒人亂按喇叭，也沒有動物逛大街。這一切是如此不同，對我來說是如此陌生。當我們穿越紐約州，進入康乃狄克州時，司機大聲地宣布：「歡迎來到美國最偉大的州！」

過了大約兩個小時之後，我在當時位於新哈芬的坦波及川博爾街轉角，那魯大學國際學生辦公室的前面下車。那是週六的中午時分，街道上空蕩蕩。我拖著沒有輪子的鼓凸行李箱，裡面塞滿了紗麗、襯衫、長褲，以及一套床單。另外有一只裝滿書本的手提行李袋，還有四百五十美元的現金。我剛花了五十美元搭車。

到了下午稍晚時分，我設法分兩趟拖著行李跋涉六個街區之後，一個人坐在研究生會館的宿舍裡，一間挑高房間裡的光禿禿床上。這是一幢一九三○年代的耶魯歌德風格建築，大廳有拱型天花板、彩繪玻璃，還有一座十四層樓高的壯觀塔樓。我比新生訓練的日期提早了兩天，室友都還沒出現，四下空無一人。我沒有電話、沒有電視，而且根本不知道要去哪裡採買任何東西。餐廳還是關閉的。

這和家裡完全不同，而且奇怪的是，和我期待的也不一樣。在美國的生活真的會是這麼安靜嗎？怎麼都沒聽到吵鬧的計程車以及呼嘯的消防車呢？時尚街道上的時尚人群呢？熱情裡

這而相異性，當然了，不如我所想像，但那些從前吸收的那些隆重歡迎的隆重禮。

我寂寞開始，我沒有回去。我認真考慮每一個方面，從美見了，怎麼看待我隔天要搭回來的班機的新的文化，在我的旅程才剛開始。

因為首相爾爾的十八世紀，因它是我的故事，開始我的旅程才剛開始。現在我擔任執行董事長在我餐廳裡，我被問及為什麼，在美國的時期，有許多移民的美國夢是從恐權，回國家。

因為首相爾爾先生在我餐廳裡，我被問及為什麼在美國公司工作過，情緒低落，我以為無比又害怕。

我寂寞開始，我住在一九七〇年代，我住在新英格蘭的話，三十年前一次，我坐在美國首都。

雄心，抱懷放對教代，我注重新英國的美情緒低落。

新獨立心，兒的女教育注重，我福蘭父母的那種宿不會坐在美國。

而且推近年嘉飛的勇氣和祖父的那種宿舍就不會坐在美國。

女性選出這對我母的那個宿舍就不會坐在。

理，顯示校裡的維心，以及他們南印度達到的修女性能達到的印度抗數官年來的印度高度的印任何勵我的文化證明：及社會出我實事，都是證明。

任我的總教。

這也是一種時代的象徵。高度先進的科技、旅行及通訊使得公司和其他機構在全世界動起來，尋求市場及利益。商業教育蓬勃發展，美國歡迎像我這樣的學生。

我從前門進入美國，持有簽證及知名大學的錄取通知。這是我的選擇，我知道這意味著我必須一步一腳印地往上爬。或許這讓我有心理準備去面對企業界的艱難生活；它絕對要求我去接受我在私人及職場生活的頭痛與痛苦，而且只能堅持下去。我的責任是要珍惜這個良機。

我的故事不是一個吃苦受罪的移民故事，一路奮鬥到美國來逃離貧窮、迫害或戰爭。我不知道因為自己的國家面臨危機，因此成為難民或無家可歸的感覺如何。我會說英文。我帶著五百美元來到美國。我就讀耶魯大學。而且我有在印度的家人作為安全網，一個我熟悉又愛我的地方，並且能接納我回去。

然而，我確實感到自己和紛紛湧入美國的每個人有所連結，無論他們處於哪種情況，大家都決心努力工作，為自己及家人爭取更美好的生活。我依然心懷那種恐懼，一種移民的恐懼，迫使我努力表現，尋求歸屬。我在美國的早期，希望我的家人能以我為榮，以及我在美國所接觸的一切也都能以我為榮。我在這個國家感覺像過客，我想要被視為一個頂天立地的人，一個貢獻者，而不是累贅。

我們那麼地好吧，」那熟悉的食物開始隨著裝框的照片——前往穆珊說：「最簡單的方法是給你披薩。」我從沒吃過披薩。他說那是——披薩，你買過的披薩的方法。我從上約克街的那條，最簡單的方法是給你那是——披薩，座，牆上掛著幾，地好吃嗎？

不到歲的我敲的門來（Fardmanesh），一個頭髮小戴著帽子，有一位，他懂得移民鏡，是位伊朗籍的移民，住在走廊的另一頭。他說他是經濟系的學生，名叫穆珊（Mohsen）。我隨即帶著山法得曼許的親切的微笑。他告訴我的親切的微笑，從過，然後我

像三明治一樣吃掉它——一條番茄凝乳，而味又虛顯番茄，但是找不到。我在那可以挑選自己想要的品牌和包裝——一個離街區，我從世界的另一頭。我不知道印度的食物，然後我前所未見及的，所以付錢，我不知道該怎麼吃的其兩。

凝乳、顧客，探便和哇來到那。因為店裡，我從找而且，想找東西吃，我開了一個鐵精神，醒，漸，距離到冒險神，你裡走到冒險精神，一個離街區醒了。天晚上在那孤單的第一，在那個孤單的夜晚，我想念。我來安慰自己，弄清楚要從那裡走到離這裡的哪一個街區，我從世界的另一頭長途跋涉，因此我常吃的其兩。

一片讓我試試看。我咬了第一口就想吐。披薩不合我的口味。「你當然可以不喜歡，」穆山告訴我。「但是你要習慣吃這個。披薩可是美國的日常主食。」

穆山真是上天給我的恩賜。在接下來幾天，他幫我設定一個信箱和銀行帳戶。他告訴我關於外籍學生在美國和耶魯的生活，以及如何把我自己的一些背景帶入我的新生活。他要我擁抱每一天，盡情享受。「每天都會越來越好，」他說。

有一個月左右，身為素食者的我在研究生會館餐廳只吃沙拉和麵包。我過得好悲慘。我的體重一直掉，而且老是感到疲倦。學校功課又越來越多。我知道我得想點辦法。所以在住宿服務組的協助下，我搬到幾個街區之外，位在坦波街四百二十號的海倫黑德利會館。

海倫黑德利會館無論在當時或現在，從外觀看起來都非常不起眼。它建造於一九五八年，為女性研究生提供住宿。然而至今仍困擾我的是，委屈入住這棟建築物的是耶魯的女生。耶魯建築學院的知名教授文生‧蘇利（Vincent Scully）曾把它說成是「晚期現代主義最平庸的設計」。它存在於耶魯校園的歌德及喬治亞風格建築之中，甚至是坦波街上，確實令人驚訝。

建築的內部也同樣墨守成規。每間單人房有一個方窗，共用衛浴，每層樓有兩間電話室。日光燈照明和灰色地板讓它看起來比該有的氛圍更單調。

不過這間宿舍住滿了預算有限的國際研究生及博士生，而這種低調的建築物最容易讓我

過了一陣子，他便只是簡短的於伊利諾州、即便能在海倫‧布倫黑德的通話用電話之後，再打了電話來——我學校打電話來緩解痛苦。我很感激讓我度過最初的斯里蘭卡人電話。我很感激他的衝擊。但是我有些事要做。但是我經常從他們位於中央電量他們。

心教會買雜貨，熱愛我和熱愛我們「一群熱門的迪蘭波色進軍的中國籍載我們爭辯文化，他具有世界觀的口音，有辛辣的印度菜為沉悶的環境增添一些生氣。

他買雜貨和熱愛我們「一群熱門的迪蘭波色進軍的中國籍載我們去耶立在幾個政治問題之外，同時也吃著新鮮西班牙或是他們印度料理方面的古巴精英博美國博士生。

羅伯（Rob Martinez）是來自馬德拉斯的朋友，他能讓人欣喜好過多了。我曾擔不起羅伯連市場式的驚人的感受，叫做紫具有他的友誼，親切的態度及同理他們。Stop & Shop 雜貨店人探他羅伯。

耶魯大學五十年來的第一個全新研究所課程，組織與管理學院，在由哈佛及史丹佛主導的傳統商業教育之中，注入了新能量。耶魯在一個叫作公共與私有管理的學位裡，打造了混合課程，連結私人企業及公部門。我們班上有一百位左右的學生，其中許多人在政治界、軍隊或非營利組織工作過，而超過三分之一是女性。

我們是在兩棟漂亮的老房子裡上課，地點位於新哈芬的希爾豪斯大道上，後面連接的是深綠色的現代建築，看起來像必勝客餐廳。「我們在必勝客大樓碰面吧」成了常用的說法。

我的美國同學對幾乎每件事都輕鬆以對的態度，起初讓我嚇呆了，後來我則是心存敬畏。他們展現一種狂妄的姿態，在印度沒人敢這麼做。我在印度的二十年來，看到老師走進教室時，學生會尊敬地站起來。耶魯的學生把腳抬放在書桌上，嘴裡嚼著三明治，直呼教授的名字，例如「維克」或「戴夫」。他們會遲到或早退、喧鬧地挑戰老師的觀點。我覺得這種暢快的討論非常驚人。你可以深度探討話題、辯論其中的利與弊。我從來沒參與過任何像這樣的事。

在第一週，我們被要求和旁邊的人閒聊，組成八人小組，然後被告知，這就是我們接下來兩年的讀書小組。我們把我們這個三女五男的小組命名為「不要回頭看」。我們一起經歷了極圈與沙漠求生模擬練習，讓教授透過一面單向鏡觀察我們的小組互動，然後提供坦率的反饋。那種體驗令人震撼。我領悟到自己還有很多要學的，例如如何讓其他人把話說完、觀

的理論，這是我的建議。察自己的身體語言，以及讓每個人都保持簡言，以及讓每個人都參與。我每年都有機會參加這個研究所的商業與加色。不過，在第一次反饋結束後，我必須承認，所研究出來的結論，和我原本想像的截然不同，所以必須破除幻滅。但是當我接納了所有並且。

華爾街這個人，我們利用我的第一份實際案例來印度管理研究所研習。威廉·唐納森（William Donaldson）並且在尼克森政府擔任過美國國務院創辦了。

維克多·弗魯姆（Victor Vroom）及蒂芬·羅斯（Stephen Ross）大衛·伯格（David Berg）教導我一套估價理論，並且我（Donaldson, Lufkin & Jenrette）。威廉·唐納森（William Donaldson）也共同創辦了麥克·馬喬弗魯任丁。

是那個產業的新學習普班教導我替他行銷。我其對校者及哥倫比亞唱片公司（CBS Records）以廣告課目，激勵我去做更多。我發現他們把複雜的教授退的內容變得簡單易懂。這些基本的行銷單易懂的女性退選一些讓我覺得簡單易懂的行銷課程，每一位都賜。

馬蒂·惠特曼（Marty Whitman）及投資銀行·帝森·唐諾·威廉·唐諾森是一種價值投資學。尼克森政府的價值投資人，維克多·馬喬弗魯任丁。

望能重用他。顧周工作、賴那個產業的望能重用他。我其深受敬重。而且我班上有大約十五位左右他們退的內容在這些基本的行銷女性退選一些希望到希望都想要回歸樂場、協助他們觀察地希他地。

認為這些新技能可以讓她們回歸職場，但是害怕自己找不到工作，或是無法完全勝任某項工作。我為她們上課，更重要的是，協助建立她們的自信。

每週一次的午餐時間，副所長會和學生見面，聽取他們的想法及顧慮。我非常驚訝，學校的行政部門會想聆聽學生對組織與管理學院的生活品質及課程，有什麼樣的想法。這和印度教學校由上而下的作風多麼不同。加爾各答印度管理學院具有的共通性就是，商業依然是男人的天下。我們研究的商業案例沒有任何女性的領導人，而且我也沒有任何的女性教授。女性不在我們的教材之內。

在我的第二年，那些授課式課程令人著迷。選修課程包括了金融與策略、遊戲理論、貿易，以及多邊組織。我們解析波頓‧麥基爾（Burton Malkiel）的《漫步華爾街》（*A Random Walk Down Wall Street*）。我們檢視刮鬍刀製造商‧吉列（Gillette）的興起，並且分析紐約的大都會美術館以及麻薩諸塞州伍斯特市克拉克大學的財務問題。我們學到政治民調，和艾瑞克‧馬爾德（Eric Marder）對談。當美國參議員亨利‧傑克遜（Henry "Scoop" Jackson）在一九七二年及一九七六年競選總統時，艾瑞克負責替他進行民調。

即便我非常喜歡授課式課程，社會經驗同樣具有強大的力量。在全體學生之中，我絕對是個外來者，而且我清楚察覺到那些常春藤盟校或西北地區寄宿學校畢業的年輕男女，在一起組成的小圈圈。許多人是原本的預備生，他們腳踩Sperry帆船鞋，冬天去滑雪，春秋兩季

戀愛。

平均每週花在功課上的時間三、四天，住宿和伙食、獎學金和學費要大約……我每週花在功課上……做了兩份工作，賺得的……薪水每年五萬八千美元。比起這種時段及……新比……的時段，我交換了幾……

吉意識到他替我自己縫製的那些服裝根本不合身。我在曼哈頓中城的……襯衫的搭配……我對自己的服裝……在凱馬特（Kmart）連鎖店買了一件……香德和卡森……S.S. Kresge……Alexander's……紐約的折扣商店……圍巾……

多出五十美分，而且比當時的最低薪資一點六五美元要多出一點二美元。當櫃檯的電話鈴聲響起，我會按下某個房間的通知鈴，然後把電話轉接到走廊上的電話機。整個夜晚，學生穿著睡衣和拖鞋，在走廊上奔跑過去接電話。我監看前門、整理郵件，還有做我的功課。

每四個月左右，我會寄一張一千美元的匯票給馬德拉斯的家人。我的家人不需要那筆錢，不過能有所貢獻，我感覺好極了。我總是特別註明有二十美元是要給南杜的。他從沒拿過零用錢，因此很開心我能寄給他這麼一大筆數目，隨便他花用。

就在第一年的秋天，我也愛上了紐約洋基隊，這件美好又瘋狂的事一直存在至今。在一九七八年世界大賽，洛杉磯道奇隊和洋基隊再次對決。洋基隊在一九七七年抱回冠軍獎盃。海倫黑德利會館的交誼廳有破舊的懶人椅、磨損的沙發，還有附近唯一的一台電視機。每天晚上，這裡都擠滿了人要觀看季後賽。我是板球選手，想念我的揮棒與投球運動，對美國的棒球一無所知。但是我很高興有天晚上，幾個男生邀請我跟他們一起坐，教我那些規則。我開始盡可能閱讀關於瑞吉‧傑克森（Reggie Jackson）、朗‧基德瑞（Ron Guidry）以及巴基‧丹特（Bucky Dent）的一切，而且當洋基隊再度登上世界大賽冠軍寶座時，我簡直樂翻了。一九七九年夏天，當捕手及隊長‧特曼‧孟森（Thurman Munson）在一起墜機事件中罹難時，我流下了淚水。

我就是在這段期間得知，運動語言及特定賽事與球員的細節，和商界息息相關。學生在

我議，所以我買了衣服去面試。我已經要穿著衣服去布朗尼（Bloomingdale's）買的深藍色套裝。我穿著在布朗尼買的深藍色套裝，但它大了兩個尺碼，在鏡子面前比畫。因為這套衣服讓我看起來像個商務女性，包括一件雙排扣的深藍色外套及一件深藍色外套，配上幾件淺藍色的休閒襯衫。我試穿當時覺得自己很好看，但恐怕各大公司會覺得我偷偷穿了。不過那時我才二十四歲，這套衣服花了我五十美元，我又加回到克瑞斯端下，它們留於我的和。

吉姆挑了唯一一擔心的，我是相關的議題給我。大家競相追逐的推薦函，他們到全球的暑期獨特的商務女裝。我帶著自在的西裝，我唯一一件雙排扣外套的各大公司就很需要雇主提供淺色搭配全部的儲備人才，而且容易收到那智慧相連結，而且我很好學生，做你自己。」

深刻印象。美國企業已經準備過寒假後，也是概念似乎和我父母談到的運動。擁有獨特的推薦要大家競相融入。他們認為工作機會，我需要雇主提供遇到的智慧相連結，但絕不跟你在履歷上最新的棒球或籃球賽。

了。這是我一生截至當時為止，最大的單筆支出。

我離開克瑞斯吉之後，注意到鞋類部門，但是我沒錢買鞋了。沒關係，我心想。我整個冬天都在穿的橘色麂皮樂福鞋有塑膠厚底，應該就行了。我可以把腳藏在桌子底下，沒人會注意的。

到了面試當天，我穿上了那套衣服。上衣很合身，但是長褲比我想的要短很多。外套笨拙地垂掛在我身上。不過我就只有這些，而且我沒有退路了。要把衣服拿去更換尺碼也來不及。我前往組織與管理學院行政大樓，每個人都聚集在就業辦公室，要見未來的雇主。我的同學們在那裡，神清氣爽地穿著剪裁合身的布克兄弟套裝，女生穿著絲質襯衫，優雅的毛料裙裝及西裝外套。

我聽到集體倒抽一口氣的聲音。每個人都對我行注目禮，我假裝不在意。

那天和我面談的是英科公司（Insilco），一個位於康乃狄克州的企業集團，管理組合屋、辦公用品及其他商業品牌。那場面試進行得很順利，但是我感到極度困窘與挫敗地離開了那個辦公室。

我沿著走廊跑到就業發展中心主任，珍・莫里森（Jane Morrison）的辦公室。我坐在她的沙發上，哭了出來。「看看我，」我說。「我穿這樣去面試，大家都在笑我。」

珍實事求是地說：「是啊，這是蠻糟的，」她說。「相當糟。」

博思艾倫，我感覺他在評斷我的能力，而在立刻花朵繼續進行下去。

了——我在芝加哥的根本不立刻感到藍綠色絲綢紗麗麗的暑期實習工作，還有在五年的優勢。這是新奧爾良頂尖的工作。還有什麼用「」引起商業色加上藍綠色上衣，或是看起來好比比起一起主持，然後就算一般顧問是。

我企業大家夢寐以求的我能且我很欣賞這（Booz Allen Hamilton）那天晚上，你展現的建議，我在財務困境告訴我英科提出了英國青英科本色是。「」下一次，你穿什麼衣服去買什麼衣服以及我告訴珍我承諾制的個個糟糕的生涯缺失。其中一個是紗麗。她告訴她是英科選中了我。我從大學選中了我。我在三週中了我。我的時候我顯然大悟，這是否接受這個話說在一個新環境的融入那是有好多人，我「」我想要融入他們的夥伴。我

但是博思艾倫漢密頓的活生生例子。我有三次出差的機會，到新奧爾良去旅行。我決定繼續優勢。

掉紗麗，然後解釋我把我的財務困境告訴珍，以及我如何買不起一套符合預算的衣服，因為你是紗麗而不雇用你，那是房間裡有好多人，我想融入他們。

學的其他實習生。我加入一個小組，為一家位於印度的食品添加劑製造公司研發策略。這群
優秀的男士讓我參與所有的討論及審議，訓練我，也全力支持我。

我每天穿紗麗去上班，但是從來不曾拜訪客戶。帶著穿紗麗的我去印第安納波利斯參加
客戶會議，在當時顯得太刺眼了。那時我完全了解及接受我的同事丟下我。這似乎是我要付
出的一點代價。

我很開心能一步步走向成為美國的職業婦女。

工作。其實沒得選擇。這樣也不錯，因為有酬工作的好處不必多說：人們在面臨挑戰時
會成長茁壯；當他們順利完成某項工作，而且能和分享同樣目標的人一起努力而有所獲得，
他們會感到驕傲。還有我們都需要錢過生活。

我相信女性出門工作的選擇，對她們的幸福感及家庭的興旺是不可或缺的。然而，就
算在最成熟的社會中，還是有些人持續質疑女性是否該參與有酬工作。這種觀點似乎和母親
會因為工作而疏於照顧孩子的想法有關。在某些地方，整體社會若是堅守他們所知的過時習
慣，這樣會比較容易一些。

我不是這麼想的。事實上，職業婦女的孩子似乎在學校表現得更好、更獨立，而且把他
們的母親視為模範。此外，我有清楚的證據顯示，女性的有酬勞動力參與對整體經濟來說

賴有追求男性主導世界的自由的力量。然而，對我來說，女性要完整獲得需要整個社會。勞動人口有越多女性，整個社會就越繁榮、女性可以接受教育、有酬勞的工作，減少貧窮。意味著經由女性進入者人類的進步、提升薪資，並且增加國內生產毛額。很重要。

我和另一位暑期實習生到芝加哥進行暑期實習。那也是那個租約公寓大樓，同時也是那個實習公寓。我們很滿意能找到一個租金很平實的套房。對於我的事業後續可能銜接的地方，這使得她們都能夠加入國內生。

態。我很高興有機會到芝加哥進行暑期實習之。

另一位加芝哥男生——金柏莉・魯波特（Kimberley Rupert）——把那間公寓租下，我們四位暑期實習生住的公寓，七位博思的客廳成為範疇的房客，隨心所欲，能夠嚇到我能把衣櫃搬得動的男生——一位加哥男生，免於我們應該擁有的放開的心。

期據點。

我漸漸喜歡住人。經過幾天的洗刷及搬運重物，他雖然前邊。他敏捷的處理前面的水槽裡有一位伯格村的公寓大樓。那個有音樂的邊，我都市的房東。有著大都市景觀是項金鍊及可靠的魚缸，平似過的都市景觀是項工作的客廳成為了七位博思訪客的房客，成為範疇的房東，把嚇到我能夠把衣櫃還得公牛的熱鬧喧染。長清理髒辮。

我在伊利諾州有另一重關係。我有一位在達拉斯念書的印度友人，堅持要我認識某個男子。他叫拉吉‧努宜，是來自印度曼加羅的年輕工程師，剛從德州大學拿到碩士學位。「他會協助你安頓下來。」對方這樣告訴我。

拉吉在伊頓（Eaton）上班，一家位在芝加哥蔓延郊區的工業公司。他一個人住在伊利諾州卡羅溪的辦公室附近，一間沒有多少擺設的單房公寓。我邀請他來我家，他很快就成了我們這個緊密團體之中，固定出現的一分子。他會來我們的芝加哥公寓玩，帶我們去他住的社區游泳或打網球。他非常聰明，讀很多書，而且具有世界觀。他也長得很帥，擁有迷人的微笑，而且和每個人都相處融洽。更重要的是，他可以當司機，開他的車載我們到處玩。

到了八月底，這個小團體的人大部分都回學校了，但是我的工作還剩一個禮拜。在一個週五夜晚，拉吉和我前往位在一個街區外的老電影院，杉伯格戲院（Sandberg Theatre）看《銀線號大血案》（Silver Streak）。那是一部描述火車搶劫事件的電影，由吉恩‧懷爾德（Gene Wilder）及理查‧普賴爾（Richard Pryor）主演。我們愛死了，看著這場鬧劇捧腹大笑。

然後我們走路去了一家餐廳，而且在晚餐結束時，決定要結婚。

是誰跟誰求婚的呢？誰開啟這個話題？在求婚之前應該要有的幾個月交往期呢？我不知道。四十二年後，我們依然在爭論這個問題！

米度印的伊利諾州新哈芬之前，我飛回我服務的那斯拉吉醫院。當我們中西部材高管布的移民潮，拉吉去見我米許和嘉雅出生前。拉吉的叔叔阿丁是血管外科醫生。拉吉的叔叔阿丁嘉雅權和拉米許的母親和嬸嬸是印度南部的卡納達語家庭。他們擔心我住在美國，來自中產階級家庭，根本沒看過在那裡的印度教及家庭。他們一直希望能找到一個住在印度南郊的卡納達醫師，而我第一次見到拉吉是在一九六〇年代，他們住在South Suburban（South Suburban Hospital）醫院南郊的醫師住所，小時車程之外。

看得出我當拉吉醫生來，當然，說的候伴有些持，而我來自米爾身材高官而布那天湧血，管外我自己是好當，我們怎麼勞他的父母他們他也在拉吉潮血，我穩定他們的母他們在電話中告訴我父母並覺得我受過高等教育，他們全都愛他，他給一一個在美國住的卡納達語家人很擔心，我住在美國有些中產階級的人，她時青的中產階級根本沒看過在那裡印度教及家庭現在，他們印度從印度南郊的醫師，而我第看來看著他們一一九六〇年代，我第一次見到加入了拉。

「是他們細節明白日後自己別無選擇的。」雙方的父母再次感到驚慌。我們在馬達拉斯做判斷，因為他們可以做拉斯面並沒見過他，行一一這場婚正式的訂婚事過他的人式婚儀式，而我和看出我當拉吉醫生他們。他在電話中告訴我，我要接納了綁住我擔心，全都愛我，過高等教育，家人很擔心。他有些時青的中產階級音便印度及過在那站在那裡印度教配對過我現在，他們對這都沒星我住到這一位新娘陌生的。他說他的親友很後，便後。

拉吉都不在場。我的父母認為我婆家的人都很好，因此認為這意味著我們倆肯定也合得來。

我在耶魯的第二年充滿著對未來的期望，以及我的人生、婚姻及工作所發生的現況。我想在波士頓顧問公司（Boston Consulting Group）工作；它是當時公認的頂尖策略顧問公司，而且正好開設了新的芝加哥辦事處。我心想，這樣就太完美了。到了秋季中旬，經歷了連續六、七場嚴格面試之後，我得到了夢寐以求的職缺。

我的暑期實習似乎也提升了我在組織管理研究所同儕之間的地位。有更多學生熱情接納我，雖然我還是保持小心謹慎的態度。我還是覺得格格不入。

拉吉和我通電話，每隔幾個週末就見面。我會飛到伊利諾州，在他的小公寓做研究和寫功課。我們那幾個月都在仔細估算婚禮的花費，結論是我們只能邀請四十位賓客，以及我們會在他的叔叔及嬸嬸家的地下室舉行婚禮。付了鮮花及牧師的錢之後，我們無法再多請一個人了。

到了五月底，我的父母和南杜從印度前來，在新哈芬和香德莉卡及拉吉碰面，一起參加我的畢業典禮。當天的天氣晴朗又陽光普照，對我來說是美好的一天。我的家人齊聚一堂，我母親和父親既興奮又開心地見到我未來的丈夫。他們好愛他。

我即將踏上美好的新階段，然而不知為何，我也難過自己要離開耶魯和學校生活。學校

在隔周而來，齊有所失，假如我森特地前來一天。這就是我的父親依照我們的婚禮方式至少會持續一天，但是我把我們的兩個拉到一旁。我為他們的未來

艾薩克森的鐮刀及木拉吉和我，拉吉的父親最大的喜悅來源。拉歐（N.S. Rao）把我們兩個拉到一旁。我為他們的未來

道而來，齊有所失。假如我森特自助娛樂室一天。因為我們是印度結婚，這就是我的父親依照我們的婚禮方式至少會持續一天，但是我把我們的兩個拉到一旁。我為他們的未來永遠

我在海德結婚禮及舉行婚禮雅黑禮廳舉婚禮的婚禮服，開了我們租部組織管理研究所建立的商業世界

天後，我道別了。然後依位置和諧符合的一切都符合我的期待。比以依靠彼此是一個和諧符合的一切都符合我的期待。我在美國的公門及公共行政府組織，而我們自己打造

的人生加油打氣，祝我們好運，建議我們努力工作，而且向我們保證，我們的家人會陪著我們一起分擔。

　　然後他對著我說：「茵卓亞，不要放棄你的工作。你受過這麼多教育，應該善加運用。我們會盡我們所能地支持你。」

第二部 ── 找到我的立足點

我們

管理顧問擁有的第一年，我用的工業是玉米、黃豆及伊利諾州，柏林位在密西西比河畔，這裡也是加芝的西邊。我努力抵抗來自海外的新競爭對手，蘇聯周遭一百六十五哩，美國中心地帶正是這群工作。我接下來是傑出的行銷總經理，我遇見了艾倫‧史普恩（Alan Spoon），他每週有兩個週末都在工作。

塞爾沃斯橡膠（Servus Rubber）公司，這麼多全球商業所能吸收的旅館及飯店，其中有任何和樣麼及工作，多半是招募新人。我發現我是去找公司顧問任職的人，我們會協助這些年輕的工商管理碩士，驅動企業價值的因子，公司行號為這麼多全球商業所能吸收的旅館及飯店，這些會怎麼樣？它們可能如何改變？採用什麼策略基本的選擇，來逐漸周全滿頓。

討論土在管理和組織色彩的人。這家企業出色的波士頓顧問公司，比其他地點有更多的道理。厭惡⋯⋯

4

打造價值？他們需要做什麼投資？他們應該如何整頓自己？他們購買的是事務所的思考方式，以及和許多不同產業合作的經驗。

顧問深入探討，致力了解某項產業及某個特定企業的技能與科學。波士頓顧問公司是策略顧問的先驅，公司的創辦人，布魯斯·亨德森（Bruce Henderson）在一九七〇年發明了「成長占有率矩陣」，成為教學經常使用的模型。他將企業依照相對的市場占有率及成長率，分列為牛、狗、星星及問號的等級。我們從一開始接受的訓練就是，把焦點放在以數據及清晰客觀的思考，解決客戶的真正挑戰，而不只是說些他們想聽的話。我們揭露令人尷尬的事實，然後和公司領導人坐下來，討論我們的分析，然後找出往前走的路。我覺得這種過程具有一種智識的誠實，讓政治靠邊站。儘管想當然耳，我們還是要努力應付很多的企業政治。

顧問這一行非常適合我。我熱愛近距離檢視並深入探討某個企業，了解成長及利潤槓桿，然後綜觀全局，決定什麼是重新定位某個企業或公司的最佳方式。每個專案感覺都有切身的關聯，我一天到晚都在忙。我睡得不多，當我全神貫注做分析時，很容易便投入需要的長時間工作。

波士頓顧問公司芝加哥辦事處在我加入時，快速地成長，我們很快就從門羅街搬到威克大道上，一幢玻璃帷幕的摩天大樓某一層，對街就是一百一十層樓高的西爾斯大樓。

威斯康辛州的克拉克羅斯（La Crosse）之後，我們的羅斯在我折來，把這些焦點是一家行銷的事業部門，我們做個並沒幾個伴，每年春天我們都聘數十名畢業生，分派到處理各種複雜的新人業務。

我們探究人們如何使用電腦幅度很廣，分段經幻燈片。我們把這些轉譯成一項整合服務，包括在過後然後有個欄位，我們使用計算機手寫設計的業務，再和同表的年代，然後進行所有空培訓新人的。

我們使用電腦或電子試算表呈現，並判定它的公司。我了解它的成本及效益，然後加添資料科學，最後分享。LexisNexis。

你眼有個樣大利人和印度女子的開玩笑地問我最新狀況，還有蘇格蘭顧問公司，在丁波這家公司於威斯康辛州克拉克羅斯的執行長包括工業用暖氣公司特靈（Trane）最後譯成所有的內容都以銷計畫收益等級和定價談判全都套用他們合作時五座城市的營業模式及服務級等。那是嚴密知道的全都熟悉喜愛用他們合作的工具新人的訊製。

你們派行得嗎？你們合作夥伴得斯嗎？羅斯過後我們的生產廠包括義大利人在丁波士頓顧問公司於波士頓顧問公司那知道的領導辛。

我要最好的，所以我給了我最好的團隊，你們知道這是組導辛的。「。這是怎

證宏執行長是比爾‧羅斯（Bill Roth），一個大方又體貼的人，後來他告訴我，他對這個答案感到很滿意。我負責證宏的專案三年多，經常感受到這種中西部人特有的寬大胸懷。

我的工作室協助證宏加速它的成長及獲利。我們起初花了幾個月的時間，找了負責大型辦公大樓或小型商店街及公寓的空氣調節系統承包商，然後是總承包商、維修技術人員及都市建築官員談，只為了要了解證宏的定位，以及要如何加以改善。我們分析證宏在過去三年來，被對手拿去的每個案子。客戶對我們不尋常的詳細作法留下深刻印象。

當我習慣了顧問工作時，我研發出我自己的一套研究慣例。為了一家製造柑橘榨汁機的公司，我查遍了巴西及佛羅里達州的果汁工廠，了解以不同商用機器榨柳橙汁的複雜之處。我買了參考書籍，以便了解任何問題的專有名詞、科學和技術。我依然留著我加了註解的柳橙榨汁書籍。

為了一家日本公司，我們必須仔細觀察美國市場，尋找快速又先進的裝瓶生產線。為了西爾（G. D. Searle），一家位在伊利諾州斯科基的製藥公司，我研究西爾實驗室在一九六五年發現的人工甜味劑，阿斯巴甜，並且協助該公司找出如何改善製程。第二項任務是，我必須研究產生零熱量的甜味劑，可以在接下來的十年或二十年內大量生產。這時，我的化學背景就派上用場了。不過為了取得更貼切的看法，我聘請了一位精通甜味劑的教授，陪我一起

報。

我一天到晚都在學習，運用了高智力以及體力。

利，我通常會因此大學，了解接觸到造紙的面紙的原料，以及面紙生產線。我去威斯康辛州立，了解接觸到造紙行業。我學到了國內每一代面紙生產線的面紙及衛生紙的成本。我建立了甜味及橙汁瓶及飲料罐的實驗室，並且了解其他人的專利申請，解決製造的煩瑣過程。我替我的客戶吸收戶酒吧消磨時間之間的差異，再次吸取經驗，啜飲檸檬水以及 Kleenex 和 Puffs、Charmin、Scott，以及這一切。我造訪加州及歐洲的實驗室，我研究過歐洲及……的橙汁瓶及飲料罐。

市場製造商品牌衛生紙的原料，我研究過其他人的專利申請是為了什麼。一位專家自俄克拉荷馬州，來自俄克拉荷馬州的巴特爾（Battelle）所研究……對手工廠的研究，自俄克拉荷馬州見設的工廠有廢棄的位置！

我念曼衣物袋，造跟著用那個袋子屢屢不斷，四個晚上。然後每個週造成我在機場匆匆忙忙的肩移位，甚至吃力地拖著我整身的行裝，身上都還選留著這個見解，並且尋寫這個見解。計算、數字、設計圖表、書寫簡報。

有天晚上在威斯康辛州尼納市，我找不到旅館房間，因為附近的奧士科什正舉辦一場非常受歡迎的航空展。我決定開三小時的車回芝加哥，然後隔天再回來。在芳拉克鎮附近的某處，我超速被攔了下來，警官說我可以使用VISA卡支付一百二十五美元的罰款。我身上只有美國運通卡，最後我在芳拉克的某個警局打電話給拉吉。這時我瞥見一間牢房裡有一張整潔的床。現在的我實在不敢相信，當時我居然詢問是否能在那張床上睡一晚，直到我先生隔天拿現金過來。我只是不想開車任返芝加哥，而且迫不及待想找個地方休息。警察要我回家去。我隔天拿支票繳納了罰款。

我把全副精神都投注在這一切，不過拉吉和我想念我們相處的時光。他也格外努力工作。我們心想，這是我們成就自我的代價，而且我們擔心我們的運氣會產生變化。我們在夜深時簡短通話，聊聊彼此的一天。我們聊得像是有好久都沒說過話了。

拉吉和我在他的卡羅西公寓展開了我們的婚後生活。我們節省度日，從報紙剪下雜貨折價券。我們每個月結算收支，先撥出我要還學貸的錢，然後存一些起來，最後給我們在印度的兩家人各寄一百美元，表示我們在乎。他們並不是真的需要這筆錢，但是我們寄那些錢給他們，感覺很開心。

我買了兩件淡黃色蝴蝶結上衣、兩件艾文皮康恩（Evan Picone）羊毛西裝外套，一件駝

洗衣服。它們約是紐約提袋，一件黑色色伴的交換衣。

某些週末我全家回家，半不久後，即便有幾件衣服掛著烘乾，兩件工作在伊頓當時我出發前往辛辛那提工作，抵達時我發現往頓州的那些衣服阿普尼克郡，打造出四種組合，阿普造出四種。

他開始攻讀碩士學位，掛著烘乾的三件一式、兩件工作，在一家生產電子零件控制裝置的製造商工作，每天早上再一條長褲以及控制服裝方面總是打扮得無懈可擊，而他決定辭去伊芝加地哥哥那斯頓出門時總是打扮得無懈可擊，需要無懈可擊的領帶。在旅館房間易斯安納州那斯羅里，每週都把這些衣服之前，路易斯安納州同樣狂瘋地熨整齊地熨燙，他會把衣服進在我在一九八三年念到一半，每天早上在耶魯大學正統的工商管理工程師，需要無懈可擊的工商管理碩士學位，每天晚上他也會櫥裡。

我們很多番茄醬吃的，另外放的餡餅，或是去德維街進蟑螂和叔叔辣椒和乾燥，花費最少的番茄椒片。

我們的娛樂活動。

我們九點吃到一美元二十六街邊受邀參加的印度的康尼披尼任何活動，我們還是會吃。在第二場上大約十點。

我們在美國看的第一場現場音樂

會，是在西公園劇院的美國樂團。我們去瑞格利球場看過兩場小熊隊的棒球賽。在洋基隊來
到芝加哥時，我們也在科明斯基球場看白襪隊比賽。

　　我們有一次穿上保暖內衣和最厚的毛衣及外套，坐在軍人球場最便宜的座位，看了一場
芝加哥熊隊的美式足球賽。穿幾層衣服其實無所謂。從密西根湖吹來的刺骨寒風席捲球場，
我們沒幾分鐘就凍壞了。拉吉待過德州之後，成了達拉斯牛仔隊的頭號球迷。我不得不盡快
學會美式足球的規則，才能在週末和他一起享受球賽。

　　大約一年後，我們決定應該買房子了。我們在格倫艾倫村看上一間迷人的都鐸式三房住
宅。那是一個新街區，草皮都還沒種，樹木也還只是嫩枝。那棟房屋要價十二萬五千美元，
頭期款最少要百分之五。我們的存款有三千美元，拉吉的叔叔借我們四千五百美元。即便如
此，我們必須買房貸保險，因為我們付得太少了。當時的利息高達百分之十七點五。

　　這些數字顯示這並不是太划算的交易。但是對我們來說，美國夢似乎意味著我們應該要
買房子，我們是在替未來存錢，因為房價會不斷上漲。我們搬進去了，但是沒錢添購其他的
了。因此只有早餐區、起居室和主臥房添置了家具。房子的其他部分依然空蕩蕩。我們立刻
在當地的五金行買了一台托洛牌割草機。我們覺得自己很像美國人。

　　在我們的婚禮結束後，我的父母就回去馬德拉斯了。我父親告訴我，他很期待有一天

病意外之後，可是他既不斷擔心又害怕，我知道他承受這麼多痛苦，強忍著痛，再一次又一次顯示他在過去幾個月以來，對我們大家全心付出。他生病所帶來的那些日子，我知道他保證，當我們看到父親將回印度，立刻印度。

但是他不讓我們看到他幾乎不成人形，我們每次探病將近病床時，希望他能和他的孫子女、孫輩的孩子再度相處，回到美國和我們一起。我知道他保證，沒什麼好擔心的，即度。

他承受這麼多痛苦，強忍著病痛，再一次顯示他在過去幾個月以來，對我們大家全心付出。他生病所帶來的那些日子，我決定立刻和南德拉斯一起回到印度，但是他堅持，要我們保證會盡快回到美國。

然而一九八五年那年我們拿到碩士學位，成搬到紐約，取得聽說我們所以然後我們這段和他的孫子女的孫輩美國一起，我能回來和他在一天下午探索美國。

希望他能和他這件事告訴他，可怕的一員，要付還有這是那年一九八五年那年我們拿到碩士學位，在家人做了一整天下午。

他一個月了。然而一九八五年那年我們拿到碩士學位。一九八五年那年六月一日會考，我和南德拉斯、拉吉的家人做了一整天下午，我們很想念他，但是打電話到印度給他。

怕他受苦，我超過三十年，怕他的一員。我和母親存款，那些是讓學生考試之後半點半之後。但是打國際電話很貴，而且他講講電話很貴，尤其是。

感到好失落。

　　大房子裡擠滿了遠道而來支持我們的親友。經過了四個小時的手術，醫生告知我們，我父親罹患了胰臟癌，病情不樂觀。

　　這時，我接收到在我的早期職涯中，最可貴的一次公司福利。波士頓顧問公司的芝加哥辦事處主管，卡爾‧史登（Carl Stern）來電，要我請六個月的有薪假，以便幫忙照顧我父親。卡爾是一位友善又睿智的經理，最近剛從倫敦搬過來。他知道顧問工作要付出的代價，於是盡力為我們這些替他做事的人，打造一個培養的環境。他告訴我，我們的一位客戶，西爾甜味劑部門的執行長，說我的專案可以等。另一位客戶也同意我的工作可以暫時擱置。

　　這在當時不只是一種恩賜，卡爾這種慷慨的舉動，不僅承認我對波士頓顧問公司的價值，也給我機會去當我需要當的那種女兒。我相信，假如我沒有得到有薪假，我會縮短我的職涯，辭去波士頓顧問公司的職務，去陪伴我父親及幫助我的家庭。由於拉吉是全職學生，我們會有財務上的大麻煩，直到他找到新工作才能安定下來。

　　更重要的是，波士頓顧問公司啟動了這個程序。我絕不會要求請假，因為我相信身為資淺顧問，我沒有條件要求任何一種福利幫我度過這個難關。

　　我人生中的這一段說明了有薪假如何協助渡過各種個人的狀況，包括生育及個人疾病，以及其他的情況。在許多職場來說，它都能帶來重大的翻轉。就許多方面而言，只有在你親

感到天崩地裂。

我的頭號粉絲——一輩子辛勤工作，但最終要過世。即便是我會和會養老，儲蓄養老，希望勞茫到五十到南杜通電話，在那空房間，看著我父親的學，一個學期我父親叔叔印度，不過來及南杜，我希望幾個月的時間，哼著我母親的歌，他陪伴之下，我心如刀割，來每個漫長至於他們有房四接。

紐約之後，我言真正的地方能照料他去療，並且支持手術及南杜，在外表上可能無法回去美國能辦法延續拉斯，而且我帶著父親接。

他內心有我們和過程，我們加上每天達達了彎舞床和無從得知，我們決定治療，我當帶好處，你才會了解它的重要性。

受發病的愛，我在父親的那種好處，我和在香德莉卡，家裡的狀況，我父親叔叔印度，不過不及南杜，我希望美國頂尖醫院能做些什麼來延續拉斯，而且我帶著父親接。

他有很好很好候，我還加他，至於他是爾是各是。

我們有幾個好玩的捉迷藏，能和我母親的陪伴之下，我心如刀割，來每個漫長至於他們有房四接。

在他過世的那天，拉吉從芝加哥大學畢業，拿到他的工商管理碩士學位，而我們都錯過了他的畢業典禮。

我母親和我弟弟回到印度，他身為獨子的責任是要舉行葬禮儀式。經過十三天的哀悼期，他們把他的骨灰撒在印度的聖河裡。

就在那幾週內，我發現自己懷孕了。我有機會在父親過世前不久，和他分享這個開心的消息。他當時非常虛弱，不過在他最後的日子裡，他督促我身旁的每個人，要確保我受到良好的照顧。他會是個非常棒的祖父。

他的病情惡化得很快，我沒有消化完波士頓顧問公司慷慨提供給我的六個月有薪假。我在大約三個月後回到工作崗位，然後立刻開始應付滿載的專案工作量，以及不幸的晨間孕吐。我帶了一只裝滿零食的行李箱前往北邊的拉克羅斯，因為我知道我必須每隔兩小時就吃一點東西，以避免嘔吐。在一九八〇年代的威斯康辛州拉克羅斯，素食者的飲食向來是一大挑戰。但是懷孕是一個全新的領域，我必須做足準備。

隔週，我來到証宏，再次帶上我的特殊補給品，一些辣味的蔬菜和米飯，我可以在辦公室或旅館房間加熱食用。這種日子繼續了兩週。不過後來有一天，我走進茶水間，我看到牆上有一份日曆，上面寫滿了替我規劃的進度表和食物細節。辦公室的祕書聯合出手幫忙。在

很一個有更驚光鮮亮麗來，許多人群是亮麗。我們搬到東的惠普公司。我到芝加哥起住。我母親希望在這場會議和場給我激勵工作時和他們做了三明治和場給我

常會搭福治來。街區之外，我母親支使街坊的回憶。我到芝加哥起住。我母親希望在比爾辦公的最後一個月的執行長，而且持續給我

計程車（Flash Cab）來我們家。我母親幾乎所有的時候高樓找到的時候，小時候就決定出售一個孫女即將出世。拉吉在比爾的公司做會計師的公司在羅伯斯後來飛來好幾個月

旭祖總常來我們家。另外有的時候都符合在家十五樓。她可以走到俯職不久後她的第一個孫女即將出世。拉吉在比爾的公司做最後一個月的執行長，包了兩個架飛機。我把他們的善學教我整個執行教我

那是一個好去處。那是一位同事。她可以走到俯職街角的隱密系統部西根部根湖角落的商店大樓用擔任伊利諾州美國近午。我但是我的懷孕學教我整個執行教我感

那是一家設計程車公司。比爾認識另一位住在新工作的時間也很了不到將出世即不久後她的女兒格倫，而在利諾宅都在美國近九個行

雖然大樓另一角的商店街角的隱密系統部門擔任於伊利諾宅小孩也能是我的懷孕學孕九個行

辦公室外面很近，我們就在頓顧問公司而且是全新職員納斯先於那，格倫文

外面等到午近。我通得住在周紐斯先

夜。我和某位特定的司機成為朋友，他叫作派特森，在我懷孕的那段期間非常照顧我。無論我工作到多晚，他都會在辦公大樓前面等我。

一九八四年一月的某個寒冷夜晚，我待在家時羊水破了，開始陣痛。我固定去看的郊區婦產科醫生，一位友善的印度裔英籍醫生，承諾會陪我走過生產的每一步。但是現在我必須前往距離我們舊家比較近的醫院，幾乎是半小時的車程。拉吉在加班，他說和我在那裡碰面。我打給另一位波士頓顧問公司的同事兼好友，鮑伯‧索羅門（Bob Solomon），他自告奮勇，說萬一拉吉沒空，他要當代理人。過了幾分鐘，他便搭著福來旭計程車出現了，而開車的是派特森。媽媽和我擠上了車。外頭的氣溫是華氏四度左右（攝氏零下十五度），但是感覺要寒冷得多。

接下來的十八個小時，我在待產時，我們的小團體在一旁守護等待著，萊絲莉‧艾克斯來到醫院，陪伴我的阿媽。

最後，經歷了剖腹手術，漂亮的普莉莎‧努宜出生了。

打從她一出生，拉吉和我就愛這個寶寶勝過世上的一切。接下來的五年，她睡在我們中間，或是在我身旁的搖籃裡。我有三個月的產假，而且還有身為新手媽媽極為珍貴的一個優勢，那就是我自己的母親在身旁幫忙我。拉吉沒有育嬰假，必須立刻回去上班。我們對這點

沒有任何遲疑。

小時候，我們回傳的時候使用一台老舊笨重的大型VHS卡式錄影機，把她每個禮拜幾次的每個過末都在週末拍過下成好幾細。

過節，普莉莎回家的時候，包括普莉莎用一台老舊笨重的大型VHS卡式錄影機，她每個禮拜幾次的每個週末會在週末拍過下成好幾細。

我成為一個母親之後，老是打電話來，大約在三腳架上保護度被送回家的第一個孫女，而且立刻成了南杜德莉卡會住下幾個月，讓我們知道她未來的人生會如何。她出生後幾。

群體總是有別人和我們一起生活。我們逐漸增長的家庭是一種束縛——包括東縛，我和沙拉必須處理的照顧莎兒的照顧愛，我們不再是束縛，但終究是束縛，而我們想要這個我。

在我有了孩子之後，我從沒想過要辭掉工作。我要在三個月的假期結束後回去上班。就這樣，沒待商量。這不是某種衝動或冷靜的決定。這是對我們有利的經濟考量決定。我們需要兩人的收入來支付家裡的開銷，以及為了急用及未來儲蓄。我有可能回去工作，只有一個原因：我母親在家照顧普莉莎。她一肩攬起這方面的所有工作，我不必擔心。

家族的支持不只如此。在接下來的幾年，拉吉和我衝刺事業，因為我們有延伸的網絡，包括他那邊和我這邊，支持我們而且希望我們能成功。

這些並不代表我不會經歷離開自己小孩的持續心痛。我在三個月後停止親餵。我錯過她第一次走路、第一次說話。不過這就是現實。我回到我在波士頓顧問公司的常態，前往中西部出差、見客戶，而且盡力而為。

然後，在一九八六年五月底的一個週五下午，我從大約在芝加哥以南一百一十五哩的伊利諾州胡普斯頓，開著我的紅色豐田佳美回家。我在一個山坡的停車號誌前停了下來，高速公路在那裡一分為二。我在兩側方向查看之後，開始左轉。

接下來我所記得的，是我在伊利諾州坎卡基的一家醫院加護病房醒過來。

完全給他內疚，我接下來的三個月以非常正式的方式，我從察看他有沒有內傷。我扭曲著身子從床上爬起來，有坎迪看著我那冒出來的鮮血，震驚了。我從椅子上摔下來，頭部包在繃帶裡，他的雙眼在第一場雪暴中發抖過。拉吉去取身布，那台車沒有安全氣囊，取回我傷口的事，我告訴他的叔叔禍中福，那品中慢慢復原，那然復原。

當意味著我必須重新記住某些人的名字，而且我不能太常看電視或閱讀，我被告知為治療原因為關掉那些震

眼淚基地出現，有一天他轉到卡曲群看，有我轉過來再次成查。

5

內傷，我有幾年不能再生育。令人意外的是，我非常冷靜地接受這個消息。我很高興能有普莉莎，她的咿呀兒語鼓舞了我。

我需要大量休息，因此不得不以從未有過的方式慢下腳步。我睡得很多，而且在情況好的時候，我會等不及要回去工作。在情況差的時候，我很高興我能活著，而且完好無缺。那場車禍是我的錯，因為我開到十字路口卻沒看到對向來車。後來警察在我出庭時說明，那個路口的標示很差。他看過那裡出過許多車禍。

波士頓顧問公司又一次在重要的時刻出面，在這場磨難的過程中支付我薪水。我們透過公司保了絕佳的醫療險，而且如果沒有它，我真不知該如何是好。但是離開工作崗位讓我重新評估我的優先順序。我現在有了女兒，無止盡的差旅和漫長的工時，感覺不再刺激了。我想離家近一點。

這時，有一家獵才顧問公司不斷來電，要我考慮摩托羅拉汽車電子部門的一個職位。最後我跛行推著四腳的鋁製助走器，走進那家公司在伊利諾州紹姆堡的總部，進行一場面談。

一九八〇年代的汽車和卡車從重金屬搖身一變，機械怪獸變成了我們現在駕駛的輕量級電腦操控機器。摩托羅拉是研發雙向無線電、呼叫器、半導體、手機，以及政府專用衛星的重要推手。它正在發明車用的新系統，從引擎控制及防鎖死煞車的電子產品到智慧導航系統

在乎的，只有賴斯其身分的人。

接下來的八年，我接受了那份工作，不斷繼繼地替傑德做事。他是我的老師、教練、評論者及支持者。

雖然我很摩托羅拉，母親的太太告訴我，此舉意外，這一切都發生得這麼快。我接受了那份工作，離開波士頓的顧問公司，去替我們做出那個決定，那一次令我印象深刻，以及他那聰明又……

久的驅動力，能容我見到如何將傑德這樣一位強化企業人運得得像釘子。他是歐洲部門的百事傑德，他需要一位新的策略主管，也是廂尼舒爾梅耶。他曾想出摩托羅拉的工商管理碩士，他想省想出摩托羅拉的工商管理碩士，他是德國國際工程……我是關於電子系統的那一刻，我就知道他是一位新的策略主管……他聰省想出摩托羅拉……我喜歡這場面談，他談到他工商管理學院的工商管理碩士，他是德國國際工程。

如聽說及企業師及賣谷都有那有……如何說及企業師及賣谷都有……我摩托羅拉能以能言善語描繪出未來的產業或汽車系統那升級……從任何能將傑德這樣一位強化企業人士……他是我的老師、教練、評論者及支持他移……

（Gerhard Schulmeyer）

者，用他的智慧豐富我的職涯，關懷對我的升遷及成為執行長的能力至為重要的家人。他教導我要簡化複雜的問題，並且有效地溝通。他替我留意機會。有一次麻省管理工學院要他去上課，他派我去替他教課。

話說回來，我很幸運能有一位主管兼任我的精神導師、擁護者及朋友。我的回報是投入非常長的工時。我對他的忠誠堅定不移。

在一九八六年末，我依然微跛著走路，不過我開始通勤，每天早上開車從我們位在芝加哥市中心的家，前往位在大約三十哩外的摩托羅拉。幾週後，我母親告訴我，她不想再面對另一個芝加哥的冬天，那種延續好幾個月的刺骨寒風及零下的氣溫。細雪紛飛或許很美，她說，但是她覺得受困，真的很想回印度幾個月。拉吉和我完全能理解。我們為她買了機票。普莉莎對這件事很不開心。

所以我們沒人照顧小孩了。

當阿瑪和我們住在一起時，從我懷孕、我們適應為人父母，到我從那場可怕的車禍復原，我從來不曾擔心普莉莎是否安全或得到關愛。我不擔心她的食物或衣著，或者她是否真的受到照顧。有人念書給她聽、和她說話、抱她，以及報名嬰兒課程。我總是和我母親保持聯絡，知道她們每一天的細節。我們的女兒生活在一個完整又有愛的團體中心。

莎到了寒冷的冬天，因為我晚上得沿著街道走羅托上。摩拉的街是去開車回到瓦珊他的家。我每年一年——我經常要出差去鳳凰城和那些比較遠的地方，那州有冬季莎莉。

所以瓦珊每天早上六點半在晚上替換衣物、玩具，我們替普莎寶寶扣上乳液和莎，穿上她的連身雪衣，戴上帽子、手套，好穿好靴子。

這是瓦珊，然後距時我們離我們的公寓約二十分鐘車程，而且都在拉吉去接她回來。現在的路上，在回想起來，她說每天早上在公園裡，她拉著我安排的這項會上，醫囉要照顧。

處是瓦珊，然後我們離我們的公寓約二十分鐘車程，而且都是拉吉去接她回來。現在的路上，在回想起來，她說每天早上在公園裡受訓練的一個人。

莉子裡，她和她的幸福有一位名叫瓦珊的女兒和莎穿上她任何可以在回國家的路上在拉吉去接她現在班的路上伊利諾州幾次過了這項安排的一會上醫囉要照顧。

這費非常昂貴，就像許多其他放出在職的家長——總絡完全缺之的孩子幼兒的季節的印象管得自己靠接下來的五個月服務的一個人。

而首先而對兩個職位的家長至少有一個集冷又的核居和好友環境中生存有品質又要靠接下來的托育服務非常普遍切。

部辦公室」的芝加哥高層主管一起工作。我記得有幾次，當我被困在奧黑爾機場柏油碎石飛機跑道上的飛機時，我心慌不已，因為那天晚上輪到我去接女兒，但是我遲到了。有時候我直到晚上九、十點才趕到瓦珊莎的家。

普莉莎很愛瓦珊莎，不過一大早在寒風中搭車，而且很晚才去接她，讓她累壞了。有些早上，她就是拒絕離開家裡，亂發脾氣。那個冬天不是我們最美好的時刻。到了春天，這一切讓拉吉和我累得精疲力盡。我們必須做出改變。

我們選擇搬回格倫艾倫，搬到一間四房住宅，有半完成的地下室、前廊，還有雙車位車庫，鄰近一座公園和一所蒙特梭利學校。新房子在一個全新的住宅區，離我的辦公室近多了，也有空間能容納除了造訪的家人之外，和我們同住的幫手。

我們二度展開郊區的美國生活，現在幾乎每間房裡都有家具，還有一個活潑的三歲女兒。她喜歡探索屋子裡的每個角落以及許多樓梯，也愛在浴缸裡潑水。她有兩個朋友住在對街，馬克和大衛，他們看了很多電視播出的《忍者龜》。我從沒真正理解過這個節目，不過四個主角，拉斐爾、多納太羅、李奧納多及米開朗基羅，成了我最要好的新朋友。

拉吉和我也詢問我們在印度的父母和叔伯阿姨，是否有任何人能休假、過來美國幫我們照顧普莉莎。有些人同意了，然後我們要替他們安排行程。我們用一份大型的全年行事曆，提前幾個月安排好所有的旅行時間和機票，以及每個人進出美國需要的簽證和證明文件。

哥的需求，或是載他和活動。

我們還讓普著幾年，我母親和我婆家輪流和我們同住，幫忙做家務。我們很忙著維持婚姻及家庭，這些家務、晚上拉吉和我倆也會僱用本地的工作和家庭接手。

那些週末，在附近的衛浴、旅客、國外的想念……我們明亮臥室會客室在國內，搭機來來去去以及芝加哥、普莉薩和莎生。

除了週末在附近的衛浴，旅客國外的安靜，在週末附近的鄰居很友善——這些都是善意的。

他們有點哪裡住在二樓的鄰居很友善——他們常看電視、看電影，一個月兩三個……他們格格不入，一張張普通觀美國機票都沒去過……

這些男性是男但我們給去商場或者老。我們還請他們印度的太太在印度的家府中階的工作……他們的親友都個人都看電影、看電視，他們常常看電視……

力。

要幫家裡的每一個人做更重要的事，他們是洗衣服的，他們不顧一切，打掃和照料的印度傳統是——同時也是一種樂趣……自己也沒有休假……他們覺得多事很少休假，所以對我們幫忙很重要……即使出門賺錢，他們還是要全心全力去做。

初為人即女人……

他們的成功幫助我們可以請他們搭機到及加沙、普莉薩和莎生……他回國上班出門，賺錢還是一份中的新……

我應該去休心。

息。我全心投入工作，正如拉吉的父親在我們的婚禮之後鼓勵我這麼做，而大家都非常以我為榮。我是受過教育又充滿活力的女性，在美國的企業界打拼，他們會跟在印度的朋友和熟人談論我的事業。努宜是曼加羅附近的一個小村莊，我的婆家很高興我冠上他們的姓氏，在美國努力，讓他們的小村莊能夠被看見。

我們沒有付錢給過來幫忙的親戚或是我母親。我母親和我們同住時，拉吉和我支付她生活所需的一切，但是我們並沒有付錢給她照顧小孩、做飯、打掃，還有做數不清的大小雜事，維持我們家多年來的運作。要是我們提議給她薪水，她會覺得受到侮辱。

雖然在那個冬天，拉吉和我載著莉莎去那個家庭托育的期間，我們疲於奔命、擔心、吵嘴，我知道我們的問題其實很簡單。這是暫時的安排，我們保住了我們的工作，還有一個健康的小孩。除此之外，當我們的孩子還小時，拉吉和我非常幸運，能仰賴照護生態系統，由大家庭支援家務協助，讓我們自己的小家庭成長茁壯。而且當然了，我們能在繼續在事業上有所發展。

但是那些不幸沒有這種支持系統的數百萬個家庭怎麼辦？那些多年來，每天應付這種困境的在職家長的苦處，例如忍受暴風雪、經歷失業、離婚、疾病，還有我們大家都會面臨的其他數不完的障礙。我不禁要想，為什麼取得容易又負擔得起的高品質托育，不在國家的優

這樣整理清單而進行，(二)等幾週過來看我。傑哈德需要你辦法和傑哈德做事」。他從來也沒把這些關係判斷不值得放進，協助我在公司內推動他的願景，把三個分類補之：

立刻馬上這是重要的，他想要的訊息。我哈德希望你辦法和傑哈德做事」他說「……」。他每分鐘都好產生一個新想法！我跟他開始想法，在班上我跟第一

沒人出錯這件事。」

主管探聽哈德在於托育汽車及電子事業部的工作表現。之前，我猜有一家事項之先

這人、沒錯這伴在短短十八個月內新辦公育，我得以全心投入到這四位羅托拉近的策略長，三看以在我屬下工作。我很快發現，我在第一

丁解是什麼哈傑德安排順序。

然而我依然對某個企業及汽車及電子設備的價值完全門外漢。我直言不諱，因為我接觸過許多不同產業，能套用某些策略架構去

因此找挑戰現狀，而且願意不同產業的願景，兩個大學社區教授過，每週過去把他們的想法做重

我的辦公室兩次，替我上課。其中一位教導我汽車如何運作，另一位教導固態物理學及電子學。什麼是微處理機？什麼是半導體？什麼是電子引擎控制系統？什麼是傳動裝置？什麼是化油器？如果沒有這些額外的訓練，我就無法成功。我必須讓自己成為好奇又能快速學習的人，了解摩托羅拉的整體組合，尤其是車用電子部分。

摩托羅拉在一九二八年創立於芝加哥，是最先研發汽車收音機的公司（因此公司取名為「motor」加上「ola」，這是一九二○年代典型的字尾提示音。）六十年後，摩托羅拉聘請了大量的聰明員工，協助帶領技術革命。他們和國家航空太空總署合作，打造無線電，讓尼爾·阿姆斯壯從月球向全世界說話。他們設計並打造微處理機及半導體，驅動蘋果及其他公司打造的電腦。一九七二年，他們發明了第一台手持可攜式電話。當我加入公司時，這種電話已經發展成DynaTAC8000，第一台具有商業利益的手機。那是一台要價三千九百九十五美元、書本大小的裝置，電池續航力有三十分鐘。我以摩托羅拉員工的身分拿到一台，感到非常驕傲。我也在裙裝腰帶上繫了一只呼叫器，因為像我這樣的高階主管絕對需要隨時接收呼叫。這是重要性的象徵，即便呼叫你的只有家人和朋友。

有兩年的時間，我和傑哈德合力重新定位汽車電子部門，尋求永續成長。然後在他的提議之下，執行長辦公室要求我主持一個全公司的專案，我們稱之為「為移動中的人們和機器

一項異數的克里斯．蓋文（Chris Galvin）始和執行在一九八八年合作，這真是一項異數。我搬到一間辦公室，這位子在總部大樓六樓，我可以停好車直接進去。因為我總是在深夜開車回家前，每個整個冬天都開車回家前，這個職位的女性後來成為執開。

我們結論的最棒的投資策略是打造機於科技數位摩托羅拉，我熱愛維羅納汽車、未來的控制及通訊。摩托羅拉指派我擔任汽車、「⋯⋯」未來的有三個專案小組，可以無縫轉換，以及檢視如何在今天把人們和人們、人們和科技起移。

這項清單的內容有好幾頁，我們的特質研究生拿到豐厚的生活更便利，讓我們的科技如何在天之中，和人們和人們和科技。

我們必須合娛樂、休學一學期的預算來達接，他們說等不及要及導航系統的參加這項工作團隊，包⋯⋯

除擋風玻璃上的冰和雪了。我獲得小幅加薪，但是我考慮到的不是金錢。我很開心能夠承擔更重大的責任。

企業策略是一項在摩托羅拉行政部門不受重視的功能。而我的工作是讓它恢復活力。我聘請了六名員工，包括來自波士頓顧問公司以及摩托羅拉其他部門的前同事，然後全心投入工作。我喜愛管理人員，解釋我們如何能讓摩托羅拉成長，並且挑戰矽谷敏捷的公司。

身為領導人，我會非常直率，以便確保我們做的都是正確的決定。在某些會議上，我會直接評論某些計畫，有時會指出我為何認為某個單位的策略行不通。「你的策略沒道理，」我會這麼說。「你不可能達到你在財務模型中預設的收益。」這種方式既不討喜，也缺乏效益。

某天，執行長喬治・費雪（George Fisher）注意到我的作風，把我叫到一旁。「擲手榴彈要小心，」他說。「就算你是好意，也可能惹別人不開心。」喬治教我要採取不同的作法，例如說：「請協助我了解這要如何達成。就我所見，這種技術平台需要很多投資和耐性。把快速收益考慮進去是否明智呢？」儘管我很討厭這種較溫和的全新提問方式，我發現這很有效。我很感激喬治找我談的方式，一對一，直截了當，而且用一種具建設性的語氣。總的來說，我學到了很多。

不過在過了一陣子之後，要應付複雜、上重下輕的執行長辦公室，多位部門總裁，以及

合分析這時。

我們公司總部繼夜地檢視我的團隊缺點、優點、資深部分、哪些羅托摩拉長期業務的完整策組我知道我未

會很想，他在全球的教導品牌及傳輸設備和工業控制公司的優秀企業策略之下，繼夜地檢視企業策略，多我訐他的首接營並不是我就他在幾個月前就應該折羅托摩拉所以尋求歐洲生意個小孩會住

知道我感到失望。

公司瑞士布朗博維里公司（Brown Boveri! BBC）近期的新說，他要離開摩托羅丁的話，目前最重要的競爭對手對他的接受蘇黎世文

及波比（ABB）一九八八年末的某一天，必要時的時間和學握正式權力的影響，非要讓我規劃及企業策略的總理做出成果，讓每天的工作變得

花費很長之味，我設法相信自己也需要掌握正式權力的影響，非要讓我規劃及企業策略的總理做出成果，讓每天的工作，不過這似工作變得

司其他立

合理。我發現先前所有的「未來」作業有了收穫。我們有許多很棒的想法可以試看。

　　大約一年後，我的團隊提出一份六小時的簡報給公司的資深管理部門，那是一分由上到下的審查，並且附上清楚的行動計畫。我對這一切深感驕傲。這是我所做過最大型又最全面的工作。每個人都讚不絕口，高層表示他們會在幾週內回覆我們，給一些要如何進行的想法。

　　傑哈德再次來電。他抵達了蘇黎世，很快便決定他要我過去艾波比。我告訴他，無論如何，我都不可能搬去蘇黎世，或是開始國際通勤。好吧，他說，他能理解這點。不過既然我不肯接這份工作，我是否能幫他的忙，找到可以協助他的人呢？他已經請他的人事主管替他找「一位盧英德」。那位主管不知道這是什麼意思，因此不得不打電話給我，描述這份工作的內容。

　　我同意幫忙，開始審查候選人。我甚至聽從傑哈德的指令，前往倫敦去見四、五位可能的新策略長。我相信他們會感到困惑，為什麼有摩托羅拉的人為了艾波比的職缺來面試他們。但是那不重要。傑哈德淘汰了他們全部。他在蘇黎世的祕書也經常打給我，想弄清楚傑哈德的要求。我們開玩笑地說，我是她的「傑哈德翻譯官」。我協助她度過早期的那段日子。

在這段期間，

我也要嘉德把這家公司接管過去嗎？

克州。

設備及工程哈德普習慣或美德，他波比傑哈比設備又打電話來了。他說艾波比正進行瘋狂擴購，而且每年已經吸收了全球三分之二的發電系統，以及數百家較小型的企業。乃狄克州的美國營運加入了這家公司。拉吉在惠普公司表現很出色。他很滿意他的銷售主管工作，也是最早和海勒嘉傑哈比的設備打電話來了他。

高漲的焦慮層層不斷，告訴我幾個月又過了幾個月，我在不安之中，對未來有種憂慮。一種優雅又仔細，有鑑於我感到他在安靜之中不斷告訴我，這是在晚上看到拉吉開始看我的組合，對我來說是如此。然後有史以來第一次，但是摩托羅拉，我深深的……

榮獲公司的「總裁俱樂部獎」得獎者之一。這項榮譽只頒發給銷售主管之中最出色的千分之一。他和他視為好友的人一起工作，他熱愛他的業務及環境。

　　普莉莎就讀格倫艾倫的蒙特梭利學校。在大部分的夜晚，我們倆都會在合理的時間到家，一起吃晚餐，陪我們日漸成長的女兒玩，並且唸書給她聽。有些週末，拉吉會帶她去莫頓植物園，他們在那裡一起欣賞鳥類、樹木及花朵。有些週末，我們會去科學博物館，或是芝加哥市中心的薛德水族館。我們的生活穩定又好玩。我們在前院種的樹越長越大了。沒錯，我在工作上遇到挫折，不過我們的生活中有好多事能讓我獲得平衡。

　　傑哈德依然不能罷休。和我談過之後，他找拉吉聊康乃迪克的計畫，並且提出我們為何應該搬家的所有理由：接近紐約和我姊姊，更好的學校，迷人的住家，更多的薪水，以及當行動力的老闆和公司。他是個厲害的銷售人員。拉吉接到電話，耐心地聆聽，真正展現他王子般的風度。

　　有天晚上，拉吉問我，我是否認為我的摩托羅拉組合分析會有任何進展。我告訴他，情況看起來不妙。問題在於摩托羅拉領導階層的結構：歸根究底，每個部門的總裁在這些決策上，還比我更容易動搖，而執行長辦公室在重大策略決定上，必須和他們建立共識。我的部門一直都會是徵詢意見的對象，但是我們的建議可能要花好幾年才會施行。在這個變化快速的科技世界裡，到時它們還會有多新奇呢？

我感覺不到，我不應該為
我想要的只是看著影響力
我的工作成果。

我顯然很決定辭職，就是我的事業。
（拉德）哈傑（一個人）某個週末的工作
離開公司。摩托羅拉（拉德）他來到他的顧問
他原因改變而賞慕他的生活，以及在爬上許多
托摩（拉德）將且等於這所結新國家所管理的傳統
公司。因為這是較反在這個金融的傳統當時
離開公司，他的祖父發生了新國家的理念力面
我告訴他，他創辦了這身的人。是他胸懷大志
我勸我們留下來公司在我一切，對於他過受教過
他告訴他最身上最棒的勇氣以為，也是來到教
我不想說服他的父親的事情及對的
離開，但是論過

美的男子拉吉現會那，而且的丈夫
和束國的印值正言的志向
的男子拉吉三十多向他道
正言的無私不只知，他把的幸福和
為移民。因為他在聯場在這場我們搬家
家鄉的努力要在許多轉換意讓他的妻權在這場
他改變力往另而必須須搬到他們討論的中心，我希望
的家人和而力面挑戰。換到國內的另一快樂
原因有所的具前是他而你那令人感動並非如
的人理的傳統另一端他晚這些顯然如
及在金管的時當到一真心快你
生活，當。傳統的管的另端我感
以及在金融到心另晚些顯動
力往一金融傳統令人顯然並非如此
許多。在統及這一真心快你
在一真你而你顯然非如此

能實現那會了，而目的丈夫好吧。
道，而目的志向什遠拉吉說
了，我把的幸福和那麼我們搬家
道他知拉吉說好吧。
好吧拉吉那麼我們搬家

6

一九九○年的年底，我的母親、普莉莎和我搬到了康乃狄克州斯坦福草莓丘大道上，一間小小的兩房出租公寓。這棟建築是一個巨大的水泥塊，牆壁很薄，地板破舊，當時六歲的普莉莎沒有地方跑。至少這是暫時的。

我們的計畫是，在拉吉和惠普討論調職到東北部時，每個月兩個週末要從芝加哥過來。他的表現非常出色，準備要升遷了，而且他熱愛他的工作。他非常樂觀，但不幸的是，過了幾個月之後，我們得知在康乃狄克州的更高階職位要一年多以後才會開缺。拉吉對於繼續這樣來回沒有意見，但是我不希望他離開我們那麼久。普莉莎想念他，我不認為少了他，我能應付得來。

拉吉勉強選擇搬到康乃狄克，不清楚他接下來該怎麼做。這是他為了愛而做出的困難選擇和犧牲。他的公司在技術革新方面占有主導地位，而且他在那裡擁有極大的動力，然而他卻辭掉了這麼好的工作。

我們在格倫艾倫的房子在幾週內便售出了，我們對於搬到離紐約更近，感到很開心。

「管理層及易次團隊問題完成——這是一家標竿企業以及公司的頭號決策高，做著很看重現場賽事、洋基球場，我們姊姊和

他把蘇黎世變得現代化可見。傑佛瑞·伊梅特是這全球知名企業——部收購業務部門及策略，我們的辦公室，我立刻於滿足大剛五十大的總裁林地處能

策劃了三年前的瑞典比波比公司的執行長是美西必須以真心認為這是精密的蒸氣及電力傳輸乃至收購大的高階主管——是一樣豪華的環境。這樣的環

通用法人實體及美西讓資深管理人能博維克（Percy Barnevik）——一位心勃勃的糕造公司幾乎是燃燒之歐洲企業集團仍有太大想要提升它在美國所有的工程

讓資深管理人能博維克（Percy Barnevik）——一位年輕經理層運把它做比波比世界實審查使北美設施所

理人能完全控制他們的營運，假如他們沒有西班牙合併案，假如他們沒有達成風格高階主管運

目標獨樹

他會祭出最嚴厲的懲處。裴西曾獲得歐洲「年度執行長」的稱號，媒體經常評論他的作風。

大家對裴西似乎在敬佩之餘帶點害怕。我和他離得夠遠，因此能觀察和學習。

我們最大的競爭對手是奇異公司（GE）。他們的領導人是傳奇的執行長，傑克·威許（Jack Welch），管理腹地基廣的企業總部，距離我們在斯坦福的辦公室只有二十哩。艾波比帶著羨慕與畏懼的心情，研究奇異的每個動作。傑克·威許的奇異是仿效的唯一對象。

對於艾波比所有的人來說，唯一感到不解的是，它有那麼多收益都是來自奇異資本（GE Capital），這是風險極高的策略，假如金融市場的波動幅度變大，可能造成奇異的績效脫軌。這也意味著奇異的評估不是由生產部門控制。我們找錯了公司作為我們的基準。

我再次投入研究這項產業的錯綜複雜內容。這次是全球工業設備，提供製造廠使用：布料、紙張、汽油及天然氣、一般工業製造。客戶如何購買驅動器及馬達、可程式邏輯控制器及儀器設備？他們會購買系統或子系統？或是他們會選購獨立產品，然後找內部工程師進行整合？我在波士頓顧問公司的訓練，尤其是我和詎芸合作複雜的空氣調節系統，全都有助我充分思考這個情況。

我開始研究艾波比職缺的具體細節。我開始固定前往歐洲，大部分是到瑞士蘇黎世、德國曼海姆及瑞典韋斯特羅斯，造訪工廠並且和全球的同事及客戶合作。

北美洲的工作比較全面性。除了產業客戶，我們還要面對公共事業。接下來二十年的電

耳朵會變紅。

這份簡潔漢有力得以成功，為他是艾波此於處理重能為驚喜一場也波比。

我是唯一的面前報以英文溝通，我們每天會成員工作，這真是我的策略的地方。

注意到這點沒過檢束。

你應該會提到他是艾波德，他是艾波德，他是傑出的美國的德哈傑中間人的重要目。他喜歡簡單明瞭的架構，來回傳遞訊息，他總經常符在蘇黎世的國家的大日子替我維護。

「然後簡報的架構，設法讓他的偉大部，對我……」

我能察覺到大家面前分明地呈現出將即轉頭看著我說樣，因為他想以他的……

我規劃的行程高興了一場驚喜表，也透過了方式諮詢業務需求是如何？我會很喜歡戶會，來找出哪些措施需要動力蒸氣或成天然氣？我們打造的策略，而且我的團隊是一個緊密、設備完善的合作應商及。富生產力又友善相互，當公用事業繼有多久了？能夠以這種產

我身分初高，能成為最喜愛人感概萬千。我成為傑出的美國的德哈傑中間人的印度的印度白藍三色國旗身分。那是我的真實身分，我了解他的協助，那是我的了解他在協助生出這規劃團體的差旅，我在辦公室這種的大日子替我維護，能夠以這種產

那種評論帶來的後果是，我的人部分同事在把報告呈交給傑哈德之前，會先拿來給我看過。他們感激我的意見，而這對我來說是另一個方式，學習到我並未直接負責的議題。我必須謹慎使用這種管道的力量。我確保每個人都知道，我不是在替傑哈德發言，傑哈德也知道我無意居間傳話。

然而，這個角色有個缺點。摩托羅拉的克里斯蓋文說得沒錯。我對傑哈德百分之百忠誠，不過我其實是在替個人做事，不是這家公司。我在艾波比的成功及持久關係，維繫在傑哈德的身上。

我們不是真的喜歡草莓丘，於是在幾個月之後，我開始尋找出租房屋，同時多存一些錢來買永久的住家。拉吉和我認真思考過下一步。我們租房的地點要鄰近我們想買房子的地方，然後在那裡落腳生根。

我們選擇了康乃狄克州費爾非郡。這裡主要是臥室社區，沿線是大都會北方火車站，供數十萬名上班族每天通勤進出紐約市。這個郡沿著大西洋海岸綿延三十哩，沿著紐約州線，從蜿蜒蓊鬱的街道坐落著大房子的格林威治，到一九九○年面臨破產邊緣的橋港。在這兩站中間是較小型的社區，包括達連、新迦南、諾瓦克、費爾非、威斯特波特以及另外六個小鎮，體現新英格蘭的郊區生活：好學校、公立圖書館、舊教堂，以及秋天擺在門口階梯上的

務是電子產業快捷半導體（KPMG）的供應商，能看著房子很快建好。在這幾個月期間，我們跑了幾個地方卻找不到。

普莉莎，我們在達連蓋特幾個變遷，住著好幾個房間都看著他們在安侯建業的另一位在斯坦福租的花栗鼠。

關鍵管理。安侯建業不到一年內，他轉換到這隸屬於安侯建業的另一家顧問公司。

我們想去多想想這件事。我能猜得通知道房子和作諮詢。舒爾梅退租，但是印度裔承租它的時候有著現代建築的社區，沒有租下那間房屋繼續找。不過周圍是濕地，有鳥類和花栗鼠，沒有時他們。

力。說是迷人的傑克德院子傑克德和海勒嘉梅那個地方？舒爾梅那家也是租，但是拉吉和我只是承租的房客，比我們可能會多花一點錢，選擇要搬離之加哥，但是拉吉和海勒嘉梅好嗎，我卻越找不到出租房屋。

我跑了幾個地方卻找不到出租房屋。傑克德和海勒嘉梅再另買一家新迪南有個提議，一間臨時租住的住宅，不過我們還是要搬離之加哥，但是拉吉和我們要離之加哥，「吧」，但和不接。

PRTM。他在那裡工作了九年，成為合夥人。這份工作帶給他滿滿的能量。

　　普莉莎開始在新迦南郡學校念一年級，我母親和我們同住，也花時間去陪我姊姊，現在她結婚了，住在紐約，生了一個小寶寶。我弟弟念完耶魯，在麻薩諸塞州劍橋的麻省理工學院攻讀博士學位。

　　不久後，我又懷孕了。我們非常開心，不過討厭的早晨孕吐循環像以前一樣又開始了。我有一次在辦公室暈倒，不得不在家待了幾天。傑哈德派他的司機法蘭克守在我們家的車道上，以防我需要被載去醫院。當我告訴法蘭克，他應該離開時，他拒絕了。「舒爾梅耶不會讓我走的。」

　　在這個時候，我們再次需要可靠又負擔得起的保姆來照顧普莉莎，一個能照顧小學學童的人。

　　這次我們決定透過有信譽的介紹所，找一位住家保姆。因為我們急著想找到一個經過篩選又值得信賴的人，還要能載普莉莎去上學。我們挑了一位年輕女性，年約二十五、六，來自紐約上州。我們喜歡她，雖然當我們不在家時，普莉莎似乎常常看電視。我們和保姆談過多和小孩互動、看書跟玩耍，但是情況依然如故。有天晚上，保姆和朋友去紐約市參加派對，然後隔天通知我們，她的朋友在舉行派對的屋子裡發生意外。她沒參與那件事，她說，不過警察可能會上門來問她問題。我們讓她離職了。

當普莉有她自己的女兒時，我和拉吉都希望她能比較像我們這樣安排生活。我希望她能有規律和紀律的生活方式，和我們同住一起，工作和照顧孩子兩者兼顧。我不希望她極度疲倦時還帶出生氣，也希望她有充滿愛與慈善的生命。

我常和普莉、莎莉聊她們的生活，不斷提醒她們：她們有媽媽，有一個好丈夫，三個可愛的孩子——她知道希望小孩有個母親從嚴，有條有理。

我沒出面幫忙，今人擔心。我迫切地想辦法找到一位退休的婦女，名為萬克會載莎到社區的各地方，我充滿希望能找到適合的人選，每次找到的保姆都能幹又有愛心，但是我們從來沒有找到長期能幹的保姆。她善良，但擔心需要時照顧莎莉，我們怎麼辦過這幾天？這次明片中顯得很資料，也無法達到我們的計畫過程，阿瑪程是萬一拉吉和不在。

另一位媽媽介紹，我回到家，希望她進行這個面試，待人如我們所透過電話和希望她能取得聯繫——這些我都會收下，但她幹又有才能，心地善良，然而，她的費用過高，傳用過程中我明白他們從資料庫挑了——

些。我不能改變我的母親。我試圖要插手，但是無功而返。

家裡的氛圍相當緊繃。

在亞洲家庭及全世界許多其他的文化中，跨代共居是非常自然的事，對在職家庭有極大的好處。母親及父親在有需要時，多了人手能幫忙，孩子和祖父母聯絡感情，打造出一種深刻又持久的關係，就像是我和塔塔那樣，普莉莎和我母親及拉吉的父母也是。這種模式也適用於照顧長者，讓年輕人在出去打拚時，能仰賴來自家庭的支持。

我很清楚這並不容易。這樣生活需要全方位的調適。它限制了每個人的隱私，可能帶來傷害長輩的爭執，造成婚姻產生裂痕。這顯然不是原本想要的結果。全家人必須在界線及行為方面達成共識，維持關係的健康。

在某些文化，跨代共居是常有的事，但是對於置身其中的母親、女兒或媳婦來說特別辛苦。這些女性可能要外出工作，不過也有極大的負擔，需要成為出色的持家者、家長及長輩的照顧者。她們的每個動作都會受到分析與批評。婦女的薪水可能會違反她的意願而直接存入家庭基金，這一來她便無法掌控自己的花費。她最後滿心愧疚，因為無法符合每個人的期待，也沒有自由可以自己做決定。

在全球各地，隨著快速老化的人口及支持年輕家庭的真正需求，找出最佳的方法在實體

此想像這兩段受歡迎。我們改合這個更深、更層前、格林威治因素，繼續找這種人。我們改住格林威治這種人。

所想這不受歡迎。

到達這幾個過後，她說的房子——一位資深的女性，而且普莉沙和洛杉磯的話讓我明白，但是我確明確無誤地說：「他們鄰居有很多同她是什麼意思。」我希望你住在康乃狄克，然後找水久的住處，有一天，在我們新迎南那種白人社區正在找上水岸的家。

我社區想像更深、更層前，格林威治這種人。我們改合因素治繼續找這種人。

她買房邊有一家，拉吉和我開始在我們的話，普莉沙和洛杉磯的住家附近尋找水久的房子。假設人性本善，他說他也用了相同的說法：「我們接近紐約大都會地區，相當清楚在著，而且你會感到……」

她買房邊有一家，拉吉和我的絕佳連結社利益，並及實際上安排跨代共居的基礎建設，對已經成了然眉之急。如果真正的恩賜，打造創新的建築及住宅，不但能減少壓力，也能獲得共居。

也沒有特別多元化，但是我們得知有比較多國際家庭住在這裡。房地產經紀人帶我們去看所有可能的物件。我們找到一間迷人的房屋，距離市內商業區只有短短的車程。它的價格超出我們的預算，但是符合我們所有的其他條件。我們完成交易。這個家現在是我們的了。

　　當我們搬到格林威治，我們知道我們會住在一個富格的社區，這個圈子和我們在芝加哥所習慣的保守住宅及環境相當不同。我們有點矛盾，不過我們的選擇也把學校的品質、安全的社區，以及我們能保護孩子的信念，全都考慮了進去。

　　買下這間屋子不久後，我們找了承包商，在我們搬進去之前進行一些維修。過了幾週後，我出差回來，去檢視他的進度，發現有一半的房子被拆到剩下骨架。承包商表示，屋況比原本預期的要糟糕許多。他一開始做了一點拆除，然後就停不下來了。

　　這真是一大災難。我們沒錢進行大規模翻修。我懷孕四個月。我們必須找一個新的施工團隊。這隊伙似乎不太老實。我們必須在非常緊的時限內完成這項工程。拉吉和我覺得這完全超出了我們的能力範圍。這是一棟木框架的房屋，我們從小到大住的是印度的平頂混凝土結構房屋。我們對於二乘四的木料，或是如何評估應付下雪所需的屋頂強度，根本一無所知。我們只能任憑承包商擺布了。幸好，為了幫助我們度過難關，艾波比借了我們一些錢，作為當時常見的房屋貸款計畫的一部分。海勒嘉是設計師，翻修過許多住家。她知道自己有

　　將文波比我們繼續打造成為兩個互相依賴的家庭。她正位於自己於林威格的新家，並且把我們的房子也列入她的清單，於是她出手幫忙，設法處理她的辦法。

　　我驚嘆寶寶剖腹產後身體的沉重。我在一九九一年十二月中旬，成為兩個孩子的母親。就在我們那個月，為了確保我們工作上的威林，為了達成我們的各種需求，以及確保整個家庭能順利運作，我們請了一位住家保母。我不希望她離開，把她擁進我們新家，四天後我開始了安穩舒適的家。再一次，我開始把她抱起。

　　我希望上帝能給我力氣和能量及韌性，為她開心能成為兩個孩子的母親，也為莎莉不計任何代價，努力把她抱去沉浸在天早上。

　　我們付出關懷與保護她，讓她能保護她的夢想，為她開心能成為好媽媽，好人把地沉浸在上。

　　我們注視著她在醫院出生。我不希望她……

　　情緒，兩個小孩比一個小孩……比方說，體力及打理小孩比較困難得多。現在我打理工作，一個雜亂的公民，有選擇的公民，而且或許有一天會成為高飛的女兒。我注意到我們的預期在塔拉生下幾個月後就有了明顯的轉變。我應該預期的要更複雜許多。於對莎莉……有了妹妹，我調過她。她向來是姨姨……他是家裡的……教養女兒的那份……社會。

矚目焦點，而且她特別珍惜和我獨處的快樂時光，例如我們會一起唱歌跳舞。

她已經表示她想念我，因為我經常在工作。當她大約八歲時，傑哈德有一次問她，她長大後想當什麼。「我想要做你的工作，」普莉莎回答：「因為假如我做你的工作，我就可以一直和我媽咪在一起了。」

當塔拉出生後，普莉莎在一間新學校念三年級。我們有好幾個月都在處理整修、懷孕及工作的事，經常忙個不停。我以為她會喜歡有個小弟弟或妹妹。不過現在相反地，我明白了她感到忌妒，而且不高興有人分享她的聚光燈。她無理取鬧又不聽話。我心事重重，暴躁易怒，而且經常忽略了普莉莎也需要我。

這時候，小塔拉開始不肯入睡，除非當我撐起坐在床上，讓她躺在我伸直的小腿上。不久後，我便徹夜維持這種姿勢，而這種習慣對我的心情沒有幫助。

有許多次，當我設法完成工作時，寶寶睡在我的腿上，普莉莎在我的身旁打瞌睡，我會納悶自己在做什麼。我開始自問：我應該繼續工作嗎？假如我辭職會有什麼後果？我是否會後悔及感到憎恨，結果在家裡製造出一種負面的環境呢？

我不知道要如何暫時停止工作，然後幾年後再回去。我想不到有哪個女性這麼做的例子。我擔心任何中斷都會害我失去我的技能，導致我難以重回就業市場，無法對家庭的經濟有所貢獻及保持心智活躍。當時也沒有年輕的母親居家工作，即便是暫時性。你一定要進辦

努力，不論是在什麼情況下，假如我覺得我的內心還能讓事情變得更好，那麼我就要阻止自己繼續。

我會打電話給產告訴他們，我為什麼這會選擇。然而，我在告訴他那什麼伴侶，我知道他的選擇是什麼。

傑德告訴我：「你提醒我，我在波士頓那段期間不眠不休地工作，家庭付出代價。不過這是你自身的身體子會停下來，但是身為資深高級主管，我也知道生命中有個身不由己的身體。」他開玩笑地說，他們都說是男士寶寶因為我的高級主管。

傑德告訴我決定讓我德讓你在搭拉出生的那天——把依持不眠的那段期間，我有三個月的帶薪休假，不過這是我繼續下去。

事，讓我傑德告訴我：「你」我提醒我事實上覺得我能在這——我擔心這一切。

投入其中。我有很深的責任感，而且發覺很難對開口向我求助的人說不。

我深愛我的家庭，不過這種只要可以就幫忙的內驅力，絕對占用了很多陪伴他們的時間，而他們因此感到沮喪。

我有時希望我的認定能有所不同。

到了這個階段，我們有更多的錢能找人幫忙家裡，這顯然讓我的回歸工作之路更順遂了。我們雇用了一位退休護士，照顧小寶寶塔拉，協助照料普莉莎的活動，以及負責做飯。我們也找人來打掃家裡。我們的隔壁鄰居，瑪莉‧華特曼（Mary Waterman），成了我們的好友。他的兒子傑米和普莉莎同年，他得以認識那位護士、拉吉的父母，以及其他繼續來訪的所有親戚。瑪莉幫了他們很大的忙，回答他們的所有問題，然後提供我那些活動的消息。

慢慢地，在塔拉出生的第一年，這個大型團體開始順利運作了。我們建立的這套慣例讓我覺得，有一群人在照顧女兒們，而沒有任何人是單獨承受所有的工作量。這對我來說，感覺健康又熟悉。

將近二十年以來，拉吉和我很少度假，不過我們每年都會全家回印度一趟。我們把時間都花在馬德拉斯和曼加羅。普莉莎和塔拉最愛這些假期了。她們和其他的孩子一起玩耍，遊戲及歡笑，讓我想起我自己的童年夏天。她們在花園裡遊蕩，沒有父母的陪伴，也從不抱怨。

她回答問題。但是，但是一整天都沒了問題。根據普瑪莉沙這種困擾當普瑪莉沙被點名回答的事。如此，我們得知普瑪莉沙的事，瑪莉沙說她離開處罰，由於我們作業都非常用功，推薦普瑪莉沙成為一個老師認為的個人行政人員，並且在校長面前表現她們。

許可下在學校，我和很不高興，沒有真正地回答，只是一天就發現了那位鄰居什麼。我們得知普瑪莉沙的心理觀察者，認為這是一個老師的說法，普瑪莉沙是一個人坐著吃飯，她說，其他的小孩就是對手。

示到她們，事，當我們去檢查她的房間，我們發現許多非常外的紙格，信件上面寫著「北街公寓」，把她成了印度人無誤。她們。

感到她們沒有真正地回答，當我們去檢查她的房間，我們發現許多非常外的紙格，信件上面寫著「北街公寓」，普瑪莉沙色地出活潑又六。

自在地字月之後，普瑪莉沙升上四年級，吃香蕉盛裝的印度食物——下飛機，把她們治一切似乎成平的大探險。

蚊子停電或持續不斷的噪音，我們在印度成長就成了印度人無誤。她們

都坐在一起聊天用餐。普莉莎試圖和其他人一起坐，但是他們把她推開。而且吃完飯之後，她們要普莉莎替她們收拾垃圾。我們後來發現，她已經被霸凌去做這件事好幾週了，而負責監管午餐室的老師並沒有出面。

我們心碎不已。在心理學家的辦公室，當她為我們表演這整個過程時，拉吉和我掉下眼淚。我們不敢相信自己把女兒放在這種環境，讓她像這樣受人欺負，很顯然是因為她是學校僅有的兩名有色人種學生之一。在這個富裕的圈子裡，我們並未成功保護我們的孩子。這個圈子比我們原先預期的還要排他。

我們知道我們要趕快行動。我們打電話給格林威治的天主教女子學校，聖心學院，並且和校長瓊安·瑪格奈特（Joan Magnetti）姊妹交談。兩天後，普莉莎順利入學。在普莉莎及塔拉的就學期間，我在接下來的十八年都是聖心家長。在塔拉的二〇一一年畢業典禮上致詞，是我這一生最感動的時刻之一。我可以的話，每天都會載她們去上學，看見她們的朋友和她們一起成長。那一天，看到塔拉的班級向前邁進這個世界，對我來說是一個重要的里程碑。

傑哈德停不下來。他是很棒的領導人，在艾波比也非常成功。不過公司高層的政治上，在瑞典及瑞士德國高級主管的自尊及想法之間經常產生衝突，令他大感挫折。他想要自

像這樣離開艾波比是不是聰明之舉。

我樂於離開。

我必須接受

說實話，儘管不習慣在慕尼黑，但是我知道我們的對談很客氣，但是我概述出幾個月，這樣的轉變動太大了。他

我認為假如我離開艾波比去做別的事，不過這是我叫我親愛的周遭，令我感到

然後我開始計畫退出工作，而是我告訴他的事，包括老闆退出工作，而不過這樣的職缺之中頭一遭，從美國發電公司

1993年底，我們攜手探索富利門子利（Siemens Nixdorf），離開艾波比，成為慕尼黑的西門子公司的執行長。

我在公司之外擁有好名聲，招募人員總是不斷來電。

他說，「我和你和他其他的人都能助你需要進來，我希望攜手合作，在我感到如何協助的人都能助到目前為止看到的職缺，我覺得沒有待來包括抱怨家，他說，「我在現在的新職歸屬主管我的作風，好理我負

我知道我很快就能再找到一份工作。此外，我有傑哈德作為我的後盾。他不久後便替我安排和傑克·威許共進午餐。

這時候，傑克在他二十年的奇異執行長任期已經走完一半，而且正在打造最有價值的美國公司。他開除了幾萬人，被貼上了「中子傑克」的標籤。

有兩小時的時間，我們坐在奇異公司的私人用餐室，討論全球企業、發電及傳輸的未來，以及成為領導人的挑戰。然後，在午餐的尾聲，他提出一份職缺清單讓我挑選，全都是為了讓我取得奇異營運主管的資格。管理職缺都是在小城市，例如紐約州斯克內塔第，或是肯塔基州列星頓。他說我能在幾年內回到康乃狄克，然後加入執行長辦公室。

我當場就全都拒絕了。我說明我有兩個年幼的孩子，我先生才剛開始一份新工作。我不搬家。這時傑克建議我和奇異資本執行長，蓋瑞·溫特（Gary Wendt）談。他正在收購世界各地的金融公司，要打造一個借貸權勢集團。我也可以在那裡有所發揮。他說，這份工作會在康乃狄克州斯坦福。這似乎言之有理。我離開了午餐會議，開始全盤思考。

然後我接到了位在密蘇里州聖路易的農業化學品公司，孟山都（Monsanto）的執行長，鮑伯·夏皮羅（Bob Shapiro）的來電。我在波士頓顧問公司工作時，認識了鮑伯。當時在我們的阿斯巴甜專案裡，他是代表西爾公司的客戶。他要我去聖路易，和他在孟山都一起工作。我也拒絕了這個提議，同樣因為我不想搬家。我和鮑伯一起工作的話，應該會獲益良

學習指導任何事情，對於加入公司電話行銷部門總裁的影響起了決定性的作用。我精確的是消費企業，而且必須勝任的工程師。

雖然後來到公共建設及大型技術及大型羅托各部門擔任管理力的高階主管職務，我在五十位想參加這份工作的適合人選之百事公司，後來我總聽到歷歷各百階主管及零食及餐飲主管這份工作。他們是新的百事

基塔可貝爾（Taco Bell）及必勝客公司的工作——我吃不攤有肉肉要有才能。

這是他們忠實的代言人，同時要付我多少錢許多男性都是男性，我想自己亂打也做了這種選擇。而且我期望我的丈夫及小孩在外——

這是人們所有的工作模式相當清楚。我不能這樣做，它方向是男性而我的自己都需要我的家庭生活協助他們在這場遊戲中的家庭的公司門票早就不在了——也能如何其他重要的資

是他的領導。這是組人從祖四面八方相當清楚。我已經獲得進入高階管招手，因為我知道全都替我擔保能協助我成功，他們的聯盟我沒有人在乎我有一個——而且有重要的資深

如何和這些餐廳產生共鳴呢？

不過，百事公司位在紐約帕切斯，離家很近，而且這份工作的性質激發我的興趣。我開車過去和財務長，鮑伯·狄特莫（Bob Dettmer），以及公司招聘主管，朗尼·米勒·海斯戴（Ronnie Miller Hasday）見面，我立刻感到和他們很合拍。

幾天後，我見到了百事公司執行長，韋恩·卡洛威（Wayne Calloway）。韋恩是出了名的沉默，他會傾聽點頭，從來不多說什麼。這就是他的風格。在我和他的一小時初步討論之中，我想我說了五十七分鐘，他說了三分鐘。不過他把我說的每句話都認真聽進去。他給我說話的時間以及他的簡短插話，讓我得以暢所欲言。

不久後，奇異及百事公司都拿出吸引人的工作職缺，催促我做決定。我在衡量我的選項，拉吉和我的朋友，貝恩策略顧問公司（Bain and Company）董事長歐利特·加迪耶許（Orit Gadiesh）則是我的參謀。在我們收到一個裝滿美味點心和T恤的大禮物籃之後，普莉莎和塔拉便支持百事公司。朗尼深知要如何抓住這家人的心。

我需要一點喘息空間。我告訴傑克和韋恩（這兩個人認識彼此，因為韋恩是奇異的董事會成員），我會在一週內讓他們知道我的答案。

然後我接到一通來自韋恩的不尋常電話。他一開始說他參加了一場奇異董事會的會議，傑克告訴他說我可能會加入奇異。「我明白你為何會那麼做，」他告訴我。「那是一家很棒

決定你是不過了」，而且傑克是優秀的執行長。」

「我對百事公司更是需要你繼續。」我想要你最後再一次替百事公司。

他繼續說：「你是絕大的貢獻。我感到無比的謙遜，而且我所有的資深主管所有的支持，確保你會成功。這是我聽過最好的一句話，因為你這樣說人。我說：「你不過，我會做。我知道我會做。」

那天掛斷電話。我不知所措。你說的顧周人母。我能比這更歡迎他說：「」。

那天下午，我等不及要開始了。

我接受了這份工作。

前往各地出差，開車前往兩個女兒，十歲的普莉和十二歲的塔莉，以及人妻，另一半是最多知

第三部 ── 在百事公司的那些年

我在百事公司停好車，開始我的新工作，但是我沒有走過這片土地上的步道或接近其中的雕塑作品，直到二〇一四年。

地標。百事公司這個建築群的全球總部，位於紐約州威徹斯特郡，是由建築師愛德華‧杜瑞爾‧史東（Edward Durell Stone）設計，建築群有七座總部大樓，淺灰色混凝土建物排成一個U字形，再加上一百六十八英畝的綠草坪、樹木，是由建築師及景觀設計師羅素‧佩吉（Russell Page）以及比利時景觀設計師法蘭西斯‧高菲內（François Goffinet）所打造，後來由修剪成型的樹籬和灌木、步道和倒影池，以及花園中庭構成。花園對外開放，以及十多座出自奧古斯特‧羅丹（Auguste Rodin）、阿爾伯托‧賈科梅蒂（Alberto Giacometti）、芭芭拉‧赫普沃斯（Barbara Hepworth）等十九及二十世紀大師之手的巨型雕塑作品及植物群，散布在這片地景之中。

7

二十年來，我就是沒時間。

在第一年春季的那幾月，我適應了新環境。我和我的團隊及其他部門主管見面。我的主管，和藹又有紀律的鮑伯·狄特莫，回答了我數百個關於百事公司的結構、財務及優先事項的問題。坦白說，我立刻愛上了這個地方。百事公司充滿樂觀與活力，從一開始就完全適合我積極向上的精神。

就某方面來說，我不知道我錯過什麼。我享受在艾波比的挑戰，我在那裡從事花了多年建立的重大公共建設專案。摩托羅拉帶我認識了技術的世界。我熱愛我的顧問事業，儘管在我的想法實現之前，我總是離開客戶的公司，繼續下一件任務。現在我有機會去觀看、嗅聞、觸摸及品嘗這個企業。我們的品牌家喻戶曉，我們的消費者是一般大眾，我的孩子都能接觸到這些。塔拉有一次試圖向一位小同學解釋我的工作，她把它簡化之後說，我在肯德基上班。「那好酷喔！」她的朋友驚嘆道。我的工作完全能引起共鳴。

百事公司非常具有野心、友善又有趣。我很興奮，也完全傾心。

軟性飲料百事可樂最早是在一八九八年，由一位北卡羅萊納州的藥劑師叫作迦勒·布拉德（Caleb Bradham）所發明的。到了一九三○年代，經歷了兩次破產之後，百事公司正面迎擊可樂的領導品牌，可口可樂，推出了一個廣播廣告順口溜：「百事可樂帶來滿足，十二

盡司容不顧小覷。行銷大戰開打了，五分錢就給你正合你意的可口可樂——一九六三年，百事可樂讚揚「百事世代」。一九六○年代，在商店及購物商場進行對可口可樂用量的調查，而比可口可樂對自己生活風格的形象的廣告比，可口可樂對形象的廣告道上百事大爆炸之中，快活的年輕人的意象「回擊」，百事可口可樂較常「百事」可口可樂活的年。

然後復勝。事挑人的戰「回擊」的意象宣戰，一九六三年，百事可樂簽訂一紙五百萬美元的合約，和麥可·傑克森（Michael Jackson）及其他數十位世界頂尖明星——碧昂絲（Beyoncé）、蒂娜·透娜（Tina Turner）、莎奇拉（Shakira）、辣妹合唱團（Spice Girls）、凱莉·米洛（Kylie Minogue）、大衛·鮑伊（David Bowie）、小甜甜布蘭妮（Britney Spears）、傑克森五人組（Jackson 5）、沙辛·坦都卡（Sachin Tendulkar）、大衛·貝克漢（David Beckham）——一起。

樂合約，在蘇聯展廳啜飲汽水，而樹立瓶公司任職而成為冷戰象徵的瓶公司。百事公司也因為成為冷戰象徵而人氣大增。一九五九年，赫魯雪夫在美國發明星的尖端頂尖的大衛·鮑伊透過蒂娜·透娜碧昂絲的版化連結在得可美的蘇聯販售的資本主義產品。一九五三年，百事可樂成了第一個在蘇聯唐·肯道爾（Don Kendall），後來發展的莫可美。

到了一九九四年，百事公司是美國第十五大公司，年營收高達二百五十億美元。它在超過一百五十個國家銷售飲料及食品，聘雇員工四十五萬人。百事可樂及健怡百事可樂的廣告活動換成以俠客歐尼爾（Shaquille O'Neal）及雷·查爾斯（Ray Charles）為主角。我們那一年的年報封面是名模辛蒂·克勞馥（Cindy Crawford）在研究我們的財務，上面的圖說寫著：「一名典型的投資者正在對我們進行審閱。」

這家公司在結構上是一把三腳凳。其中一隻腳是飲料，包括百事可樂、健怡百事可樂、激浪汽水、Mug麥根沙士，以及最近和星巴克及立頓合資的瓶裝咖啡及茶飲事業。這些部門的營收將近九十億美元。

第二隻腳是零食，營收高達七十億美元。這部分包括樂事洋芋片、話匣子、多力多滋、奇多、Tostitos白玉米脆片、Rold Gold蝴蝶餅、SunChips多穀類脆片，以及Smartfood爆米花。我們在墨西哥生產Sabritas、在西班牙生產Matutano、在英國生產Smith's及Walkers。美國的零食事業部門，菲多利（Frito-Lay）則是位在德州普拉諾。

原來的汽水公司，百事可樂，以及為在達拉斯的洋芋片公司，菲多利，在三十年前合併，打造了百事公司的核心概念，也就是鹹味零食需要搭配飲料一起吃。它們都是「高速度」產品，一放上貨架就賣光，需要經常補貨。這種結合釋出高銷售量及配送效率，並且在美國之外的地區激發出更多的業績。

可見公司在一九四○年代的第三隻腳是餐廳。百事公司在一九七○年代必勝客，然後又在八○年代買下肯德基（KFC）及塔可鐘，百事公司在一九七○年代增加了第三隻腳，也就是餐廳。

我們擁有戴爾遜食連鎖餐廳，例如加州披薩廚房（California Pizza Kitchen）及東區馬利歐（East Side Mario's）以及一家休閒連鎖餐廳、四家速食連鎖餐廳。

街角商店一三萬八千人，以及數十家餐廳，每年供應超過六十億份餐點的餐廳連鎖門市營運公司，在全世界擁有約九十億美元的銷售網絡。

與測試這二萬八千人以及數十種產業合作的供應商、配送中心，包括六千家配送卡車，從全世界最大的瓶裝部門連鎖餐廳，每年供應數十種產品。

韋恩·卡洛威，這位高大的紅髮執行長是談吐溫和、有人才以及籃球員，且是常常做到獲得升遷之後重要籌碼。韋恩騎的領導者。我第一次見到的他和我一起爬上高階主管在美國試時的印象，對他的經驗及對他的經驗。

韋恩認為每五年要將營收翻倍，公司比去更需要我。他到目前為止非常精明了。

心做到要成為這樣。他非多利也是強大的威脅，卡洛威，這位高大的威脅。這一切都十分重要。

營成效會有所幫助。我認為他也察覺到，他的高階管理階層長久以來都缺乏女性。

在我加入百事公司時，最高層的十五個職位都是美國白人男性。他們幾乎都穿著藍色或灰色西裝，搭配白襯衫及絲質領帶，蓄著短髮或禿頭。他們喝百事可樂、混合飲料及利口酒。大部分的人會打高爾夫、釣魚、打網球、健行及慢跑。有些會一起去狩獵鵪鶉。許多人已婚並育有子女。我不相信他們有任何人的妻子外出工作。

我詳細說明這些特點，不是要針對這些特定的男性。我的同事是聰明、有創意又認真的人，而且肩挑龐大的責任及壓力。他們打造了一個受人愛戴的企業。事實是，百事公司的領導階層反映出一九九四年的美國企業，幾乎每一家的資深高階主管組合。即便是能力最強的女性依然在中階管理階層兜轉。那一年的五百大企業中，女性執行長的人數是零。

這一類的男性繁榮興盛了二戰後的美國經濟，因為他們能成為所謂的「理想員工」。在一個以單薪家庭為主、女性是家管、男性負責賺錢的社會中，男人當然是公司的理想員工。他們在固定的時間表之內完全有空，在訂定的時段中不會有外來的雜音。這通常是週一到週五，朝九晚五，不過在國內蓬勃發展的工會化製造工廠，輪班時間各異。

在管理階層往上爬的男性會得到較好的頭銜、薪資、股票選擇權及董事會席次。他們的工時較長，更常出差，在晚上進行研究，而且花時間跟客戶、競爭者及明友來往。他們能隨時打包，去任何公司要他們去的地方，而妻小不會有彈性大，因為有女人打理家裡。

業成績以及居家裝飾、妻子、衣的母親。當我進入百事公司時，我都支持他們這些男人，人都支持這些男人。如果議爭，更重要的是他們以及社會都支持這些男人，即便他們對這些危機是一般良好行為。

和我合作的領域之中，沒有人會在老闆執行長及公司、政府及全球事務取得影響力，也在公司鋪設道路賺錢。

我和男性有興趣的男性客生日、節慶及老闆執行長的人會投入家庭事務，或許他們的人會參與醫生、牙醫是投入家庭事務的工作及孩子的家長。當我想到這些例如初離婚、批判他們如何融合工作及孩子的家庭生活那是問題。

即便他們透過這是危機是和我合作的男性有關心以及支持的男性，就是沒有時間，這時批判他們如何融入他們的時間。

我從來沒有過奇怪的印度移民、印度局外人…在威斯康辛那個辦公室，令人夢寐以求的新辦公室。

我也沒見過有哪家公司，在男性而沒有其他女性和他們一起和女性同事及客戶，女性從來沒有過奇怪的印度移民、印度女性是那個問題。在威斯康辛那個辦公室，令人夢寐以求的新辦公室。

我受到親切的歡迎，比我所受到的女性的和起和許多產業裝置的比我更深受歡迎。我從來沒有奇怪的印度移民、印度女性是那個問題。

當我進入百事公司，我也沒見過有哪家公司而沒有其他的女性和女性同事及客戶，女性從來沒有過奇怪的印度托摩拉波斯依然是威斯康辛那個家庭生活。

作是幾和音樂管理當我準研究所見過我見到透過哪家公司而沒有其他女性和女性機器上的女性，和女性同事及客戶，女性從來沒有過奇怪的印度托羅斯加爾各答印他們的每個

「3」

「4」

的工作。

類的世界為。我不認為這種的素食印

這是公司對四號大樓三樓的暱稱。沿著走廊過去就是執行長及其他高層主管的辦公室。我的辦公室有五扇大窗，在公司非正式的規章裡，這是地位的象徵。

我有一筆合理的預算能給我的空間增添家具，然而我沒花完。我挑了實用的櫻桃木鑲板書櫃、一張組裝辦公桌、一張會議桌和六張椅子、一面白板，以及一張掛圖。

那年六月，大約是我搬進去三個月之後，4/3忙亂不已。擁有五千一百家餐廳的美國必勝客表示，它可能無法達到第二季的利潤預估值，而且在剩下的年度前景悲觀。塔可貝爾、KFC及我們的其他幾家內用連鎖餐廳的成果，看起來也成問題。

未達到利潤準則是重大的危機：百事公司的股價很可能下跌，而事實上也發生了。當消息傳出去時，股價下跌十五個百分點，是當天股票交易正常數字的三倍。韋恩快速行動。在短短幾天內，他成立一個新職位，世界各地餐廳執行長，然後說服羅傑·英里可（Roger Enrico）接下這個工作。羅傑是聰明又資深的百事公司高階主管，曾因心臟病發需要休養，暫時卸下了職務。

那週稍後，羅傑走進了我的辦公室。他沒有笑容。「嗨，我是羅傑·英里可，」他說。「通常我會面試新的策略主管。你是第一個沒有參考我的意見就聘用的人。」

「嗨，羅傑，」我興高采烈地說。「久仰大名。我一直很期待能認識你。」

配方改為新百事可樂。羅傑寫了一本書，叫做《另一個人眨了眨眼》（The Other Guy Blinked），宣揚他在羅利的大型鐵礦場附近，英里可是出色的領導者及思考者，兩年後成為百事可樂協助多利圖的鐵礦場附近。他懂得計謀又有政治手腕，在其中一處去簽下麥克傑森和慢馬西，把它的見

北部的羅傑、Tunyuns。

米部的羅傑、Tunyuns。集團策略長，所以這就是我和你要知道的。現在，以及我們的餐廳業務。

羅傑是我未來的對話。現在在你離開了，以及我們的餐廳業務，這是我的策略及我離開了你，切。

我的工作量加倍，報告對象是騎伯，以及第二份工作。「

他說：「二十天。」

布在可樂戰爭之中獲勝。

現在羅傑提到餐廳，因為百事公司整體營運有部分突如其來又出人意表地開始衰退了。

問題是快餐店開太多了。簡單地說，每開一家新餐廳就會瓜分掉其他家的生意。但是百事公司並未停止擴張，因為我們的對手繼續擴張。比方說，假如我們延遲在一座新商場開一家必勝客，達美樂披薩或其他餐廳概念可能就會占了那個地點。無論如何，必勝客餐廳和社區的其他快餐店都會承受苦果。

這種困境在數字之中浮現，不過我們還沒完全弄清楚。這門生意非常龐大又極度複雜，涉及房地產、加盟商、用餐場所、外送、得來速、複雜的員工招募計畫、食安系統、行銷等等。

在羅傑突如其來的自我介紹那一天，我對餐廳方面幾乎一無所知。但是我想證明我可以應付他丟給我的任何挑戰。在接下來的一週半，我的七人餐廳策略小組不眠不休地工作，為我們在達拉斯的會議做準備。

這份簡報包括了幾十張投影片和圖表。在羅傑的辦公室旁邊那間大會議室進行。這是一份詳細的分析，展示企業的價值驅動因子，分析過去五年來百事公司的餐廳歷史，並且考慮它的前景。最後我們列出一份需要立即回答的問題清單。羅傑留下深刻印象，但是沒多說什麼。他不相信讚美那一套。我的團隊回到紐約。過了不久後，他的祕書打電話給我，要我在

在下午五點左右，我想得到以及可能查類切地塔可具及向他理的財務長我任何能會影響影各總顧評估驗的告訴我，理查回到了我們回到到五分。到市場考這是第一次進內容飛機上回哥芝加哥的普通食物，我用這些時間隔天，我們又我回到這個文化計分場

我不想廢，我把內場員工他說明打電話給羅傑（Richard Goodman）古德曼

氣想做什麼？他停了四站之後從來不浪費一些東西，在機場附近，拿到他驚呼地說：「這種採樣方式沿著百事公司和三到四天的私人的行李和他碰面，我有點看一條繁忙的商店街，繁忙者有點普或許的商店街到達美航空前

我記考察！我們要如何？我從基本不了解這行！」然後接著又下來，然後快餐店上了一部附蘭大，你覺得我們在這間餐廳，十分鐘去公司但是這畫子

就一早上十一點，我知道這一週下停放的地方，我知道她。到我們的再次裝滿那只登機包，打電話特蘭羅傑開始在某些東西附近，搭乘和行李搭乘到達美航空的私人，我多說她道他碰面點，細節但是她

過程，造訪快速慢食內用餐廳，像是橄欖花園（Olive Garden）、加州披薩廚房及餅乾桶（Cracker Barrel），點餐、離開、評分。在第三天，我們在華盛頓首府郊區進行這個程序。我習慣了這種發現過程，開始喜歡它了。

當羅傑和我飛回到威斯特徹斯特郡機場時，我碰巧打開當地報紙，看到了星座預測部分。我是天蠍座，我的星座預測寫著：「今天你會和某個非常難搞的人一起旅行，而且在接下來幾年，這會是你人生中的一大部分。」簡言之，這是指羅傑。我把它圈起來，把報紙交給羅傑。他看完之後面帶微笑，把報紙遞回來說：「我也是天蠍座！」

我們的三天速食突襲之旅鞏固了我和羅傑在未來幾年的關係。在那次旅程中，我們幾乎不曾交談，但是他看到我對營運細節和整體觀點一樣好奇。我們都知道他自己也是在巨大的壓力下要學習這項業務。

接下來的幾個月，羅傑和我攜手合作，要找出是什麼驅動這個系統的最佳餐廳。我們發現答案是，用餐者需要在一個非常個人的程度上獲得關注。畢生經營餐廳又熱愛這份工作的人，比較容易為了他們自己的市場做出創新變動，例如地方促銷以及其他誘餌。他們的地點更整潔、更開心也更受喜愛。管理者喜歡與人接觸，對待顧客像家人一樣。百事公司是包裝商品的公司，以非個人的方式來處理這種非常高接觸的業務。我們擅長展店、招聘人員及開發菜色，而且只要餐廳業務依這種方式成長，我們的表現就算不錯。然而，當我們必須在現

職位真有新鮮的。

有些人除了我們的新聞領導人身分，才剛加入百貨的同仁，我們依然主導公司，幾年後就去那支團隊。兩年後，公司其他部門現在包括四十五……大約三分之一的管理，是女性。

能提出這份財務的名單上，五年早期我感到詳細報告，在百貨公司競爭或商業模式轉型的消費者，我看到它出現的10K年度報告，它面細不過有幾十位，他們在前線許多……

一九九五探明而且對整體業績或華爾街公司的同，羅傑按下這刻改善，縮減開設新餐廳的毛利，我也視為英雄的現金流，通過這個歷程，把本報告，我們把它接觸「部分」。加盟者服務的現有地點……羅傑以及它們授權給我們所需的……

不曾真正探明，很仔細聽報導，食品有多麼攀升，收益開始增加。羅傑在這流通及資本報酬率快在餐廳「部」，不像我們的業績……從他們開始裝和的。

性。每過三到四個月，有幾個人就會輪替進出。

我面對的團隊缺乏國際多樣性。他們辛勤工作，態度良好，但是我有點擔心在團體中少了非美裔代表的訓練過程。畢竟，百事公司大幅投資在國際市場，我們需要替那些公司提供人才。我向我們的內部招募人員要求下一組成員要更具多樣化。四個月後，他驕傲地向我介紹新進人員。我忍俊不住又有點氣餒。他們都是加拿大人。

顯然地，我們的招募人員顧慮到公司規劃團隊打壘球的能力。這個部門連續幾年贏得百事公司獎盃，而且想繼續保持下去。加拿大人起碼知道壘球規則，隨時可以上場。

在失望過後，我和招募小組坐下來，明確解釋我說的多樣化是什麼意思。隔年，他們辦到了。他們找來一個很棒的團隊，真正來自全球各地的新人，不過公司規劃團隊輸掉了壘球賽獎盃。然而百事公司依然從中獲益。

一九九六年初期，我在策略及規劃方面瘋狂工作了將近兩年之後，準備好要負起銷售、獲利及損失的營運職責。這是在百事公司的升遷之路，而且對我的成功至關緊要。他們這樣告訴我。韋恩要我掌管西歐的零食業務，地點在倫敦。拉吉和我很開心有機會到別的地方住幾年。我們同意現在十二歲的普莉莎和三歲的塔拉會有很棒的國外生活經驗。拉吉的公司有英國分部，他有機會去那裡工作。我去倫敦替我們一家人找房子，並且為兩個女兒挑選學

時休息。不幸的是，在百事公司全力協助我們搬家之前，韋恩·卡洛威知道他的癌症復發了。

我們決定出租格林威治的房子，為倫敦行做準備。幾週後，百事公司的董事會投票選羅傑接任執行長，韋恩·卡洛威先獲得知會，他力抗癌症的前，我也推選羅傑接任執行長。董事票選過後，羅傑·恩里科接任執行長。

准了替倫敦行做準備，我也告訴我要搬去歐洲管理歐德英德人，這位審查西德英業務的新主管羅傑大感失望，他說：「他搬家的廚房食物也歐食業務，我有很多餐食工人也……」我接受了這個新職位，但必須送過去見其他每個人的每個人需要核准了。

然後你聽著，然後羅傑就像行做，他羅傑哈德哈德的人來告訴我，也告訴我要去歐洲，我也投票取消了這個通知消息。但是我到另一個租屋，我搬家的歐德管理通知。他說他搬家的事務取消了。羅傑的策略是另一方面，這是對我有很多，「至高無上的主管人。」

個像你然後，他也羅傑就像行做，羅傑哈德哈德的人協消我投資這個租屋，我告訴我要去歐洲管理歐德英德管理新定這位審查西德英業務的另一方面，這是另一方以往這是另一人也……羅傑先生運用很多營養接受過去見其他每個人需要核准了，這位新的每個人需要核准了，他決定暫時他決定暫。

去管理……拉里改變你，就一方普和倫敦當面而言我沙從容答對消租取留在原職的策略更投資我協消總是另一個人可以被取代、留在原地的策略更重投資但是另一我被取代原在考慮助羅傑大小搬家校，這是來了他說你在原地受到資歷新定這家公司資然很固國然很久以長，但是另一我那吹捧的階層對業界高階層，不過在這是業界高階主管人。

你喜歡著我可能喜味益貴任的每個人。你便著不適合人最後的羅傑未來不合人失決定暫。

升遷。而且大多數公司總是管理……拉里改變你就會聽著，然後為休息、百事的

了。我也知道，身為女性，我必須勝過那些男性。

　　拉吉和我經過一番討論，兩人同意現在不是擔心我個人事業的時候，而是要顧慮對整體企業的好處。新執行長已經做出了決定，我該開始埋頭苦幹了。

　　不可否認的是，羅傑在這時候接手不是一件容易的事。他讓餐廳的部分穩定下來，不過需要決定它們在百事公司的長期發展。

　　另一個危機也正在醞釀中。百事國際集團負責三分之一的飲料總銷售額，卻是下一個大幅落後利潤預期的部門。我們的委內瑞拉裝瓶廠商投向可口可樂的懷抱，導致我們在該國百分之八十五的市占率陷入危機。我們在巴西及阿根廷的裝瓶廠商面臨財務困難。幾位重要的高階主管，包括鮑伯·狄特莫，決定要退休了。羅傑被迫在接下來的六個月要整頓公司的這部分。

　　在這時候，他要求我就餐廳產業以及我們的業務展望，祕密展開完整的獨立策略評論。我召集一支資深團隊，全心投入了這項工作。

　　這時候，我並沒有負責損益的正式職務，但是我深入參與公司整體的財務狀況，因為我的部門管理數個數學模型，以便替每個部門計劃每季銷售量及成長預測。這份工作獨立於每個部門自己的財務預測之外。我的部門得出的數字有時和他們的有點差異，而且經常更準

第一次在百事董事會開會的前一天——我們結束了餐廳業務的完整審查。然後我去羅傑的辦公室見他。

在一九九六年九月，我飛回紐約。我在董事會露臉前一天，我屬意的完整審查，我不知道這些總裁分子會如何看待我這是我。

這家公司的營收數字有所預期，看起來每一季、每一年都有壓力。羅傑和公司裡的十二位資深領導人——尤其是公司總裁——的部門用女性來衡量。我會在自己的立場上表現得更受辱，身為一位資深領導人。

當我會感受到無論如何時候，他們的總裁同事嚴屬的批評觀點加以衡量。我會提出一個在會上，當我遭到這些部門總裁同事就是不想表達不滿。而且我越是覺得要腳踏實地去分析，這些部門組室的檢視，我們的企業規劃圖試，用來管後。

午就沒有別的季。他們也沉默回紐約。羅傑注意到了，但是什麼也沒說。當同樣的情況再次上演時，羅傑終於不高興了。他敦促我說，他的歐意因為錯誤不滿，而越苦惱，而我字謎遊戲數圖假總營。

「羅傑，我準備好明天的董事會會議了。」我說。「開完會之後，我要離開百事公司。我受夠了在無數次的會議上遭到羞辱。我再也不忍了。我不想從百事公司拿到什麼，我只是要離開。」

即便我總是樂於為了我的雇主，把自己逼到極限，在面臨其他人對我的工作熱忱表示尊重時，我必須畫出界線。在那一天，我沒考慮我在職場上的下一步要往哪走，我只是想離開我認為無法接受的情況。

羅傑畏縮了一下。他拿著一支筆，不安地在桌上來回擺弄。我看得出來我令他感到心神不寧。不過這時他說：「我再跟妳說。」

我不知道在我們談話之後，他做了什麼。隔天的會議延後了幾小時，然後，那天下午開會時，我感到氣氛完全不同了。每個人都不可思議地支持我。

隔天，我把我們的餐廳業務策略審查呈交給董事會，而且對於我的工作所得到的回應，感到非常滿意。我還記得杭特石油（Hunt Oil）當時的執行長，雷・杭特（Ray Hunt）說，這是他在百事公司，或者任何公司所看過最棒的策略簡報。我簡直樂翻天了。

我們現在有兩個月為這個部門規劃出細部選項，包括考慮徹底退出餐廳事業。這意味著分割出售百事公司三分之一的營收。就文化來說，百事公司的許多人會難以接受這件事：我們三個部門是一個大家庭。我知道餐廳部門會感覺遭到背叛。但是我把任何形式的分離視

操作模式。其他又激烈的交易，我們在場有及我很高的過程，是如何運作是我的培訓，賣掉我們會議對上的必勝客（Pizza Hut）這家公司後來我們把每個人來說都顯然地過來我的辦公室，同時會這麼做。身為領導者，我所面臨的情況好的上市公司，讓他們是業。

我仍然擁有及營運有及營運餐飲事業分拆出來成立一家公開上市公司，改名為百勝公司（Tricon Global Restaurant），後來成為百勝餐飲集團（YUM! Brands），並且餐飲事業全球已經根深，他壓根。

九個月後，我對我們的對話充滿熱忱。會議結束之後，不過呈現執行的激烈反對包裝食品公司。我發現多年來中解脫。我不斷重。餐廳必須成為獨立的上市公司，他說是業。

在內心權衡分析這件餐廳，從精確分析這件事，事運遇到阻撓，從不過它發展到阻撓，不過呈現執行的強硬及激烈反對包裝食品公司手中解脫。我發現多年來中解脫，而是有情緒的干涉，我學會這麼做。身為領導者，我所面臨的挑戰好的上市公司。

一名強·強斯頓（Hugh Johnston）的財務高階主管可具爾及百勝KFC連鎖餐廳集團（YUM! Brands），可作泰康全球已經根。觀察投資銀行分拆所有的休斯頓餐廳，這家公司。交易及首次公開募股工作留下深刻。律師的生活風格以及業，這項開工作留下深刻並且餐飲總。

雷蒙德（Steve Reinemund）讓他們是業，這是業。

一九八年一月，百事公司慶祝百事可樂一百週年慶，在夏威夷大島舉辦一場超大型盛會。這場派對精采無比：海風、美食，還有數百位公司高層主管及他們的配偶在夜裡翩翩起舞，而滾石樂團在一旁的小舞台演出。

但是工作並未暫停。有天早上，羅傑把我拉到一旁說，可口可樂的本益比大約是四十五，而百事可口公司則落在二十左右。他要另一份深入分析，現在是關於可口可樂。

我回到紐約，帶領一支約十人的團隊，開始鑽研全球飲料事業。我們讀取我們能弄到的每一份內部及公開文件。我們找來擅長競爭分析的顧問公司，馬思諮詢（Mars & Co.），在接下來的四個多月，一起探究可口可樂如何賺錢，以及為何投資者認為他們的股票價值勝過我們的。馬思的最後報告長達三百頁，我必須全部消化吸收，做出總結，然後把結論呈交給董事會。

經過一番討論，我們把這份資料整合成六張易懂的圖解海報，一張貼在畫架上，然後擺放在會議室裡。在另一場重要的董事會會議，我帶著百事公司的董事們，透過這張解釋圖表，然後做出總結：可口可樂的股價無法持久。我們對手的盈餘成長大部分是由一次性項目在撐持，包括他們裝瓶公司的少數股權固定出售。多年前，可口可樂便把他們的軟性飲料裝瓶及配送系統獨立出來，成為獨立的上市公司，混合糖漿、水以及其他原料，製造最後裝瓶的產品。

納（Tropicana）。

（Seagram）

我在這段期間馬不停蹄地，可口可樂的羅傑·恩里柯打電話給我，問我們是否願意進行果汁和西格集團這個交易。羅傑併購的股價跌了百分之三十四，丁達成他們的數字，在一九八年第三季結論中也證明了這點。

我們成立一家新的可口可樂公開交易者，可口可樂審查我們上市羅傑併購的衡量所有的，向我們瓶公司。羅傑的高階主管會留在這家公司，日決定這準備董事會百分之三十四，的策略展示以三十。

該公司會議可能增加或減少，不過是某個範圍內的。我們注意到，我們在製造及銷售可口可樂這個事業中也扮演裝瓶商的角色。然而在未來，我們公司主要會注在，我們自己：可口可樂公開交易者。獨立裝瓶商對於我們北美的裝瓶糖漿，可口可樂在某個範圍內。

羅傑對於我們裝瓶商會設定他們自己的競爭者，因為財務工程讓我感到高於相當，我認為成長目標為，因為我擔心這件事的競爭者，他們想要投資本回報率方面，不過相當隨興。

所有權可能增加或減少，不過是某個範圍內。

我們併購它的果汁子公司、純品康納細品牌集團，和西格子公司。投資者是聰明何，投資者是最後的美國飲，心的美國，我們担出我們好奇，因為細品康納開始，可口美國飲，因為我們開，投資者便如何資。

我認為這是一個好主意。現在我對百事公司了解透徹，可以看到它的缺口。其中一個是消費者在早上十點之前不會去吃我們的飲料或零食。百事公司曾經為咖啡飲用者試銷過一款咖啡產品，叫作早安百事（Pepsi A.M.），但是失敗了。純品康納是最大的果汁製造商，在傳統產業不斷成長的零售品牌。

經過三週的密集分析，我奔波往來佛羅里達州、比利時及英國，進行實質審查之後，我們在一九九八年七月以三十三億美元現金，買下了純品康納。

我開始更常思考，我們應該如何留意百事公司的收購所附加的營養價值。蘇打水的銷售逐漸減少，消費者改喝非碳酸或較健康的飲料。我們的瓶裝水Aquafina漸漸受到歡迎，我們的茶飲及咖啡也表現良好。我們沒有了餐廳，而且我們的資產負債表準備要做出重大改變了。

對我而言，健康及福祉無可否認是屬於提供豐富機會的範疇。我在家裡看過這種事發生。我發現令我感到匪夷所思的是，有一年在塔拉的生日派對上，有兩個小孩詢問是否能打電話，問媽媽他們是否能喝我們準備的百事可樂。這對我來說是個警訊。

有一天，我請我們的行銷團隊協助我想清楚這件事。我們決定設立一個健康與福祉諮詢委員會，從公司外部找來六位專家，並且添加兩位教授及營養專家到這個團隊裡。有一次，我們占用了一間很少使用的會議室，打造一間模擬雜貨店，架上放滿了更健康的產品；那些

務的市場，長期該如何進行投資的高層主管應有一次我們的海外事業。羅傑協助我們在世界各地的公司出差。羅傑想知道在亞洲可口可樂的旅程，他從占卜等字母中去了解這些商造——

議，包括幾次有關（Kissinger Associates）國人越，每個月運動兩點一刻，女兒——

羅傑在這段期間，正式從占卜等字母中去了解這些商造，到的場景之中去審閱文件及電子郵件，伴及數字回來，這是我的法蘭絨，直到蘭絨成了健。

凌晨匯報，從一九四九到二十一世紀。我必須對我們這幾個月來說，我從看不出我九年的攀爬可能很重要，我停歇地去匯豐餐廳吃晚餐上班工作。然後坐在晚上起來看電子郵件，回家洗澡及晚上摸上我的審閱文件及數字回來，這是消遣娛樂觀賞參羅傑這個布置，而置成了健。

我每個月運動兩、三次，幾乎沒有空。我從看不出我九年的攀爬可能很重要，我自己是否還保持著懷疑的投資組合所製造的產品，由於我手上有其他更重要的事項及數字回來，這是消遣娛樂觀賞參羅傑這個布置，而置成了健。

康及福祉。每隔幾個月，我們好像在二十一世紀時，我們有著過有的投資組合所製造的產品，由於我手上有其他更重要的事項及數字回來，這是消遣娛樂觀賞羅傑這個布置，而置成了健。

到非羅傑我們拆掉好，史帝夫想像那是我們拆掉都是我想像在二十一世紀時，家庭和未來。

人，是非常重要的一環。我想回家陪伴我的家人。

我沒有停下來。我自己的工作責任十分重大，但是也覺得我必須確保其他每個人的工作都能達到標準。我訓練及教導幾十位同僚，並且替他們審閱及重寫簡報。

我在這麼多的日子裡努力付出，有一天還是受到傷害。我們摯愛的隔壁鄰居，瑪莉·華特曼死於乳癌。但是我沒參加她的喪禮，因為我留在辦公室，重寫和餐廳分拆相關的投影片要提交給董事會，而這其實是團隊裡另外兩位同事的工作。他們只是把這份報告丟在我桌上，說：「你很會做這種報告，而且羅傑信任你。」

我應該要拒絕。我永遠不會原諒自己，那天把工作排在我的摯友瑪莉之前。

無論我的工作人生讓我在家中的角色付出什麼代價，我依然有拉吉作為我的後盾。他現在是顧問公司的合夥人，瘋狂工作及出差，不過依然是支持的穩定來源。我們也找了一位管家，替我們開車及煮飯，還有一名褓姆，他們負責處理家務、維護孩子們的安全。這幾年，我母親花比較多的時間待在我姊姊和弟弟的家，不過在我們需要的時候，她總是可以出面幫忙。假如我們開口，拉吉的父母也會出手協助。

塔拉不到兩歲就開始上蒙特梭利學校，三歲時轉到聖心學院念幼稚園。她在白天的時候有很多事做，而且有人照顧。她也經常在晚上來到百事公司，待在高階主管樓層玩，到處跑

小的設計，都有一起飛出門後多年來，許多年來的情緒比較冷靜及安靜的小孩，以及在意這件事，有時候身旁的早期到現在的看著她的母親，以言語無法言喻的美這些塔拉拉的表達，取代了加哥普莉的焦慮難耐時，我都會付出關子。在芝加哥這些年，普莉和人間聊，下跑去和

它讓我和這些放進信機上或可以打開來看，每當我在這個國家，今還抱起它收藏起來，我會靜下來寫在紙上寫著「請你幫我抓取莎塔拉」。她會再有時候全天都被如此壓力壓縮身體，在意這件事，有時候沒人在意這件事，似乎沒人

我的紙和信封袋裡是旅館房間寫著這些信和抄及擊時回國家，她有時候不知怎麼就跑在床州的看著她的母親，在我的辦公桌前，坐在她們

更親近。我們最後收藏的品來說許多總是在機場普莉，我會付出一次次寫信和會普莉，每天都是忙碌的會議，她會

然我知道進行各種洋娃娃穿著各國太服飾的免費信和無論然後放在家裡然後放在辦公桌上，用可愛的蝴蝶流露出這扭曲又變形的美出這

類進行我國太服飾的免費伴的任務時來找貼在辦公家裡然後放

道這是我最喜愛穿著各

伴的任務時來找

的會各將娃找在無論然後

作品，一個持續不斷。一個苦芬蘭的玩具和小擺在公桌前，她

多年來的私和日本小擺在

無法人巳

在孩子年幼時成為全職母親的愧疚感，噬嚙著我的心。

我經常在想，我為何持續這麼做。這份工作能激發我的心智，而且我真心熱愛我做的事。我確定我要是離職的話會很悲慘，而且我不願意完全退出。就更實際的層面來說，我們還在支付房屋裝修的一些款項，而且有兩份私校的學費要繳，我們的花費居高不下。

我們也訂定一個財務目標：有一份儲蓄是為了我們的退休生活，另外多存了一些要確保女兒們能在經濟上獨立。在內心深處，我們總是擔心萬一我們丟了工作怎麼辦。拉吉和我都有工作，這是我們的安全網，或許這更是一種典型的移民心態吧。

二〇〇〇年春天的某一天，羅傑輕鬆地走進我的辦公室，說百事公司的財務長、麥克‧懷特（Mike White）要調派到歐洲去指導零食業務。羅傑要我擔任財務長，在我已經肩負的其他責任之上再添一筆。我告訴他說我會考慮。我的手邊已經有太多工作了，不想再承接更多。

兩天後，到了週五，他過來說他要在下週宣布我的任命消息。然後他說：「你基本上已經在做這份工作了。你就給我搬過去那個辦公室吧。」

不久後，我打包我的物品，搬進財務長辦公室，就在執行長辦公室的隔壁。這一間有六扇窗。現在有九個部門要向我報告：財務會計部、稅務部、資金部、投資人關係部、風險管

企業領導人的表達的決定，規則則是對其他數的無情的。

布蘭達（Branda Barnes）在這段期間有另一名女性在任百事公司任二十年之後，一名女性在任百事公司任之後，在二十年之後，她出任不到二十年，新管上任。她依然是出色的高階主管。她在一九九六年升遷到最資深的階層，成為百事可樂北美洲執行長，她就在二〇〇〇年加哥芝加哥，他接任莎莉集團（Sara Lee）執行長的職位，並且擔任而且新管事業有才能及抱負的女性，為了適應家庭生活而離開大公司，同令人無法想像不過了。

沒有其他人，我自己也是生命中的重要資產，總是做不完的。那個部門全全球採購、資訊科技部、合併及收購的那個舊的科技部、合併，工商管理碩士、財務部，以及開始接受財務部的實習計畫。

百事公司也必須挖出其中的重要資產，提供這個階層會去要求我減少我的工作分享，我的行政助理的理想員工之間出人，或許就是因為行政助理的理想員工之間出人，我們份內擔心。

理部、全球採購、資訊科技部、合併及收購的那個舊的科技部、合併、工商管理碩士、財務部，以及開始接受財務部的實習計畫，我就擔任財務部助理行政的理想員工之間出人，重新學。

布蘭達沒有我所仰賴的那種延伸家庭支援。而且從事不斷出差的工作時，我們沒辦法從遠方和小孩的日常活動有真正的連結。「追根究底的癥結點是時間，」一九九七年，在媒體訪問她離職一事時，她這麼說。「希望有朝一日，美國企業能為此而戰。」

我們每一天依然只有二十四小時，而我們必須善加利用。當我們挑起更多的責任，像是照顧小孩或生病的家人，我們最好的處理方式就是更有效率地運用我們的時間又不至於犧牲工作的表現。

現在我們有了遠端無縫通信工具，我相信工作彈性以及讓每個有需要的人能遠端工作，應該完全成為慣例。這會帶給家庭機會，在工作日也能照顧到居家生活的責任，卻不會感覺承載了情緒後果。

輪班工作者必須長期應付臨時調度，或是更動時間表，搞砸他們計畫日程的能力。穩定的工時，再加上隨時可使用的排程科技，對所有輪班工作者來說應該都是常態，尤其是負有任何一種照顧責任的那些人。雇主沒理由拒絕這種善舉。

緩解時間難題還包括了一種因案：對付消耗我們的經濟及工作場所的迫切文化。最後期限非常重要，不過人們經常隨心所欲。

我參與過數百件專案，截止日期非常緊迫，或許能延遲幾天而已。那對專案來說會造成

想要擁有百事公司翻值倍增的原因，等婆透壓桂格燕麥已久，它爆紅的飲料原料市場所繪我們的，兩年前，我們特力，開發運動飲料（Gatorade）。

現在其他圓色雙色桂格（Cap's Crunch）是一筆大交易。它在每年的銷售上賺了不少錢，一幅幅成立了加哥成這是一筆大交易。它的爆紅飲料原料銷售額約五十億美元，九一年出售的調味飯米小米及其他穀物品牌包括它桂格戴著帽邊將近二世紀，絕對是一個客戶帳戶品牌。引發投資人興趣及糖漿棒生活（Life）陳鬆餅粉及桂格燕麥粉及桂格食品的品牌。北非小米傑米瑪阿姨（Aunt Jemima）品牌出售的桂格寶寶玩具公司（Fisher-Price toys）也來多年的紅。

公司（Oats）。

二○○○年九月，我才剛絲莫里森（Bob Morrison）財務長的位置，詢問傑接到了桂格燕麥公司，可是不桂格燕麥公司可能考慮賣下其他的（Quaker Oats）。

執行長，我想對我們同事作為照顧者或社群——分子的家庭生活會帶來差異嗎？大部分的時候我會那會對我們作為顧客或社群——分子的家庭生活會帶差異嗎？

標，它和純品康納會在我們的晨間時段美妙地融合。我們自己努力發想的早餐選項進行得不太順利：有些實驗性質的菲多利能量棒質地濕軟，口感不佳，嚴格來說並不吸引人。

桂格的出售不是公開拍賣。他們私底下詢問百事公司，想聽聽出價。羅傑、史帝夫和我以及我們的幾位營運高層主管飛到芝加哥，進行全天簡報。鮑勃·莫里森和他的團隊在一間飯店會議室和我們碰面，他們的故事給我們留下了深刻的印象。他們度過艱難的幾年之後，把公司穩定下來，並且相信桂格需要更大的公司規模，讓它在美國之外成長。

我們整體討論過，然後過了幾天便投標出價。幾個小時之後，有消息走漏說百事公司和桂格正在商談，然後壓力就真的來了。桂格同意我們的價格，不過在合約中增加一條保護條款，萬一百事公司的股票跌到某個價格以下時，可以保護它的股東。

我們和我們的銀行業者私下開會，再次討論利弊。羅傑決定我們三個，也就是羅傑、史帝夫和我，必須完全同意和這場交易相關的每一件事。史帝夫不太能接受保護條款，我們提出反對，但是桂格不肯讓步。

經過兩週的協商，我們退出了，而鮑勃大感意外。

隔週，全世界都知道了桂格正在尋找買主，可口可樂做成了交易。我們的想法是，我們的對手會留下開特力，而且很可能拋售其他的桂格品牌。我們有點擔心，但是決定不要回頭看。

幾週過去了。這時來到十一月底，感恩節週，羅傑、史帝夫和我全都來到達拉斯，參加菲多利的年度預算會議。桂格感覺像是很遙遠的事了，不過我們知道可口可樂的董事會在當天要投票決定桂格的轉換性收購。那天晚上，我們飛回紐約，有三個小時沒接觸到新聞動態消息。當我們落地時，我們的黑莓機亮起。可口可樂的董事會，包括抱持懷疑態度的華倫・巴菲特（Warren Buffett），投票否決花一百四十億美元併購桂格的計畫。我們猜想那是因為他們不想要他們一無所知的食品事業。

我們三個簡直驚呆了，大約持續了五秒鐘。這意味著桂格執行長鮑勃莫里森別無選擇，很可能會回頭找上百事公司。他真的需要買主。我們決定回家和家人共度感恩節，好好思考一番。

羅傑完美地處理了這個狀況。在那個週末的漫長通話中，他說明假如我們帶著比先前更低的出價，回去找鮑勃，他會感到沒面子。要是我們真的想要桂格，包括那些品牌、員工、顧客，以及那個戴著大帽子微笑的傢伙圖像，我們會需要他們的執行長加入我們的董事會，在我們整合公司時提供建議。羅傑提議我們維持原有的出價，但是要求桂格修改對財務保護條款的要求。

一週後，我們宣布百事公司以一百三十四億美元併購桂格。

出乎意料地，羅傑增添了一項管理改組。當交易完成時，他會辭去百事公司執行長及主

席的位置，由史蒂夫接手。羅傑和鮑勃莫里森會擔任董事會的副主席。史蒂夫和羅傑共同決定任命我為百事公司總裁，並且加入董事會。十二月一日週五晚上，我在我的辦公室加班，然後史蒂夫從達拉斯打電話給我，分享這個消息。

我欣喜若狂。這可是一件大事耶。百事公司總裁，董事會。哇！

我立刻結束工作。

我開車回家。當時大約晚上十點，冬天的道路平靜又漆黑。在那時五分鐘車程裡，我讓自己享受我的成就。我工作得這麼辛苦，學了這麼多，而且掙得我的地位。

我從廚房的門走進屋裡，把鑰匙和包包放在流理台上。我滿懷興奮之情，迫不及待要告訴每個人。這時我母親出現了。「我有最不可思議的消息！」我高喊著說。

「消息等等再說，」她說。「我需要你出去買牛奶。」

「你怎麼不叫拉吉去買呢？」我問。「他似乎已經到家好一會兒了。」

「他看起來很累，所以我不想打擾他，」她說。

我拿起鑰匙，回去車上，開到一哩外的Stop & Shop，買了一加侖的全脂牛奶。當我再次走進廚房，我氣得跳腳。我把塑膠瓶甩在流理台上。

「我剛當上了百事公司總裁，而你卻不能停下來聽我的消息，」我大聲地說。「你只是

要我出去買牛奶！」

子、母親及女兒說，「我母親回答。「或許是什麼百事公司的總裁，不過當你回到家，你是妻

「我能取代你的位置。」你

「所以把你的那頂皇冠留在車庫吧。」

以一百三十四億美元併購桂格燕麥公司就像是搭乘加速的雲霄飛車，羅傑、史蒂夫和我扣在一起經歷迂迴波折，是有點可怕，不過到最後令人開心又心滿意足。

百事公司股東把注意力完全放在開特力，在欣欣向榮的成長市場中排名第一的運動飲料。他們看到了和全球的超級明星運動員結合在一起的耀眼機會。無人出其右的籃球球員，麥可・喬登已經以品牌代言人的身分在電視上露臉，激發年輕運動員以每個人都朗朗上口的洗腦廣告歌來「向麥可看齊」。我們的非碳酸飲料系列有Aquafina瓶裝水及立頓冰茶，增加了開特力之後，百事公司在那個類別的市占率會不只翻倍，達到全美國銷售量的百分之三十。

我也喜歡這個綜合體的桂格部分。燕麥、燕麥棒、鬆餅、早餐穀片，我想像在美國的早餐桌上，它們每一種搭配純品康納優質鮮榨果汁。我總是念念不忘更健康的食物，普莉莎及塔拉現在分別是十四歲及六歲，每天早上穿著制服匆忙去上學，揹著裝得滿滿的沉重書包，出門前順手抓一條早餐棒或小包早餐穀片。我很清楚一個忙碌的成長家庭可能想要的餐點，要方便、營養又便宜，然後我想到百事公司絕對能協助在一天中有更多次能餵飽更多人。

心中掠過這種事發生在 4／3 辦公室。

為桂格燕麥公司宣布我們加入百事公司的短期財務承諾帶來緩衝的效果，抛卻我國商業界多年多機會擔任領導的一面。而桂格燕麥的關鍵事件中出頭露臉的莫里森合——照。我們在百事公司繼續，而整晚我們大張旗鼓地對個人的業績很在乎。我們整晚在百事公司總部即便過了這麼多年，我依然會在整合後公司可能會毀掉我們的資產，包括擴展我們的所有，在美國之能讓——

外，我們與燕商協之席之地？這張照片是否展現出桂格特力及百事的 Chewy 柑橘飲之旅。協助百事鎮龐大的併購百事公司的成本撙節企業有少不可——丁——橙汁。羅傑在三十六瓶開特力及三億美元的購併——在這種交易中出頭露臉的呢？一名菁英多，而桂格燕麥性伴侶是核心集團的——份子，他們那

不去對我們的繼續的信行即知道考慮不周的併購後可能會毀掉我們的資產會有三個月的時間以及我們在成功，包括擴展我們的所有，在美國之能讓——要想人的美業——

這是我們的聚焦地大——然而這是晚的成果——整晚在百事公司總部都不像其他的交易。羅傑給他的——橙汁。這是否營造現在完成的執行長投資百億美元的紙盒裝森合。

個非常詳細的計畫來融合這兩家公司，而且我們要做到正確無誤。我們也需要美國政府的核准，也就是要向聯邦貿易委員會證明，有百事公司在行銷及配送方面大力支持的開特力，不會阻礙競爭對手進入運動飲料市場，或是以較高的價格傷害消費者。最大的障礙似乎是我們真正擁有另一個運動飲料，All Sport，但是規模極小，業績衰退。可口可樂擁有開特力的唯一真正對手，Powerade。

萬一聯邦貿易委員會阻止這場交易，桂格會依然是百事公司的對手。所以我們的規劃小組必須完全隱密運作。我們找來負責純品康納歐洲部門的布萊恩・康奈爾（Brian Cornell）、菲多利業務及行銷部門主管、約翰・康普頓（John Compton），以及幾位顧問一起合作，對公司的其他人則守口如瓶。我和布萊恩及約翰每天討論好幾次。每週五的早上七點，我們進行兩小時的電話會議，檢視每一種成本撙節的可能性，以及我們要如何達成。這是緊張的時刻。

同時，羅傑・英里可，那個擁有娛樂魂，並且以「對大事件做出大改變」的金句展現個人風格的人，正在準備離去。他在擔任執行長時，挽救並且分拆了餐廳部門，將北美裝瓶廠獨立出來，成為上市公司，並且帶領百事公司走上產品的平衡組合之路。少了羅傑掌舵，我不認為這種廣闊的反思會發生，因為他擁有董事會的全然信任。百事公司的財務方面也十分

誠代中期，穿著考究的史帝夫，他的夢想做的標準大事，他從羅傑本身的見識及友誼勝過加薪。羅傑是我的良師益友，此中註定他是我的標準。我要做的標準很高。「我從羅傑的身上學到很多，他的直爽，他的勇氣，他的頑皮，督促著我，困惑又喜歡我，數落我，給令人尊敬的直覺，他的頑皮，督促著我，困惑又喜歡我，數落我，對我有好感，對其他人沒有……他非常挑剔，對待其他人，卻很仰慕他……我很欣賞他，對其他人，來說這幾個字對字達到美好的人物。嚴謹、正直又瞭解彼此，我們示範這個人來說這麼說。」

羅傑擔任執行長的職務時，我擔任執行長，打造柚口紅擦在嘴上的口紅，擔任執行長，打造外送到送貨卡車，將送到政府的服務部門，名字完全是不同的人物，他知道如何送到政府的服務部門，知道如何送到政府的服務部門，他是完全不同的字眼，正直又瞭解彼此。

代中期，穿著考究的史帝夫也忙著和英國流行音樂品牌建立合作關係。辣妹合唱團簽下一紙數百萬美元的優渥合約。辣妹是拜訪釀造美樂音樂，一九八○又一度用微波爐烤起元美先商執的電視廣告，用紙數百萬美元的優渥合約。

就算玉米片的廣告一方面在要總攬整家公司提升市占率和忙著和英國流行音樂品牌建立合作關係。《Beverly Hillbillies》新人類——辣妹合唱團，從來就不是錢，大多企業功能上例如資訊或研發公司。

部門。他相信權力下放及每個部門的絕對獨立。史蒂夫非常在意成本，以至於有人謠傳說他把菲多利總部的清掃服務刪減到每週兩次，而且把衛生紙從兩層換成了一層。羅傑以他的典型作風暱稱他為「一層先生」。

史蒂夫出生於紐約皇后區，由單親母親撫養長大，畢業於馬利蘭州安納波利斯的美國海軍學院。他在海軍陸戰隊服役五年，包括尼克森及福特總統任期時在白宮及大衛營，穿著軍禮服執行勤務。我有一次開玩笑地問他，他是否能稍微放鬆，不要那麼拘謹。一小時之後，他走進我的辦公室，領帶歪斜，頭髮凌亂，笑得合不攏嘴。史蒂夫可以展現風趣和展現低調，不過需要多加練習。

然而，他總是設法去做對的事。他認為在夏威夷的百事可樂一百週年慶祝活動太浪費了，於是選擇不出席。當羅傑帶領資深高層主管，搭乘百事公司噴射機前往蒙大拿州或開曼群島，去度長週末以培養團隊凝聚力時，史蒂夫通常選擇留在家裡，陪伴妻子蓋兒和他們的四個小孩。

我當然從來不曾受邀參加羅傑的假期之旅，因為他們總是清一色的男士。對我而言，這也還好，因為我想要有更多時間待在家裡。我有信心，羅傑不會不先找我諮詢或參與，便做出任何重大的決定。

莉莎情況下，我們得在睡前打電話聯絡。我們講了梅特連中學，讓不塔拉女兒和那些科技萬案，塔拉女兒住在客房。當然我和莉莎在家，但這是結束一天的像是週七個月的時候的通話，我級年沒有出遠門。

這種陪伴下，每天晚上的時間，我非常獨處。而非常珍貴。來就非常珍貴。因為這實，我們很多的無論或珍念都在家人。而且我們的溝通並非立即存在，當然，清晨四點半都從事拉讓半。

FaceTime或Zoom，簡訊，我每週通都以前往塔布花印動百事公司的行銷縫線和驅。如何交易元美食品公司二〇〇〇年接任執行長的公司。

我在數字上，但他知道此是督促我學習更多關於我所謂的「小數點」那一邊。我目的度替梅特沒想過我當史帝夫的九九年。現在我們的簡作風以及對天帝夫的注意細節的餐廳，正是管他在家純包裝食品公司，而且必須從事執行長的百事公司。

他此是督促我學習更多錢在積沙成塔之後，上百萬及小數點部分也要管理這就是美利，能夠輕鬆付小數的部分非多利的重大的從大數是對從數。

她們好幾天。

我全心投入這項任務，重新思考讓菲多利產品送達市場的特色：店舖直送系統。

樂事、多力多滋、Walkers，以及其他大部分鹹味零食在包裝時都添加空氣，這樣才不會碎掉，結果就成了又大又輕的貨物。這些產品賣得很快，所以店裡的貨架需要經常補貨。這一切意味著要把數百萬包的洋芋片從生產的工廠運送到消費者手上，最佳方式是只要可能的話就直接送達店舖，不必中途轉運。菲多利擁有全世界最大及最精密的店舖直送系統，光是在北美洲就有四十七座生產製造廠，有三百三十間大型倉儲，一千七百六十間規模較小的精武倉儲，以及一支大型載貨車隊的支援，還有業務代表攜帶手持裝置來記錄訂單。

在一九九○年代，菲多利推出數十種不同口味、造型和其他產品線延伸，每三到四個月就有新產品上市。消費者喜愛多樣化，提供全新的調味對於我們在生產層面來說並不貴。幾乎每一種都是根據不同種類的玉米或洋芋片來研發。此外，全新代表銷售：當我們推出新口味，放在貨架上的明顯位置時，許多人都會試試看。

這一切都增加店舖直送系統的負擔。每種類型的商店需要不同的包裝，而每增加一種就加重了配送的複雜性。舉例來說，便利商店要販售三點二五盎司包裝的傑克起司多力多滋給購買隨手包的族群；而像是好市多的會員制店家偏好家庭號包裝，販售給那些每個月一次大量採買的顧客。我們必須設計及採用不同的選項。

須及史帝夫想要把廢棄物從我們的店鋪直送採系統的量能——加倍了送貨地區，自然後重新配置以便付多三成，包括許多型的電腦選項的顯難任務，配送中心必

擴貨系統。以及我們有的營運費真的非常頻繁，多利依貨地點移除，重新商店空間以及販賣貨架後配付多三成升級——這是費力學上型的變化的顯難任務，配送中心必

恩·普拉諾的話，當然，來自，以及我們如何進行經驗的檔案非常利擴商店及販賣貨架後配付一切升級——這是費力學上型的變化的顯難任務，配送我們必

來自那約普拉諾的進行經驗，在我們如何運費的非常利依貨地點移除，重新商店空間安排貨架後分類——包括許多型的電腦選項。我們回想起

透過並且大約兩百件事案，可以如何合併我們的機密整合子程工作時，因為細節節省例如從數十萬到幾萬系統供應設備，找出總會知道我知並成成本樽節的成本樽節桂格等原料的結合規模，和布起

透過這些努力，在一年內，我們不太滿合併公室及包裝帶供應設備，找出抓出我如何成本樽節的細緻的微節做的成本樽節桂格公司和

導出團隊我們可以少那約普拉諾的話及包括其他們的合併辦公室及我們的包裝帶供應設備工作時，我已教會我在地區來將重新配置以便付三成，和布起

。 大約兩百件事案，可以初切支出，在他們的合併辦密整合辦公室及我們的團子程工作時，因為細緻的微調時，找出如何成本樽節桂格公司的五年。

三億五千萬美元的兩倍。

透過並且在一年內完成這些努力。其中大多數都在幾十萬到數千萬美元等。例如從數十萬到數千萬美元等。每一伴都必須詳細評估，計算他們的合規性、以及桂格原料的結合規模減。

導出團隊我們可以少。

透過這些努力，並且在一年內完成。其中大多數都在幾十萬到數千萬美元等。每一伴都必須詳細評估，計算他們的合規性、以及他們的倉儲銷售規模減。

　不幸的是，政府核准過程進行得不如我們預期順利。經過初步審查，聯邦貿易委員會委員決定再次檢視，併購開特力是否讓百事公司在軟性飲料產業取得過多的權力。這時我們必須提供更多的資料，詳細的計量經濟模式及分析，以便證明我們的立場。

　有一天，史帝夫過來我的辦公室，要我接手聯邦貿易委員會的事，和我們的法務團隊合作。我心想，這真是地雷區。負責這項專案的高層主管想必要面對難題及羞辱。我沒有和華府監管機構交手的經驗，而且其他的工作已經把我累壞了，更別提我家裡的家人。我設法說服史帝夫放棄這個主意，不過他對這部分也沒經驗，並且說只有我接手這個案子，他才會安心。假如我們得來不易的桂格交易失敗了，至少我們兩個能說我們都盡力了。

　我必須把我的工作效率再往上提升。

　我說服我母親再次過來和我們同住，因為拉吉也在公司忙得團團轉。接下來的幾個月，我在我的辦公桌忙到早上六點。然後每週至少有三次，我會在早上九點搭乘準備好要接送我的百事公司飛機，和律師一起飛往華盛頓。我們和聯邦貿易委員會的工作人員見面，討論這件案子，並且收集問題。到了下午三點，我們再次登機，然後我在四點半回到我的辦公室。我分派任務去把問題的答案找出來，審閱前一天的答案，以及繼續進行我的其他工作。我大約十點回到家，再次坐在床上直到午夜過後，檢視郵件及列出待辦事項清單。我們的團隊在那幾個月忙得昏天暗地。

二〇〇一年八月，百事公司收購桂格燕麥公司的計畫終於來到投票階段，由四名聯邦貿易委員會委員進行表決。結果比數是二比二平手。這表示我們的交易獲得核准了。史帝夫和我有說不出地鬆了一口氣。

在這段過程結束後，我對聯邦貿易委員會的工作人員感到佩服之至。他們認真、專注，而且很快就學到我們這一行的複雜之處。他們一開始對這一行並不了解，但是看完了我們寄給他們的所有資料，並且提出艱深又發人深省的問題。這些聯邦政府員工的薪資不如我們這些私人企業雇員，而且在那些悶熱的夏季月份，和我們合作的那些人甚至沒有空調設備，因為他們的辦公大樓正在整修。然而，他們仔細爬梳我們幾乎有兩百箱的文件，而唯一的目的只是想保護美國的消費者，免於受到減少競爭力的反效應。這項交易受到非常徹底的審查。

我記得自己有一度希望所有的美國人能看到，他們的納稅錢在聯邦貿易委員會發生作用，因為他們會對於這種立意良善的工作感到驕傲。多年後，我很開心地接受邀請，在聯邦貿易委員會的一百週年慶祝活動上，發表主題演講。我敘述我和聯邦貿易委員會的合作經驗，並且為了他們每個人為這場交易所做的努力付出，獻上遲來的感謝。

在我們完成交易後一個月，我又換辦公室了，這次是一個超大的轉角空間，有十扇窗戶，其中有七扇在同一側，另外三扇在另一側。它在各方面都非常豪華，空間寬敞，還有漂

亮的淺色木地板，而且在我的堅持下，擺放了我在百事公司第一週所購買的家具。辦公室很大但擺設稀疏，於是羅傑的一些舊家具，包括幾張沙發和椅子，就搬了進來填補空間。我感到我「著陸」了，不管那是什麼意思。

我也得到大幅調薪。當史蒂夫成了我的上司，而我成為總裁時，他注意到我的薪水並沒有調整，以便反映我在財務長之外承擔的所有責任。羅傑並未費心去處理這部分，人資部門從未提起，而我也是。

我熱愛我的工作，覺得能坐在那個辦公室裡就是一種恩典了。我覺得我應該要為百事公司賣命。金錢不是我的驅動力，而且我的薪資非常驚人。我想，和我在波士頓顧問公司的起薪相比。我沒有拿自己和我周遭的男士相比，後來我得知他們之中有些人，多年來都得到可觀的特殊員工認股權。我在這家公司的前六年，根本沒拿過像那樣的福利。現在新執行長給了我意義重大的底薪加給，而且詢問董事會給我特殊員工認股權的獎勵。

我依然納悶為什麼，這麼多年以來，我發現對於女性並未獲得和男性相同的獎勵，人資部門在這個議題上通常是輕輕帶過。為什麼他們容忍這種事？人資部門的主管是男性或女性，似乎都沒差。他們對那些有價值的多元化計畫非常積極，不過要是我詢問為什麼一位前途無量的年輕女性高階主管和類似階級的男性並未獲得相同薪資時，他們便覺得受到冒犯了。

羅傑並沒有提供公司飛機給我。

甚至在公司飛機搭乘這趟旅程的時候，而我臨時為進行一些美商會員委

旅程這對我來說具有某些象徵意義。我在百事公司一路走來，今天也正在宣示了我們那麼做的果汁之前，我總是搭乘商務差

而我臨時為進行一些美商會員委員會深度合作之前，我單獨一人旅行，在歐洲及佛瑞易委員會工作至今，看過其他飛機公司的福利，似乎沒有人注意或認真審核乘搭商務差旅，或許我應該那麼做的果汁之前，我總是搭乘商務差。

性別在本質之下完成，依然持續存在這種模式的員工。那群人資部門應該付給他們同工同酬的男性新資，和新資相當的男性單位。我確信男女性應該付給他們同工同酬，和和同事相當大約是男性的百分之五，女性的百分之八十，告訴我工作的女性，在我想法在我想地採用五點，這一點只是男性在我的世界。

門在總之場硬依候，我發現因為想要管理新資實際上人，人資部門應該付給他們同工同酬，和多產業的朋友談過一些。無論這是否地解決，百分之差距得到，而我在想法是否因為人資部。

吧。百分之九十五，薪資差距是以更整體上來說，我同為女兒來說增加美國女性的新資中位數，和男性的百分之五，告訴我工作的女性的百分之八十，差距得到只是男性在我的世界。

對於女部

我的情況，我身為母親，家裡有兩個小孩，而對她們來說，時間是如此珍貴。

　　我知道討論搭乘公司飛機，不只是和菁英主義有關。不過事實是，有數千架飛機成天在世界各地運送商務人士，尤其是假如他們任職全球性的公司。我一旦坐上百事公司總裁的位置，擁有了那種便利性之後，我在旅途中便更有生產力了。我在路上可以安靜地工作，擁有隱私權去閱讀機密文件，或是討論限閱資訊。飛機是一個飛行辦公室。我可以在當天來回的行程停留數個城市。

　　我比先前的工作時期更常回家吃晚飯，幫我的女兒們看功課。她們上床睡覺後，我會在家庭起居室閱讀及查看工作，而背景經常是關靜音的洋基隊賽事。

　　普莉莎是天資聰穎的學生，全國資優生獎學金的校內準決賽參加者，也是活潑又機智的年輕女孩。但是她的青少女時期並非一帆風順。對於一般女孩來說，這是一段艱難的時期，但是因為我，她的母親，她如此依賴的人，持續出差在外，而且當她需要我在身旁時，沒有任何彈性能騰出時間在家工作，這對她來說更是不容易。經過這麼多年後，她也不再喜歡聖心學院了，對於那些小圈子和女孩們在一起太久之後會產生的小口角感到心煩。

　　更糟的是，我領悟到拉吉和我以我們源自一九七〇年代、在印度的價值觀去約束她。當時在普莉莎這個年紀的女生，流行穿細肩帶的衣服，而我們不喜歡。我們要她在週六晚上八點前到家。我們質疑她為什麼不能總是找朋友來家裡就好。在當時，這一切對我們來說似乎平

功課。在這些年裡下來，把塔拉開心地在聖地的關懷。我們開始地關心聖地青年以就讀畢業之後，她就讀普漢大學，選擇去離家最愛她去上學時，她會順道載她去上班，我早上去主修地質科學，乃在保克州的寄宿學校。

來產生校，把高中念完，一切都讓莎莉現在回首，或許都在很合理。

別喊啦！世界上最愛她去上學，很喜歡這樣，但是這位老師，我想讓她去學校陪伴搭上午時段，但這是溫從來不曾地，我聽到的電話，不安的教學方法採取出來，取得印度學校聽到，越來越，很顯然地，我越好壞不壞，「很好，但是我們的媽媽」，清楚和老師數學，教師的方式，轉頭低聲大喊，我早上去世界上班。

方說，「我不斷著距離著：咕噥著爸爸，多年來這些老師教數學都會安排得很順利。」在某些老師教數學的方式根本搭不清楚和老師數學，我也上早上職業的，小挫折，而且我還是經常咖啡課，而令我大部分都錯過了，普莉玖心有很大景教我愧疚莉玖比。

勉強接受了這些，但是塔拉開始表示她希望我能當一個「真正的媽媽」，像其他的媽媽一樣出席咖啡課。我能怎麼辦？我打電話給學校某個和我比較熟的老師，詢問有多少位母親實際上出席了。然後我查出誰沒參加。下次塔拉又提到這件事時，我會一口氣說出她班上其他沒參加的母親有誰。這是我的應付方式，但是對我的小女兒來說，或許不是一個令人滿意的回答。

我在面對滿滿的工作壓力、差旅及不可能的行事曆之餘，還是設法確保我盡力當個關愛又投入的母親。在我女兒們的每場生日派對，我都會用滿滿的愛去規劃，也注意到每個小細節，因為我知道那些日子非常特別，而且稍縱即逝。我出席孩子們參加的每場學校活動或競賽，而且有五年的時間，我是學校董事會的活躍成員。我不認為我錯過任何一場會議。

假如有人生病或受傷，我總是陪在身旁，這是我的天性。從我為人母的早期，在普莉莎得到水痘、傳染給我，而且讓我的臉上有好幾個月都坑坑疤疤，我還是以超出拉吉認為必要的程度，安撫我的孩子們。有一次我放下手邊的一切，趕到學校去，因為普莉莎在體育課傷到膝蓋。最後我站在一旁，而這個女兒也告訴我，別害她丟臉了。這都沒關係，我要確保她沒事就好。

還有一次，我在加州時接到塔拉歇斯底里的來電。她在後院的籠子裡養了兩隻兔子，其中一隻死掉了。我竭盡所能安慰她。半個小時後，她又打來了。第二隻兔子也死了。她傷心

壓力貝或忘了有無法接聽電話的時候，她們就是那個冷靜的聲音，把我視為己出。她是聰明、依賴這家公司，她是我辦公室的小孩。我向來堅持女兒可以隨時打電話到我的辦公室，她們有時候在我會議當中聯絡我。

莎莉和芭芭拉出去喝咖啡，她們代替我工作上的母親角色，照料我的生活起居。我五、六十歲的助理，是我的支持者，無論我需要什麼，她們總是設法完成。本身沒有所有子女的派德西卡（Barbara Spadaccia），我也無法說明我在百事公司欲絕。我取消當天剩下的會議，我取消當。

我向來堅持女兒可以隨時打電話到我的辦公司，那天晚上我唱歌，以及禮儀式上分享莎莉出去。

我對塔拉確保自己不逕有缺席。今天好不容易回家，這個月日中某位芭芭拉代替我工作上的咖啡。她說很抱歉，不過這然後一個生活各種如辦公室的常客。

「」她擁抱我一次，我母親的女孩生活學校是但有所子芭芭拉。並不介意塔拉到家這個月曰中。

那大晚我唱歌，以及禮儀式上分享莎莉出生。

當史蒂夫而眼含淚是百屬害塔。並不到我家。

媽媽的時候？而投資人會共有遊行，她真是帝夫妻是百眶含淚是百屬害。轉別儀式某次在芭芭拉寫無法接聽電話是百執行長。行執長公司。我是總裁府，我們漸變成了，明友芭芭拉。有部分可以再過我們能，有原因是他。

「」她說很抱歉，不過那是好過這然後一個。次我母的女學校生活不到找客常到的生活學校是。為了錯有了一次我們不能交的。

的雙胞胎和塔拉同齡。他盡量在每個週末都陪伴他們。我記得有一次開車去寄宿學校看普莉

莎・史蒂夫在塔拉放學後去接她，送回我們家。我不知道有哪個執行長能這麼熱心伸出援

手。

　　我們的代理人全都是在我們的孩子生命中非常特別的人，支持、鼓勵及關愛她們，而這

些人對我們所有人都扮演著如此重要的角色。畢竟，養育一個孩子需要全村的人同心協力。

　　我在百事公司的工作基本上是無止盡的。我從不曾在晚上睡覺前心想：「我明天該做

什麼？」我總是趕上進度、回答問題、向前邁進。我有一次在週五晚上飛到莫斯科，協助一

支年輕的歐洲團隊，為他們想進行的某個我國併購案建立令人信服的邏輯。兩天後的週日下

午，我在登機回家時感嘆地說：「你們知道我放棄了我的週末，大老遠飛到莫斯科幫你們準

備下週五要給我看簡報嗎？」

　　「我們知道，」有一位回答。「感謝你當盧英德，我們的老師。現在我們對於如何面對

總裁及財務長，盧英德的超高標準，感覺好多了！」

　　同樣在那些年，我開始對百事公司的整個資訊系統，進行一場大型整頓。這個企劃案源

自於一場危機。二〇〇一年春天的某一天，菲多利的訂購系統當機，我們必須在忙碌的陣亡

將士紀念日週末即將來到時，雇用數百名臨時員工來處理訂單。未消化訂單堆積如山：在假

統行長。觸及我的結論是，我們在百事公司有很多人來，把一次的收益性不只有百事公司有很多像這樣的系統，而我們每天收到超過十五萬筆的訂單，光是付款人力根本處理不完，資訊科技的系統越來越不可靠，而且維修的人都退休了，我們不得不完成這項技術升級。

最先進的資訊系統為臨時支付的項目，這套全新企業資訊系統是我們的資訊科技及核心。《沙賓法案》的要求，我們財務長成功會。

公案上放了五年多，應該就是史帝夫，才能每年簽署這個每個月我們需要的這種一份每年花費三億美元，有好幾個會十五萬的核准文件。我和資訊部門及五億美元的總計畫的時間，但這是其他詳述了整個計畫。而這只是外部顧問如完整計畫。兩個月合作的計畫，我後在金個月後，我在⋯⋯的辦。

有三十個人已經簽名了，我是倒數第二個需要核准這份文件的人。史帝夫是最後一個。

我知道當他看到我的簽名時，他也會照做。

　　我不能這麼做。我無法在我尚未完全了解這麼技術性的內容時，便正式核准十五億美元的資本支出。所以我就按照我的老方法，開始做功課。我買了所有我找得到的企業系統、程序圖、資料倉儲及主資料管理方面書籍。在接下來的六週，包括十二月及新年假期，我全部看完了。我取消了我們的印度年度旅行，家人雖然抗議，但是也不得不接受。到了一月，我帶了一份問題清單回到團隊上，他們回答每個問題之後，我就簽名核准了這項花費。我們花了超過七年的時間建置這套系統，資金則是來自賣掉百事公司在我們的上市裝瓶公司所擁有的部分股份。

　　我認為領導人在簽署任何文件之前，需要了解他們核准內容背後的那些細節。這和信不信任替你工作的人無關，而是關乎基本的責任。別當個「轉嫁者」。

　　我想替我工作的人最後會感激我看過他們送給我的所有內容，這既是尊重他們以及他們的工作，也因為它是我的責任。我知道我用問題把別人逼瘋，不過這是我的工作。我希望能做得徹底。

　　但是把我的皇冠留在車裡的事呢？

她指出，沒錯。首先，我認為，無論我們是什麼樣的身分，或者做什麼工作及家庭的穩定，說著無論被代用的重要的話，當然無數的方式去了解我。

然而，我一樣忙著成就，以及我為百事公司擔任總裁的那些年，在那個角色的時候，我先生及女兒、兒子，就像人感到，因為事業成就，以及我為百事公司擔任的事業成就會說，我擔任百事公司總裁的第一年，在家的時間前往印度旅行，那些關係根本不夠，我想去我。

當我們對我們說到家庭之外的成就，假如我想把男人讓我分享的重要性，就如我母親有價值及名聲，就身分我如何給予那天。我認為男人是丈夫，是父親及好消息就是，和我最親近的那天晚上，在那個角色的時候似乎得到的人分享一點。無論我是否被任命為家庭的穩定，無論我是否代用我們的重要的話，當然為百家庭的位置說得。

然選都說到有種頭銜感覺無關緊要，所以我都享受成功，假如母親有價值及成就升成就值得升或獎勵，有時候似乎得標的男性和遊戲對女性來說是有意義的重要的是這種模樣不同無論多分享之情，在命為家庭的位置說得。

當我們說到家庭責任或家庭工作或家庭責任不得成得就有升和這種愛情和遊戲對女性來說是有意義的，重要的是有意義的。

然選都說到有種頭銜感覺無關緊要，所以我都享受成功，假如母親有價值及名聲，就身分我如何給予那天。我認為男人是丈夫，是父親及好消息就是，和我最親近的那天晚上，在那個角色的人分享一點，也分享之情，在自己家庭自然了解別人的方式去了解我。

尤其對不得好像，是重要的，容易取得什麼做做，尤其對不得不像。

男性來說，要看清楚這會阻礙我們所有人的發展。為什麼不讓女性在生命中的每個部分發光發熱呢？為什麼不能在我們表現得好的時候加以讚揚呢？我們在女兒小時候，都想看到她們贏得運動賽事或拼字比賽。所以為什麼當成年女性在職業運動場上有所成就時，我們會用她們是否在家裡表現也一樣好的評論來貶低她們呢？

不可否認地，女性在這方面也沒有幫助自己或彼此協助。我知道說得比做得簡單，但是我們真的需要停止追求完美。我經常覺得，就算我在企業世界取得影響力及權力，我在經營家庭方面還是失敗了，因為我無法多待在家。現在回頭看，我有點傷心自己居然花了那麼多時間在擔心這件事。我有一度覺得受到女兒不斷砲轟，說我的工作是如何耗費心神，於是我告訴她們：「好吧，我辭掉百事公司好了。我的心和你們倆在一起，顯然這一切真的教人吃不消，我會放棄它，待在家就好。」在那個當下，這似乎是一個重大的決定。不過這時我得到了支點。「不行啦，媽！你不能辭職！」塔拉說。「你那麼努力工作才得到這一切！你要勇敢築夢，媽，勇敢築夢！」普莉莎希望有兩個我，一個她能依靠的、專心投入、永不缺席的媽媽，以及一個她非常引以為傲的執行長母親。我希望有這種可能。

然而我必須學習讓我們的這些情緒波動就這麼過去。或許這也是母親的角色特有的感受。我超級投入及關心我的家庭，而且無論我在外面做什麼，我依然扮演著吸收每個人的情感的重要角色。有時候我覺得自己像受氣包，每個人的麻煩事都歸咎於我擔任百事公司的高

家種權力，即便我努力處理這些情緒，子說得好。拉吉經常開玩笑地告訴我大，我知道他自己的名單上，配偶排在最後——百事公司、百事公司、百事公司，然後才是我，而且排在職業婦女公司的最後。我認為我自己非常幸運能嫁給拉吉。

多年來，我實事上總是開玩笑地說，為了我拉吉越地共同攜手確定他知道他名單上配偶的名次，然後他總是排在百事公司、百事公司，然後才是我。但是，我知道這是我們的婚姻最後能夠維持順利的唯一原因。他是你的配偶、你的母親、你的百事公司地位，而且排在職業婦女公司的工作原因。

初為人母時，我們都為了小孩的整個家庭以來說。我確信你遇在名單上的名次——然後攜手確定他名單上配偶的名次，然後是你的配偶、你的母親、你的百事公司地位，在職業婦女公司維持順利的唯一工作原因。

子女是支持我以及重新安排做得永遠優先。我覺得我們仿佛是一份能抵銷旅程這一點。我知道這是我們的婚姻最後能夠維持順利的唯一原因。「他說是你的配偶、然後必須親自面對時，他們才是你能夠面對艱難時要能面對刻。」

每一步，這工作的任何而當需母有小孩的對象是先當妻子，是以及重新安排做得不順序。有時候不對，而當高階主管受到愧玖，有時候我對來說「一天要百事公司更甚於其感。他說是你的配偶、然後必須親自面對刻。」

我想告訴也讓我看看那些朋友所依靠的，說話的對象是先當妻子能得從不對——讓我覺得不及，我們大的差異，發洩情緒。有時候找人傾聽我說，而不是別人。

不受到批判做了我走過而至。我批判做錯的孩子面對刻。我有我。

親密的摯友，我在印度、以色列及美國認識的女性，她們可以讓我絕對地依賴，或者只是聽我訴說我的煩惱。她們不是我的家人，不在我的工作生涯裡，而且我絕不可能覺得我必須令她們感到佩服，或是以任何方式證明自己。她們分別住在不同的時區，而這點似乎從來就不成問題。

「車庫裡的皇冠」說法也適用於權力與謙遜之間的廣義關係。對於那些在職場往上爬，最後的角色在工作及社會上都賦予他們真正權力的人來說，這是驚人的一課。

這些年來，我開始在家族之間對我的工作輕描淡寫。當我是中階主管時，他們能輕鬆地和我交談，讓我做自己。我一旦晉升到資深階級，有些人開始待我有如陌生人。他們設想我會忙到沒空和他們說話，或是太重要而不和「普通」人來往。其他人則憎惡我的成功。這一切在家族中造成某些不安的氣氛。

我的調適方法是把我的觀察、經驗和壓力都放在自己的心裡，而不是說出去。在我回家或是陪伴家人時，確保我的心情愉快。當我在思考一些決策，可能影響到數萬名百事公司員工、全球的消費者，或是可能影響全球市場的財報時，要這麼做就難上加難了。不過我認為為了讓我在工作以外的生活能保持正常與平衡，那種方式有其必要。

同時，我的職業非常有趣。我很擅長這份工作，而且我設法協助帶領一家非常龐大的公

必須承受許多。因為在這個世界裡，顯示女性權威與金融尚未受到完全接納，對許多人來說是需要時間慢慢

度，在商場多顯示這個政府領導人的事上。我們了解導層的挑戰，

女性領導的事上，我是同等讓人在領金融界以對法這容易做就能配備過

權力挑戰，女性比男性許多總導人要包括喝茶和搭拉

光在爭上游時多，因每個領導者必須有名和出色和塔拉

許多總導人要開疆闢土的世界人都在看著我寫現在我來到這組

的輕慢總是會因為總權力的每個領導者認識有這場領領導盛會

慢。依然是需要時旅行、學上學只好缺席這場盛會。

女性要做的事，及工作在這個世界上其他的事上。我是同等讓人打電話給我。我給我的讀者深切失望，我熱愛百事公司，感到熱愛百事。

我在十五歲時做我會想像我在二〇〇七年獲印度政府頒發的第三級公民榮譽獎——蓮花獎（A. P. J. Abdul Kalam），卡蘭總統親自頒發，這是我們的產品以及我們的家族偉大狂想。在德里的藝術、科學、法律家、科學獎、榮譽獎的盛會上來到這組領域裡氣勢宏大。

只好缺席這場盛會。我們的家族飛過來頒獎會，告從美國總統府頒以及社會。我認為這是某種榮耀的偉大狂，我們的家族從來沒有承認我們有

在我領導百事公司時，有一次我在墨西哥和一群男士下了飛機。移民署官員逐一歡迎我們：「歡迎，甲先生。」「歡迎，乙先生。」「歡迎，丙先生。」「嗨，茵卓亞。」

女性顯然必須花很多時間在外表上，無法在這方面便宜行事卻不會危及可信度。但不光是如此。我在數百場會議上發表談話，總是要擔心我是否能舒適地坐在安排好的座椅上，因為它對我的連身裙或裙裝來說可能太深或太低了。我曾經穿著同一件漂亮的藍色蓮花禮服，在紐約參加了兩場正式晚宴，而中間相隔了兩年。我聽到攝影師的議論，希望我能買件新禮服，讓他們能在他們的圖庫裡替我建檔。那場晚宴的每位男士，身上穿的可能是十年來所穿的同一件燕尾服。

我有一次登上了《格林威治雜誌》（*Greenwich Magazine*）封面。我穿上我最愛的亞曼尼外套，讓我感到優雅又自在。我心想我看起來挺不錯的。然後本地的薩克斯第五大道百貨公司有位銷售小姐打電話給我，建議說在未來任何重要的照片拍攝之前，我可以去找他們打點更時尚的造型。「穿外套是上一季的造型了，」她表示。「這樣可不行。」

女性的聲音太高或太低，或者她們的外表太矮或太高、太胖或太瘦，都不適合擔任出色的領導人。這些批判讓我們精疲力盡。我們知道當我們聽到針對其他女性的這類評語時，外面也會有很多人在談論我們自己。我認為女性要謹記在心的是，我們必須衡量我們的權力（無論是哪一種）以及社會的期待，而且無論如何都必須記住，我們並不完美。

有了這麼多方式來分析它，我還是忘不了是誰說了「車庫裡的皇冠」那句話。

那天晚上在廚房裡，我母親依然一如以往，在兩種想法之間拉扯：既想看到她的女兒在外面的世界展翅高飛，又想確保我扮演好盡責妻子的角色，滿足於照顧其他每個人。當我還是個小女孩，她要我發表演說，假裝我是印度首相。她也擔心要替我找到丈夫。

一隻腳踩油門，一隻腳踩煞車。

出去奪下皇冠，但是把它留在車庫裡。

二〇〇六年四月，拉吉暫時離開工作崗位，回去印度照顧他罹癌的父親。我想念他，而且很難過得知他那個總是非常支持我的父親來日無多了。身為家中的長媳，大家期待我要出面幫忙。但是我那位善體人意的公公堅持，我要待在家裡照顧孩子們以及我的重要工作。有將近六個月的時間，拉吉成為他父親的主要照顧者，直到他在二〇〇六年十一月辭世。

那年八月，拉吉還在印度，我決定休一個禮拜的假，花點時間一個人待在家。我的計畫是放鬆，整理家裡，還有陪塔菈。普莉莎去緬因州找朋友。我沒有別的事要煩，只是期待睡到自然醒，假如我有辦法做到的話，還有看書和整理衣櫃。

但是在二〇〇六年八月七日週一早上，史帝夫出現了。他進來廚房，拿著他隨身攜帶的

小筆記本坐下來，告訴我他要搬回達拉斯。他告訴我，百事公司的董事會打算提名我當執行長。

　　三個月之後，於一八九八年首創、最具代表性的百事可樂美國供應者，就會由我來領導了。

　　我震驚不已。我知道他們有一天會考慮由我領導這家公司，但是我不知道史蒂夫會這麼快離開。我們培養出自在又富成效的合作節奏，而且我們經常開玩笑說要一起退休。

　　史蒂夫告訴我，有一架飛機在威斯徹斯特郡機場的百事公司飛機棚等我。上午十點鐘，我已經在飛往麻薩諸塞州的離岸小島，南土克特的途中。董事會的提名委員會主席，約翰・阿克斯（John Akers）在那裡度假，他想正式告訴我這個消息。當我降路在南土克特時，約翰穿著短褲和馬球衫，登上飛機，告訴我董事會的決定會在週六正式批准。他祝我好運，並且說他以我為榮。我們握手。他離開了。

　　然後我再度起飛，前往十五分鐘航程之外的鱈魚角，去百事公司國際營運部主管，麥克・懷特（Mike White）的避暑寓所見他。我們是好朋友，而且我知道麥克是這個職位的另一名候選人。事實上，在幾個月之前，我們在一場會議中被要求離席，因為董事會要討論一個「機密的議題」。

那天我們剛到那個小鎮，我們剩下幾分鐘的空檔。我們當然於是前往當地的一間唱片行。我把兩百首受歡迎的流行歌曲都選進我們這個緊密團體，還有任何一首流行歌曲。麥克在羅傑斯任何一個晚上，十五首流行歌曲很多是由主唱的〈My Way〉、唐‧麥克林（Don McLean）的〈美國派〉（American Pie）。

美好時光。我們然後於我們共度的那些時間，把假期前的時間我們共進晚餐的時間，談到這些年和廣告主的〈澤西男孩〉，當了一場又一場堅持成為唱法蘭克‧辛納屈的秀，每個都奉獻給百事公司，也就是這些年來和我們共譯的《澤西男孩》（Jersey Boys）的那些秀。

我真心希望麥克能在生命中選有許多可能的希望，我真的把這個緊密團體選進公司裡，然後我時常想，許多時候都留在我的心中許多的評語，晚上五十首歌曲的主辦我辦公室和百事公司的同事，還有很多是非利多的K之夜，或是隨著歷經西男孩的對著。

我後來打電話給我回。然後麥克開始在百事公司編目的焦點。我獨自度過海邊散步以及變克能克開車載我去劇場式的鋼琴演奏，兩年待在他的兩年時間，他立刻說他會給了一個，眼中帶淚，他立刻我會讓他去機場，給了我一個，讓他飛回來，給了我一個。

方才情緒，我撐得了。我獲得了確保在當天的時候回到家，擁抱什麼。我既興奮又會臨行保證出去的如及那緊張初在我身旁何處置眼看著我打電話給我回。

我想到我的美麗家庭，以及對我來說，可能有很長一段時間都沒得休息了。

　　二十四小時之後，一切開始運作了。我負責宣布事宜，而且必須協助規劃、更換執行長是極度機密的事，因為市場對策導權轉移可能會有所反應，只有少數人能知道發生了什麼事。我邀請法律總顧問、公關主管以及人資主管到我家。我們精心規劃宣布事宜的要點，以及給員工、零售夥伴及子公司的信。我們字句斟酌。我們必須讚揚史帝夫的成就。我們必須展現穩定度及有條理的轉換。我們必須樂觀又有自信。

　　到了週四，我打電話給普莉莎，讓她知道下週一有非常重要的事，需要她出席。她有點不情願地答應穿著得體地參加。塔拉在家裡，對這一切發生的事感到很好奇。我不能和她們任何一個分享我的消息。

　　到了週六，我私下通知我母親，她和我弟弟住在曼哈頓。她的當下反應是「喔，我來打電話給史帝夫，叫他不要離開。」她說。「他會聽我的話。你有太多事要忙，還要照顧孩子。你不需要更多責任了。」我輕聲細語地勸她先別這麼做。

　　二〇〇六年八月十四日週一早上六點，新聞見報了：百事公司由女性執行長挑大樑，一個標題寫著。另一個標題是，百事公司由女性領銜演出。我在印度的家人告訴我，那天的新聞報導都是我，無論是報紙或電視。許多年前在馬德拉斯，那些無法停止哼唱〈好吃，好

麼。

司，員工大會當天就像一頓好吃的自助餐。我們開口觀看在公司有榮焉的百事公司員工男孩子氣的外甥女，勇入公司的姪子，感受到與有榮焉，成一排，讓我們然後我開口觀看在餐廳，觀看捲起袖子幹活的事。心想，這發生的事。心想，這自信公司已經轉播是一場出色的全球性。

拉吉，我說，我們帝史帝夫陳旋風，對他們男孩子氣的外甥女，讓它變得甚至更好。我附近站成一排，讓我們的外表看起來精神奕奕又充滿自信，不過這一切對他們來說是一場出色的全球性。

我感受到這份工作的重量。我的外表看起來精神奕奕又充滿自信，不過在我的內心裡，一種事實慢慢浮現了。

9

我不想再經歷一次冗長的更換辦公室過程了。我有一間很棒的轉角辦公室，我的第二個家，在早上滿室陽光，可以看到下面的樹在秋天變換色彩，遠處還有亞歷山大·考爾德（Alexander Calder）的作品，名為〈脫帽致敬〉（Hats Off）的巨大紅色固定雕塑。我愛我的簡單辦公桌，我的大會議桌，塔菈會在那裡寫功課，還有我種植在大型亞洲陶甕的盆栽。玻璃架上擺滿了家庭照片以及我的旅行紀念品。

然而，史帝夫要離開「執行長辦公室」了。那裡的空間一樣大，位在走廊的另一頭，曾經也是韋恩和羅傑的角落。我在那個辦公室開過許多會議，對那個權力所在的位置總是畢恭畢敬。在一側有一張笨重的桃花心木辦公桌，另一側可以算是客廳，有軟墊座椅圍放在一張玻璃咖啡桌旁、一條波斯地毯以及一個壁爐。整個地方散發出傳統美國企業權威的氣氛，讓人回想起掛著整排肖像畫的私人男士俱樂部以及煙霧瀰漫的銀行家集會所，那種幾十年來，據說真正的交易發生的所在。

我該怎麼辦？我必須讓大家看到，我取得了執行長及董事會主席的位置。我有片刻納悶

那，我是否需要重新整修那個空間？然後我決定把這古老兩個優雅配備的辦公室，然後我決定保持原狀。我請人把壁爐和牆上的木鑲板拆除。

作，我覺得深入參與得以及各種資訊科技重要百事公司的執行長辦公室，以供我忠心耿耿的人使用。

論及各種營運種口感，然後我覺得自己很清楚。我曾總裁可能性和可準備采用的決策，包括在公司的執行長辦公室，以供我把回報向原狀。我請人把壁爐和牆上的木鑲板拆除。

現在回想起來，我也感到不安。

結構及優勢，如何在實驗性的玉米片上路走遍全公司，我曾替百事會人及少喝過的馬鈴薯口味，幾過的生產工廠，十二年，擔任過全球瓶裝，知名品牌，公司併購及全球經濟商獨立起來過，成上市公司，去三位領導人工。

了解百事如何推選我為未來的執行長，我對我知道而且也世過去三位領導人，飲料廠也，我能替各地拜訪財，世界各地拜訪財，熱情參與和探討。

但是我達成的是內心的願景及夢想，現在回想起來，我在二〇〇六年十月二日當選為百事公司的執行長，以執行長的身分走進這棟大樓。

我領導大家達成最重要的目標，對它表達尊重，小缺點也獲得掌握，讓我們的投資人及，我能替公司的，當董事會替公司，我對百事，我能世界各地拜訪財，我。

有一種許多高層領導人都試圖解釋過的奇特感覺：我就像是鬼抓人遊戲中的那個「鬼」。我覺得好像等每個人都在看我，等我告訴他們接下來該怎麼做。

我忽然成了更多人矚目的焦點。我是《財星雜誌》五百大企業的第十一位女性執行長，這個小俱樂部包括了eBay的梅格‧惠特曼（Meg Whitman）、全錄（Xerox）的安‧麥卡伊（Anne Mulcahy），以及朗訊科技（Lucent Technologies）的碧翠莎‧魯索（Patricia Russo）。我也是來自開發中市場的有色人種移民女性，接管一家非常知名的美國消費者產品公司。這使得我成了大家眼中好奇的焦點。

在一開始的幾個月，媒體的注意力不斷，而且令人精疲力盡。我有一次和某位點頭之交的紐約資深記者閒聊，而我一直沒忘記那番話。他說我成了眾人的矚目焦點已經有一段時間了，媒體樂於終將我塑造成聰明又跟眾不同的新執行長，這一來當那些無可避免的麻煩找上我時，我會跌得更慘。他警告我，遊戲規則就是這樣。

到目前為止，我和媒體的關係一直都很不錯。我早期任職在百事公司時，沒有公關人員，不過我和華爾街分析師談到我們的策略及財務，以便他們為投資人報告分析百事公司股票的展望。身為財務長，我每季都和相同的分析師及投資資金管理人開視訊會議，提出百事公司的數字。我發現這一切都是非常誠摯友好的慣例。

在桂格併購案之後，我的形象大幅提升。《商業周刊》刊載一篇報導，拿史帝夫和我的

我經常在報章雜誌及其他地方，看到關於百事公司相當明確及真實的報導，儘管會寫他們可能想盡全力和管理這件事。

我覺得雜誌的封面和我二〇〇三年因為某種實在的封面式各種方式。因為比較我對夫是執行長的狗狗有好勝場表現，這是特別焦點為，他這種性格，用花拍攝關於史上大領導下的百事公司相當明確及真實的報導，儘管媒體都會這樣來說對我的照片放在公司的文章，引用他人的話把述了我們的百事公司當比述了我的照片放在而且「絲以美的方

通訊及公關部門的作法。我總是特別留神，把重點放在我身上。「當比此引述了我們的百事公司口號包括「開會時史帝夫呈現我們的

巾便讓自己冷靜下來的女性文章。我及馬拉松選手那篇報導說我們是第一位有著商務印象的習慣。「一直以來看及呈現我是非主流的服裝走，令人奇特的別人。你從沒想過高階主管會出比起來史帝夫的

式導領紗的軍陸戰初有別的做風。我在回頭看我明白這是自己的男性成員及權勢。我說我們會到特別。「對於這篇文章有心結不等的我到是會到你絲毫不覺得的

國海軍陸戰隊如何比較做現。我在回頭看的男性，我明白這是我們次體會到別人，對我會到特別。「對以來看及呈現我們的

題聲動，而且和我們的新聞差距甚遠。有些記者基於流言寫出報導，內容並非屬實，而且在公司裡引發一些難以平息的雜音。然而，即便媒體對於像我這樣的公眾人物造成這些難題，我依然深信媒體是民主的重要元素，必須加以讚揚及培育。我會鼓勵報導公司的記者對於他們的核心任務重新許下承諾，進行詳實的報導及分析，並且花時間去學習他們所報導的複雜企業及產業。作家不該為了戲劇性的標題而犧牲故事的本質。精確對我們的系統運作來說非常重要。

　　我在二〇〇六年坐上執行長的位置，媒體再次激動地讚美我身為女性及印度移民的異國情調。他們描述我身穿紗麗，有時還加碼赤腳。打從二十五年前，我在芝加哥的博思艾倫漢密爾頓實習之後，我從沒穿過紗麗去上班。有時在辦公室時，過了晚上六點，我會踢掉腳上的鞋，和差不多每一位穿跟鞋的女性高階主管一樣。

　　在我接任之後，有一篇《華爾街日報》報導下的標題是：百事公司新執行長有話直說，在第一段描述我身穿紗麗，唱著〈香蕉船〉（Day-O）來讚揚哈利·貝拉方提（Harry Belafonte）。事實上，在二〇〇五年的一場多元與包容活動中，我簡短地介紹貝拉方提先生，然後我們大家一起合唱〈香蕉船〉。當時我穿著商務套裝，繫著我的正字標記，一條飄逸的絲巾。或許他們以為那是紗麗。

　　我先說清楚，經過那次不舒服的面試，我在耶魯的珍·莫里森的辦公室，淚眼汪汪地和

所以她辭職去照顧生病的父親。安沙諾（Anne Cusano）有一段時間是我的助理，她的離職彷彿讓我失去了右手。她的母親有些依賴她，因為她的丈夫不幸在幾個月前過世了。雖然她為百事公司服務了二十多年，如今退休而退身，我非常幸運能請來她，有伴所謂。

這也包括在走馬上任的第一週，我堅強執行長的領導者。我必須確保我的團隊就定位。有些人因為某些事的緣故，有時候反覆無常。我認為我的團隊必須確保得到誠實的團隊反饋。這是一件棘手的事。

一家比較典型的美國消費品及飲料公司，可能被視為他其來有自，在美國商場上臨到某種怪異的印度及經常被形容成某種族群社群的新創湧現的局外人。我支持這是印度裔谷的新創湧現，把頭抬得高高的，我聽過一次。長久以來，當我得以展現自己領導的領導統御，酷愛傳統印度服飾的印度人在自己的班行上像我這樣把自己穿得亮麗得體，我終於能領導公司，這樣的印度服飾裝飾世界第二大在。

曾經是史帝夫的行政助理。

安很懂得如何處理執行長辦公室衝突及變化不斷的優先順序。任何人來找她溝通時，她總是面帶微笑，不過以沉著的態度扮演守門人的角色。她的小孩已經長大成人，所以能靈巧地應付母親的身分及工作的壓力，而且自然得到塔菈及普莉莎的喜愛。她的助手是潔恩．尼斯基（Jan Niski），一個和氣又有愛心的人，能協助安發揮她的效率。她們倆共同負責照料執行長辦公室的事務，從早上八點到晚上七點，處理每天收到的大批郵件及電話。安協助我直到我離開百事公司。我無法說明十多年來，這些女士是如何讓我的生活井然有序以及保持理性。

我把我們的國際事業部門財務長，理查．古德曼，拔擢為百事公司財務長。他備受敬重，一絲不苟，而且不怕提出他的看法。同樣地，我說服百事公司董事，前通用汽車高階主管，辛西亞．楚道爾（Cynthia Trudell）加入我們的行列，擔任人資長。我想要一位營運高階主管來協助我重新思考，我們的人資部分在未來幾十年的程序及施行。辛西亞有很棒的想法，經常在董事會會議上表達。我需要她在我的左右。

很重要的是，我請前美國司法部副部長，賴瑞．湯普森留下來擔任我們的法務長。不過他必須是我的選擇，不是出自史帝夫聘用他而延任。上市公司的法務主管是執行長最親近的顧問，幾乎知道每一件事，而且廣泛參與董事會事務。賴瑞很安靜，總是傾聽及汲取周遭的

我的早期貢獻。對於經常要應我們的會場，我也想和當地年輕且謹慎地來的十二年，而且我和演講撰稿人準備詳細的團隊，進行這個商或女性和我十分能走過，目前我能走上正軌。此外，我所有的簡報文字都具有正確性，而他的演講必須包含以⋯⋯

斯露頭角的（Sigalos）開始最後，我開始的角色為了我在企業高階主管之下，我從輪流擔任的執行長，滿地成為我重新聘用的新團隊。他個人在台曼谷、他從紐約的傑出旅途回紐約，西加⋯⋯（John

記錄一份後續事項，確保它們都獲得妥善處置。

假如這樣還不夠，我的幕僚長還有一項非常重要的任務：照料我在公開場合的需求。座椅是否適合女性呢？我在講台上應該穿袷裝或褲裝？背景顏色是什麼？免得我無法融入或顯得不協調。我是否能吃到素食餐點？最重要的是，我需要休息，才不至於讓馬不停蹄的活動搞得筋疲力盡。我想他們在任期的最後都累壞了，不過每個人都能更深刻了解全球執行長辦公室的內部作業。

在我下台時，我能覺察到支持者及詆毀者，有熱忱、憎惡，以及部分懷疑。這家公司的國際團隊很高興我擁有世界觀，而麥克．懷特依然是他們的主管。百事飲料及菲多利的高層主管很快就接受我，而我和這些人都共事多年了。羅傑及史帝夫都在我身邊，不過他們放手讓我去做。我永遠感激這一點。

當然了，有少數人忠於他們對百事公司的看法。有一位寫信給史帝夫，他很氣董事會居然推選了一位和過去的執行長有這麼大差異的人。史帝夫回了一封出色的信，敘述在所有的方面來說，我都是經營這家公司的不二人選。

在我的夢想中，我為百事公司打造一個新世代。我想像一家二十一世紀的代表性公司，能走向未來，以扎根於美國為榮，卻依然富有全球性，也能敏捷地反映變遷的時代。那種企

但是這百事公司產品非常重大。我們的營運，這是當時公司以及百事當時是指標性的整個產業，遍布一百八十多個國家及領地。那些公司生產及行銷十七種品牌，都不斷運送到國家及領地。說我們的產品每天被人們吃喝的營業額，超過十億營忙。

份的營額超過十項這

那個造東看到公司所啟發我能源部的習慣，在印度的賣可度的情，早上史帝夫進入我在社會上的正式訓練，以及接手這一切。離開我家廚房之非營利社會公司和教導我民主引導它發展中的世界主義資本主義的企業。我在那世界的研討會互動，以及研組織及公司必延在。

作，打造一個更美好的未來。開眼界研究原子能源受我在社會上的印度部的賣可度讓我見識所影響，並且發展目短暫地在榜可樂合併那年美國五百大公司成功在。

孟童新思幾十年後，只剩下非常見。我深受它在社會上的目的正式執行長約大五年，九六利訓練，並且執行長之十多餘行發展目短期五年還在榜上，我民主引導模式將新發熱而已。我想象本主義的企業。那世界的研討會互動，以及研組織及公司在。

須重新繼續十年後長業，五十的長存承續不常並不見。美那利及許可樂合併是百大公司以及美國五百大公司必延在。

是造成美國，甚至全世界的肥胖、高血壓及糖尿病的禍源。我們併購了桂格燕麥公司，開始增加我們營養供應。我們減少反式脂肪。我們在純品康納裡添加omega-3。我們讓全糖飲料退出校園。然而有鑑於我們的企業規模，這一切似乎微不足道。百事公司依然被視為垃圾食品公司。

　　公共衛生專家、家長團體及政府都施加龐大的壓力。不過消費趨勢也帶動健康的訊息，甚至在我們自己的公司裡也十分明顯。有一次我在埃及和我們當地的領導人及他們的配偶共進晚餐，其中一名女子告訴我，她有多抗拒讓她的小孩食用我們的產品，因為裡頭缺乏營養價值。這真是誠實得嚇人，對我來說也是有用的資訊。有人在她的家庭收入要仰賴百事公司時，還是如此直言不諱，這強化了我該著手處理這個問題的迫切感。

　　就連我們的高層主管也改變了習慣。有時我注意到，我是在會議中唯一一個喝全糖百事可樂的人。我也感到挫折，因為我必須據理力爭，以便為我們更健康的品牌取得更多行銷支持度。我不只一次指出，假如我們自己都喜歡低熱量飲料及瓶裝水，我們為何會認為其他人不會有這種轉變？我們都是消費者。我們當然應該支持消費者決定，不過我們的行銷及革新決策必須反映出時代的改變。

　　我們和可口可樂的競爭對事情沒有幫助。可口可樂沒有食品部門，但是可口可樂與百事可樂的對決深植在大眾的印象裡。我們的決策及股票不對被拿來做比較，任何分期都會令市

袋、健康全都在浪費，不但是我們的資源，唯一的。

在我考驗所之處，我也擔心百事公司及其是在垃圾收集的那所有的的發展中及新瓶罐和包裝新鮮和百。

樂（Naked Juice）公司名稱以及得相關的執行長，因為計算成本之後，以便帶給幾年知道有任何顧客，我們放棄了百事公司擴大又多這些產品和這個比較符合產品和可汽水可能性的可口能。然而，樂無法形象改成和我們綠化的性水晶，我們無法花上億美元在這區總部隔開來，桂格燕麥片，在思考標部的地址，我們的高安事洋芋片或百萊性考慮及推出高層安全的百萊代表慰誌及高獲利的百萊代表慰誌的營收，然是高額的營收，而百萊細和百事計層市。

看著進行不過到壓力，意外或擔憂場可口可樂比其進行國有實上或擔心。我方行事實上，這不可否認地，大約一〇六年，而不是看著我們同家公司的這兩家公司改變我們百分之七十五，可口可樂公司是看我們做出我們公司的營收收真實的是被我們的同名的產品組合，困在可口可樂是長期被困在可口可樂戰爭的產品組合即飲料帶以來，我們爭之中可可即飲料總大約百分之氣餒料分析師及碳酸飲料的就計只占百分之五十的可口可樂料便受歡迎占百分之七十五的的飲料中歡迎程度逐漸下跌，我們料分析師及百事公司百事公司漸下跌我們的百事公司銷售額的營收，依然是高額的營收，而百萊。

百事之四可口樂我比著進行不過到壓力，意外或擔

場，我都看到廢棄的塑膠及包裝。這不可能避免，我感到很難堪。

讓我覺得更糟的是，約莫在那段時期，我收到了兩封信。第一封是東岸州的美國立法團體寫給所有消費者包裝食品公司負責人的信，希望大家注意廢棄物被沖刷到他們的海岸。「你能如何協助呢？」我記得他們在信中這麼問。接著我收到一封信，裡面有一張北大西洋垃圾帶的照片。那是漂浮在海面上、由垃圾集結而成的笨重小島，從一九七二年便受到追蹤至今。照片裡都是飲料罐和加工食品的包裝材料。我認出有些是我們的瓶罐及洋芋片包裝袋。

我後來在《國家地理雜誌》看到關於那片垃圾帶的報導。不過那張照片喚起了我內心更深的責任感。在我長大的家庭，每週一小桶的垃圾都太多了。現在我指揮「便利文化」，一次性使用及丟棄習慣成了主導動機。

當我和我的資深高階主管談到那封信及垃圾島時，並沒有得到太多的反應。我感到異常孤獨。這並非天外飛來一筆。艾爾・高爾描述氣候變遷的紀錄片，《不願面對的真相》才剛推出，整個世界都在談論這個地球。不過我想呢，對某些主要的百事公司高層主管而言，包裝廢棄物的問題感覺太龐大了，是需要科技突破才能解決的事。再者，他們想得沒錯，便利文化深植在我們的社會中，需要大費周章才能改變。

對我來說，第二個令人煩惱的環境議題是水資源。我打從心裡明白水的價值。我們在馬

重要，卻忍受乾澡十五年，在清奈百事公司，我看見我父親的生活受到德拉斯的父親又乾淨徹底的水流，以及水龍頭流水，每天開關所控制。我看見每天在公用水井旁等著清洗的婦女，我看著他們排隊，把瓶子裝滿水，以及水龍頭流水，每天開關所控制。我看見我的鄰居，等著清洗的婦女。我必須使用可樂或其他飲料，都會流通使用。我必須找出如何加強其他社區，協助改善其他社區。我必須協助改善其他社區，我覺得我有這份去協助區去協助區。我必須使用可樂或其他飲料，都會流通使用。我的工廠極有可能抽取五點二加侖的水，才能製造出一加侖的可樂。我必須找出方法去協助找出如何讓我們的工廠節水、省水。我看著我的鄰海中，我必須找出方法，把其他的工廠的工作會節省，加以節制。

人但使用的是乾淨的水，就越覺得我們的水管理下，我們的節制管得我們的水管理方法未來，就公司的未來。我必須使用它必須反映出我的計畫，它必須反映出它必須反映出我的計畫。我開始裝瓶工及波士頓地區，我所能辦到的文化，對關於大型文化，對關於大型企業的省水及這個世界有益，以及市內的距離，我的明友轉多。

諮詢，型人悠久的事情連結起來，我越想越覺得百事公司發展出一個可理解又通用的資訊。它原來的樣貌及名聲，我所熱愛的企業，十年的智慧，我們要讓企業服務數十年的智慧，我決定以企業服務出數個管理變動以及企業服務。我要把百事公司服務出一個可理解又通用的資訊。我必須把百事公司的樣貌及名聲，我開始裝瓶工及波士頓地區，輕對我們的企業效率，高的省水效率，而在市內的距離，以及市內的距離，我的明友轉多。

最後，我決定我要以前進的方式在「目的性」的續效的保護下，重新思考這家公司。

這是我的作品。我們會達到出色的績效，正如大家對百事公司的期待，不過要替我們未來的工作增加三項規則：培育人文及我們居住的社區，強化我們的環境，以及珍惜我們公司的夥伴。這不是企業社會責任或聚焦在把我們的錢送出去的慈善行為。目的性績效會改變百事公司賺錢的方式，把我們的事業成功維繫在這些目標之上：培育、強化、珍惜。

培育的重點放在人類永續。我們要負起責任，餵養人們及社會，貢獻更健康的飲食，推動消費者做出有見識的食品選擇。我們必須繼續支持我們稱為「對你來說很好玩」的品項，例如原味百事可樂及多力多滋，不過找出要如何減少其中的脂肪、糖及鹽的含量。我們需要提升我們的「對你來說比較好」產品，包括零熱量及低熱量的選項，像是椒鹽脆餅和健怡汽水。我們還必須進一步創新及行銷我們的「對你來說很健康」產品，包括各種果汁、茶飲及燕麥。

我們的新目標立意高尚，不過有一個大關卡：滋味。我們製造的每種產品都經過多年的優化才得到美妙的滋味。現在我提議的是，我們修改配方及食材，減少組成那種滋味的基本元素：脂肪、糖和鹽。這造成了複雜的技術挑戰，也帶來絕大的機會。

強化代表的是確保環境永續。我們必須重新思考我們如何使用能源及水資源，減少包裝的塑料，建立回收系統。我們必須協助我們的農業夥伴，在農耕時使用較少的水量。我們必須減少溫室氣體排放。我們需要和全球的人一起努力，恢復這個地球的健康，而且不能繼續

道要錢，我認為如婚姻及孩子甚至一切方面，我面臨這些現代化的男女湧入的職場，吸引支持及留住頂尖人才的事業行為並有相襯

認為健康順利運作。所有珍惜的人都能成長茁壯，這些現代化的心態，提供他們迫切需要的協助。見到年輕人把工作及家庭結合在一起，有一個提供支持及留住頂尖人才環境，並有相襯

我知道這些現代化的瓶頸清洗及灌溉法。這些地區的事業行為並有相襯，除非一讓我們一切

法清單新的想法，全等待地球暖化的更多警告。我們必須保持開放的心態，現代化的瓶頸能開放卡車，持開放的心態，對我們這些在能順利運作的人

女性必須用某些借用某人如何及孩子甚至一切方面，我珍惜這年來——雙手提供龐大的壓力，協助到年輕重要的男女。這些都是重要的選擇：一個能提供他們迫切需要的工作及家庭結合在一起。

或許必須用某些借用其中那不適合，這些是——我面臨這些現代化的心態，他們見到年輕人把他們的父母也過相同干禧福的工作，除非一讓我們一切

「。

的性啤化，現在吟化，伴著眼睛不適合，了荒謬的有如企業外的角子老虎一般，翻到後給我的賬單上表示：「以及它」毫無可信度可言，而且有聲太

這個嘛，我猜想它觸及了某些人的痛處。

在我上任不久後，我便前往德州普拉諾的菲多利三角造型總部，召開我擔任執行長以來的第一場員工大會。禮堂擠滿了人。我談到我們的辛苦工作與挑戰，並且讚揚菲多利在公司的影響力。我實施了目的性績效，然後在與資深團隊進行的一場個別會議上，我把這一切說明清楚。

這是一場實驗。菲多利的經理人總是抱持懷疑的態度，通常反對來自自己公司以外的主意。但是我知道我需要他們的支持，因此我讓他們成為我的主角。經過了一場有趣的討論，他們答應隔週來跟我分享他們的想法。我抱著審慎樂觀的態度。

三天後，菲多利的執行長及策略主管飛到帕切斯，告訴我整個團隊有多喜歡目的性績效。他們明白而且同意，是該展開我們的艱難任務了，讓我們的產品更健康，同時保留它們的味道以及菲多利的所有樂趣。他們尤其熱衷於油電混合卡車及太陽能，而且明白目的性績效能成為很棒的招募工具。

我也和德瑞克·亞契（Derek Yach）分享目的性績效以及它的所有組成要件。他是全球健康專家，曾在世界衛生組織工作。德瑞克曾大力批評我們的產品及環境影響。我認為來自自家的批評會有助我正確行事。我聘請他來協助我想清楚要如何改變公司，以及和公共政策

正式認可這些改變可以溝通。

當我們開了幾週後，我的對象是世界各地的百事同事。在已利和奧州的斯克德，我認為這是我提出很大膽的方向，但它是對我們來說是重要的事。

我開了目的，我談了世界各地的百事同事，各自在那次提出的方向很深思我們的歷史，再次提出我們賺出的錢色的夥伴我們的性續效，這是重要的。

執照我們營運的執行長。我談到，但是我詳細說明了目前四個強店家總理人——一個飯店的大膽的品牌，他們準備放在無關緊要，我再次提出這份書，我參加這個會，這是對我說來是重要的。

假如我們就無法達到變化的事。我們揭開了目的面紗，多小時深思我們公司消費者可以繼續做的性放假——假如我們不把重點放在能讓大家在工作環境工作上，展現他們的能力——改變我們的品牌、能力——以及參加，我們增加合出做這。

這是一個而最棒的員工總能者會，而最棒的員工能效運。執照我們就無法提供資金讓大家在工作上展現的能力，改變我們的組合以迎出做伴我們的性續效，這會活這。

我用盡所有的循環，全體起立時，全體起立歡呼。你可情性與感情發表到不到續效。我根本沒針對在當地篇演說：我想要以完成的目的，他們有人都感受到我的誠摯話承蒂就無法相輔相成。

我鬆了一口氣，準備讓它正式上路了。沒有人都感受到我的誠摯話就無法而且斷善。

體了。是一而最棒的國家會總能者可以消費者，結果造。

我對公司有信心。我認為有了私營企業，這個世界變得更好。這不光是因為它們增添了穩定度，也因為它們帶來創新。公司打造工作機會，提供產品來滿足人們的需求。它們對稅收做出貢獻，並且建立社區。

不過我也相信，公司必須同時具有道德及商業敏銳度。有些人會覺得這很奇怪，一位現代的執行長會如此努力嘗試，讓公司超越這樣的概念：一家好公司的存在是為了在法律界限之內，讓股東開心以及打敗競爭對手。不過公司只是獲利中心的觀念是最近才有的。自古以來，公司對於它們在社會生根立足並且遺留資產，感到萬分自豪。沒有任何企業能在一個失敗的社會獲得真正的成功。

我相信公司對社會造成的影響，需要透過企業計畫寫下來，而這不能是後見之明。對商業及社會有好處的事情必須相互搭配。

我根據目的性績效想出了一個策略，簡單又周全，能帶領百事公司走進未來。我相當驚訝菲多利的經理人一開始便接受了，而且我們的全球領導者也都喜歡它。當我和我們的董事會成員詳述細節時，有四位表達支持：迪娜・杜伯龍（Dina Dublon），摩根大通的前執行長；雪倫・沛西・洛克斐勒（Sharon Percy Rockefeller），慈善家及華府公共電視台WETA執行長；曹文凱（Victor Dzau），當時的杜克醫療體系主席；以及艾伯托・伊巴古恩（Alberto Ibargüen），騎士基金會執行長。艾伯托在為這場對話做總結，說這感覺像是讓百事公司任

們有督促一家重要的是，我也很高興於我前走的唯一合理方式，我處於有利的地位。

我繼續讓百事公司產生更多續效目的，以輕鬆得到那些廢棄物的較年輕員工。

他們對汽水和洋芋片有信心，回應明顯好想，任何可能影響百事公司短期的營收成長。

他們的投資組合經理人──有任何問題，可能影響百事公司短期的營收成長，不是表示他們能力吸引了我們。

他們是明天買下他們目標的天下。

他們的新進員工及員工，我們的答案。

最令人難忘，他們的股票及員工，我們正努力生產零食和飲料的性能目的危機。結果，我繼續讓百事公司產生更多續效目的。

假如他們對汽水和洋芋片有信心為他們的股東引以為榮，解決那些廢棄物的較年輕員工的共鳴。

他們的投資組合經理人──有些人非常清楚表示，假如他們對不同的食品及飲料公司有興趣，這個高層建議良心是否過得去，他們不過現在吸引去他們的親友及同天下。

「你想找德蕾莎修女嗎？」

「你以為你會去找誰？」他問我。

讓我繼續成長並推動組成的長及推動策略。

二〇〇九年十一月，我不斷考驗我的決心，以及激勵我所做的一切，而帶來十二年後我想改變我們所有決定，由美國最多的公司執行人，今令人滿意及推動的方向。

快的體驗。

商業圓桌會議，總計一百八十位成員，全都簽署一份聲明，承諾把焦點放在利害關係人，而不是狹隘的股東身上。至於有多少公司會明確提出特定計畫及測度來支持這份聲明，目前還有待觀察，不過事實上，他們為企業簽署更廣泛及合理的授權，就已經令人心滿意足了。我感覺得到了平反。

二○一九年，我有幸被納入史密森尼國家肖像畫廊的行列。我坐著接受畫家的繪製，在構圖裡，我背後的架上只擺了四樣物品：一張我父母的照片、一張拉吉‧普莉莎及塔拉的照片、一頂耶魯組織管理學院的棒球帽，還有一份百事公司年報，封面上寫著「目的性績效」。

巨大的改變沒有捷徑。它需要誠實、靈活及勇氣。我一旦投入改造百事公司之後，我感覺我的教育及經驗都聯合起來為這項任務效力。我準備好了。我知道該怎麼做。

重要的第一步是架構訊息，讓大家都能了解及接受。我到處宣導目的性績效，以直截了當的用詞敘述這場轉變為何不可或缺。「社會及消費者在改變，我們不能落後，」我在每一場可能的論壇這麼說。「這和我們如何賺錢有關，而不是關乎我們如何花用所賺的錢，」我又說。「這對我們的員工及他們的家人來說很重要。這是我們一起成長茁壯的道路。」

一切都非常順利。但是我也知道，沒有人會把我的偉大計畫當真，除非我聘用需要的人

熱忱的對話。

精彩的對話，我覺得我們完全契合。我興奮地提供這份職務給他。

丁醫學公司，武田藥品（Takeda Pharmaceuticals）及梅奧醫學中心（Mayo Clinic）。然後我遇到了馬赫穆德‧汗（Mehmood Khan）。他之前曾是武田藥品全球研發團隊的主管，首先在日本。他是我為日本報告的中梅奧生。

物這個新職需要科學背景，而且其實需要多種專業結合——不只是在百事可樂的技術及營養化學、生理學，或是人類怎麼吃，以及食品科學系統的中餐意點片，但百事。

我面試了幾個人，然後我遇到這一切在百事可樂的研發頭實驗室添加到一個全新的小組，並且從全球各個分散的研發部門，直到現在所需的財務來源。

是我的雄心壯志，我想百事可樂的任何重大的事業，包括在全全新的方向，才來到我們走向這個新方向，並且重新想像這些全球食品系統的中心，令人滿意的鹽分的雜行。但百事的鹽分很難行。

馬赫穆德婉拒了。他為何要到百事公司重新策劃洋芋片，他問，當武田製藥給了他那麼多自由，在藥品產業從事拯救性命的工作？說得好，我心想，不過我有答案：「因為在百事公司，你能品嘗到你打造的每一種東西。」我說，藥物研究進行多年，進展只有一丁點。和我們在一起，馬赫穆德能打造出百事公司的一整個部門。他會主導人們該吃什麼的對話。他對公共衛生會擁有無可限量的影響力。

他不為所動。幾週後，我們又進行了一次談話。馬赫穆德重申，要讓世人相信百事公司認真對待科學、熱量及垃圾，是一件多麼困難的事。「你有這份決心嗎？」他問我。我向他保證我有。沒有回頭路了。就我們企業的長期生存而言，我不認為除了這麼做，我們有任何其他選擇。而且我真的想要馬赫穆德能加入我們。

二〇〇七年十二月，經過了六個月的討論，馬赫穆德終於同意加入百事公司的行列，並且和他的家人從芝加哥搬到格林威治。他從一個相當節制的預算開始，在八年後增加了三倍。他雇用了幾十位新人，擁有一些百事公司從未尋求過的知識與技能：分子生物學、生理學、藥理學、計算機模擬、環境工程。他從默克（Merck）、杜邦（DuPont）及聯合利華（Unilever）找來科學家。他擴展我們在普拉諾、芝加哥、瓦爾哈拉及紐約的設施，並且在中國、墨西哥及俄國設立研究中心，找來更多不同背景及種族的人，協助思考我們的健康及科學挑戰。馬赫穆德的部門界定我們該如何以全新的方法處理飲食及文化議題，並且替全球

這個獎對我來說極具象徵性。

我們設實包含了二〇一二年的水設備和節約水的技術，和獲致全世界節約水資源的利用及再利用，和保護水資源的團隊的工作，為我們贏得許多榮譽，以及新的水管理署計畫，斯德哥爾摩水獎。我們在五年內都能省下這一百六十億公升的水。

研發部門和營運團隊合作的配方，也監督運送及包裝技術的轉移，以及新的製造方法，減少我們的水管清洗技術，探索新方法，不過減少食品所含的糖分、鹽分，重新調整含碳酸氣軟性飲料的配方。

產製3D洋芋片、單果份的甜菊包裝來調整現在的糖柑橘飲料的口味，讓人的舌頭嚐到甜度及創新的去除鹽的口味，卻沒有影響它的美妙滋味。同樣的，百事公司重新調整含碳酸氣軟性飲料的配方（Poppables）。

〇〇方，考慮及本地化思考及本地化的行動的道路清除障礙，在馬德里的道路，我們讓汽水消耗比許多有許多部分許多配……

達成的。我告訴人們關於我小時候缺水的事，發現在我們的全球公司有很多人都有類似的經驗。情感增強之後，任務就變得容易了。我們也擁有絕大的優勢，能夠把已發展世界的科學資源用於解決新興市場的問題。

以目的性績效的構想來改造百事公司，絕對不會在毫無外界的影響下發生。我們也要帶著這個產業一同前進，對抗這世界的健康及環境問題。我也承擔起這份責任。我接受邀請，在食品行銷協會，一個代表雜貨零售商的產業協會，發表年度會議的二〇〇八年主題演說，地點也是在斯科次代爾。我回到同一個禮堂的講台上，現在面對眾多的資深高階主管。他們掌控大部分美國食品供應，包括最大的包裝食品、雜貨及農業公司執行長。我首度以百事公司執行長的身分，向大家再次簡短地自我介紹。我提到一點關於我對我們的公司設下的目標。

然後我開始談到肥胖。在那個場地的人所代表的公司，年營收總計高達九兆美元，我說，這使得我們加總起來，成為全世界第十三大的經濟體。我們必須富有責任感地使用我們的影響力及資源。我們必須正視現代人熱量太多、運動量太少的苦惱，具破壞性的健康及經濟是我們社會的負擔。我們必須一起行動。

我提議我們都採用合理的營養標示，並鼓勵控制分量及運動健身。我談到適合走路的

記得領導於我相信，我們擁有更健全以及更安全，以及更樂於遊戲的商界，以及公民及發展中，以及發展正向企業「營養」的骨幹，這是全球系統有家長及蔣夫人的使命。不是萬分勉強，我就我們的關懷公民稅賦誘惑，而是需要集身分，我們需要推廣，改變龐大型企業提出計劃多變，可改變公司想法。

對手段，而是令我們擁有更合法，合法改善我們的企業界，以及更健全以及更樂於遊戲的企業界——這是公民及發展中國家最有權採取的方案。盡力系統有家長及發展，正向企業「營養」。

最後，市

臺得領導喜歡百事商導 Hy-Vee 執行長韓惠克的企業先，最有權採取的決策方案，Safeway 連鎖超市二十多年來的使命蔣夫人，這是令人感動的懇求。博德（Steve Burd）演說結束後，我以及中西部特別

記承諾基金會的倡議，健康身心協力滿懷熱忱，以及龐雜變革的行為，改變公司的軌

這個是持續後，我承諾基金會的倡議，健康社區健康計劃，和第一夫人盡心協力，協助減少肥胖，也協助熱忱。

熱絡人超過三百個社會正向企業有強大會議，並且贊助三百個社會正向企業，從組織，協助食品基金會，對於博德的慧心協力，以及龐雜變革最後，拿它當作改變公司想法。

國食品產業初那些創造不但引發福祉的進程，我們承諾基金的倡議，總已減少非營利食品及健康及健康後，我們承諾基金會倡議。

我營商領導 Hy-Vee 執行長韓惠克的企業先驅者而言，這是令多年來的使蔣夫人，以及今令人感動的懇求。

或許不夠。」

活動並且贊助三百個社會有強大協力解決並且贊助三百個社會正向企業，協助減少非營利食品及健康及福祉的進程，我們攜手的進程。

時，或許不夠。」這種種起來吧！「在三百個社會企業有強大會議，改變大力量之中，我們能前進得快速又有效率，當它和政府合作起來，五點且逐美。

我們前能給我社區健康的鼓勵力量。

我們所擁有最強大的力量。

廣泛授權的只是可能的，政府的發生的次數合作。

在為百事公司進行這些有系統的改變之餘，我當然還是沒忽略我的家庭生活。塔菈上中學了，普莉莎現在二十多歲，已經在上班了，但是正在考慮去念商業研究所。我覺得我有更多時間陪伴家人，但是他們沒那麼需要我了。我的通勤路程熟悉又輕鬆。我們為房子做了一些裝修、照顧花園，種植樹木和多年生植物。我們裝設了一座游泳池，雖然我沒打算學游泳。

　　我們家裡有幫手。我們的管家安東妮雅工作認真，茵迪拉替我們做飯，維持家人健康，替我們料理美味的素食餐點。這兩位把我們家管理得井井有條。拉吉持續出差，但是我們不用做那麼多行事曆協調了。科技也逐漸幫了我們的忙。我有我的黑莓機，可以在我出遠門時經常和孩子們說話。

　　我每天的時間幾乎都任憑我投入我那忙得不像話的工作。但是我從沒忘記家庭始終存在，包括替我工作的人。我們都來自某處。當我前往世界各地的百事公司設施時，我愛聽員工的故事，而且總是多花一些時間認識每個人，握手、擁抱以及合照。每當工廠或銷售部門有人想向我致意時，我總是特別留意。我覺得這對公司來說是很棒的事，每位百事公司員工都認識我，而且覺得我是可親近的。我想替我的角色賦予人性、展示這是每個人的公司。因為我遇見的那些人，以及他們如何邀請我進入他們的生活，讓我享受擔任執行長的真正意

義、珍惜。

我對他們的高階主管總是非常尊重、珍惜，我借著把他們找來，就把他們找到全員大會，讓他們和我女兒的個人認識，這從我在印度就認識這個機會，細節並非總是非常尋常。

有好幾次還沒陪她拜訪他們，二○○七年十二月，他們的同階高階主管就來過我們家。就像我們繼續發展，分享可能會影響他們的工作和我女兒的未來，讓他們能認識這個機會，細節並非……

任之後還要我兩度，她去度假，她拜訪他們，傾聽他們的資深高階主管把他們找來就把我找來，讓他們和我女兒的未來……

她去度假，她拜訪他們，傾聽他們的資深高階主管，我借著把他們找來，就把他們找到全員大會，讓他們和我女兒的未來……

我對他們的高階主管總是非常尊重、珍惜，讓他們來把我找來，就把他們找到全員大會，讓他們精進的想到所有高階主管，我想到此幼年有福的生活，他們忠誠及此服務公司連在一起，也誠懇地服務我。

……他們的年少歲月。當我回想起他們的父母，以及他們的祖父母，我想那個成長的環境，他們給了我能力，栽培我，讓我身為成長的勢力，可能調高調的美習與美國企業，讓他們精進的想到所有高階主管，我想到此幼年有福的生活，他們忠誠及此服務公司連在一起，也誠懇地服務我，令人喜歡。

我決定寫信給我的資深高階主管的父母。在接下來的十年間，我寫了數百封信，感謝那些父母讓百事公司獲得他們的孩子這份大禮。我也寫信給我所有直屬下屬的配偶，感謝他們和百事公司分享他們的另一半。我和我的幕僚長一起合作，替每位收信者寫出個人化的信件內容。

這些信釋放出很多情感。幾乎我寫信的每個對象都回信了，有些是很長的感謝信，有些是關愛的短信。我收到餅乾和一條漂亮的手織披肩。有些父母會開始到住家附近的雜貨店固定查看我們的產品，然後寄照片給我，表示他們也在替我們工作。我的高階主管們告訴我，有些父母每次聊天都會先問說：「茵卓亞好嗎？」

這些家長們非常開心能收到孩子的進步成績單，無論孩子的年紀有多大。而這些主管們也對他們父母的反應大感驚訝。我收到許多像以下的這種來信：

茵卓亞：

我想占用一點時間和你分享一個個人經歷。昨天晚上，我接到我父母親打來的電話，這在週間是不尋常的事。他們收到你寄給他們的信，想和我分享。

我很難得聽到他們如此激動。他們非常感動。「百事公司的執行長盧英德會在百忙之中花時間寫信給他們。」

承諾，表現在短期內、每一季都要達到——一定的獲利。投資人要求我頂期的績效，公司也必須如常經營，不能有失誤，這不過度表

超乎預期。

改造百事公司只是我身為執行長的部分工作——我也必須

最近搬到一個退休社區，有一位在他設立高階主管信箱寫信給我，告訴我他的母親從他六歲起便獨力撫養他⋯⋯

肯恩，感謝你的親切及領導。

感謝你的親切及領導。

我想讓這樣那些失明的母親。上週就如此無生氣

「了解我的禮物讓你知道比金錢更有價值，他們帶來希望他的父母還在世，我非常感謝他，能聽到他的聲音並分享這件事如此無生氣

對每位執行長來說，盈餘是滴答響的時鐘。美國上市公司必須提出每季財報，而且最好總是顯示好消息。當我從百事公司退休時，在財務長及執行長之間，我經歷過七十五份季報。每一份都要包括好幾週的討論、準備、正式視訊會議及新聞報導。

塔拉小時候變得非常熟悉我對家人的週期性說法：「幾個小時別來吵我，我要準備我們的盈餘公布。」這時她會關心地搓揉我的背，說：「別擔心，媽咪，一切都會沒事的！只是盈餘公布而已呀！」即便她根本不知道那是什麼意思。

在像是百事公司這種大型機構，達到成長目標是一個變幻莫測的謎題。我們的「頂線」，也就是營收，每年必須成長百分之四，才能讓投資人開心。這意味著每年要創下大約二十五億美元以上的銷貨淨額。

百事公司在史帝夫的領導下表現得非常好，桂格燕麥併購案相關的成本撙節帶來了淨利提升。開特力也大為成功。在我們的行銷及配送專長協助下，這個品牌一如我們所希望的大賣，在我們併購後的前五年，業績成長了兩位數。史帝夫使用交易支出，包括折扣及促銷，來取得市占率，有一段時間成效極佳。然而，過了幾年，銷售量衰退之後，開特力需要重新振作，因為那些折扣破壞了它的溢價狀態。

我們的生意也突飛猛進，因為全世界最大的零售商，沃爾瑪，在十年來的初期快速擴張，而且每家新分店都販售百事公司的產品。沃爾瑪是我們目前為止銷售量最高的客戶，而

史奇芬與夫婦、家庭和未來親自領導的努力是銷售

個極度困頓的市場。對我來說，這股力量來自

金融市場二〇〇八年的時候，我接任執行長。就在我接任的三年，把美國及歐洲房貸市場的需求完全改變了我們的總體經濟的危機在銀行界爆發起來，在那段時期，全球汽油的可口可樂在二〇〇四年所受到的商業環境品品格。尤其是沃爾瑪所謂的威脅到整個經濟將會學會如何在

退一一的開頭及新興市場中成長導致了我們企業的擴張到重大減緩經濟下滑、美市場加上用的日用商品價格下滑導致了我們企業的出重大減緩

來「北美洲將近三年，而美國及歐洲房貸市場的需求幾乎完全改變了我們的總體經濟的危機在銀行界引發起來，在那段時期，全球汽油的可口可樂中獲利並未在影響少了我們的內需也拖不下來的商業環境尤其是沃爾瑪所謂的威脅到整個經濟將會學會如何在

投資。北美持續了市場而且從這次碳酸飲料的整體需求水甚至更少了。包括汽油的可口可樂在內可口商品用的日用商品價格在二〇〇四〇年之後發生了所謂的威脅到我們企業做做的擴張到重大減緩經濟下滑至美市場加上用的日用商品價格下滑導致了我們企業的出重大減緩經濟下滑至美市場加了再下衰球——

丁小，我花了數週的時間，我接停下的開而且對這種口味的城市的，中幾次不過大行近其中相近並獲利

與挑戰的歡迎對這種額外的投資。北美來

何運作，我接任執行長之前包括不同的口味以及這些鄉鎮和人民做進一步的結構及其他的角色。我們清楚明瞭我的小冰箱藏戶拜訪這城市的商業歷史多開發機會訪問家庭食物拜幾乎進一步。

我清楚瞭解了中國的印度投資大多在成長導中也更清楚瞭解了中國更明瞭解了中國的幾座城市，在塔拉那些了解這個的多代地的同堂包裝下，

丁。如何運作，包括不同的城市，中國十幾次不同的家庭結構及其他人民做進一步安排是中在中國及印度投資大多讓我們更瞭解了解這個多代同堂包裝下

我讓我更了解了這個多代同堂包裝下成長家。

我們增加在中國的投資，然後是印度和巴西，包括三年內在行銷及配送方面投入超過十億美元。在俄國，我們於二〇〇八年早期以將近二十億美元買下水果及蔬菜汁公司，列別迪恩斯基（Lebedyansky），後來以大約三十八億美元，增購了該國第三名乳製品及果汁製造商，溫比爾丹（Wimm-Bill-Dann）的百分之六十六。溫比爾丹是百事公司自桂格燕麥以來最大的收購案，對我來說非常重要，因為它從營養產品，包括牛奶、優格和嬰兒食物，每年增加三十億美元的營收。

我們的「對你來說很健康」組合在別的地方也有成長。有一天，我接到我們在以色列的零食夥伴，史特勞斯艾列特食品公司（Strauss-Elite Food）執行長，歐法拉·史特勞斯（Ofra Strauss）的來電。她想在帕切斯見我，然後帶了一大籃的地中海沾醬出現，例如鷹嘴豆泥和茄泥醬，你想得到的都有。她把它們全部擺在我的會議桌上，再加上新鮮的皮塔薄餅，我們享受了一頓野餐。這些產品都是來自薩布拉（Sabra），史特勞斯剛收購的一家位於紐約的公司。那真是一場美味的組合，全都是素食，而且是我們在兩年前收購的史黛西皮塔脆片（Stacy's Pita Chips）的潛在最佳良伴。不到一年後，薩布拉和菲多利簽訂為合資企業，現在是薩布拉領導美國的鷹嘴豆泥市場。對我來說更重要的是，歐法拉成了我最要好的朋友之一。

那些類型的協議令人感到非常滿意，而且從大局來看，並沒有那麼複雜。不過我們也進

續俊，正如我所預期的，九八年非常複雜的協商：買回我們兩家公司的合作——買回我們兩家最大型飲料裝瓶公司的控制權。

基本問題在於，我們不斷和羅傑這家把北美最大型飲料裝瓶公司分拆成立的上市公司控制權，百事汽水的市公司控制權。

價格賣回可以本益我們不過這兩家公司並不完全產生效果。因為它拆成立的上市公司，百事汽水的銷售團隊銷售十年。

這時，我們的利和斷和我們傑合作——買回我們兩家最大型飲料裝瓶公司的控制權。

這樣人不安的妥協——百事公司完全致使生效果，因為它把當裝瓶業者以更高的價錢販售每只瓶裝汽水的銷集，因為它主要利來源的非常有競爭水的銷售。

裝瓶業者退出這種汽水市場——一種令人不安的那樣妥協，包括把花十八億美元提升他們的胃口難以實花包括未增加——百事公司提供這種增售的供裝瓶業者希望以更高的價錢販售每只瓶裝汽水的銷集。

我們然而以往更到出更多的瓶子。我們提高對酒精飲料絕對堅守這些原則。當交易完成和嚴著我們能籍由號立刻看到兩因。

公司有放棄的裝瓶的交易權控制。我們以這花十八億美元協助他們提升他們的胃口難以實賣包括未增加它把它的銷售繼續以非常有競爭水的銷售十年。

本樽節，不過是更重要的明界線。我們提高對酒精料配送的控制原則。當交易完成和嚴著我們能籍由號立刻看到兩因。

此樽權將在一場飲料事業的占賣用我們然而以往更到出更多瓶子。

丁成商得以在一場飲料和銷售競賽中永續行，我們習看著它維持久，我們的目標能為持住。

餐飲服務客戶，例如餐廳和其他販售飲料機的客戶，讓我們的頂線成長。我們能把花在和裝瓶業者爭論的時間，改為用在革新、新行銷想法及銷售產品上。

這次的經驗讓我獲益良多。我想回溯我們在十年前，當羅傑決定把裝瓶資產分割成獨立上市公司的理由基礎。有些觀察家看到了髮夾彎，但我並不這樣認為，而且經營這家公司不是靠感知能力。

當環境改變，企業需要不同的作法時，我必須鼓起勇氣，改變我的心意。這就是領導力。

展示。我不斷目周的鮮驢色彩及捷眼標誌傳達了什麼訊息？我們絕對掌握了原味、低醣度的產品在居家、分銷及家庭食品及

風味，以及合果榙注意到那些鮮驢的燕麥有快煮及鍋切種類項口味或純素十種選擇了。我們公司推出數百種普通的購物者。

工切開始營運時，我是到百事公司的幾乎完全變成了塊我全都即食統一名普通的燕麥方脆片大廳陳設。

那些燕麥有快煮及鍋切種類，全都即食統一塊燕麥樣品大廳注意到營養穀片，或是陽光及其他的每個家庭

Grovestand・傳統我的心態是冰星巴克星商品吸引如何擺放商品的每個家庭芬。

等參觀整家店，在我家附近的走道或許我推出幾有瓶裝車忽不住家特吉（Target）、Stop & Shop 超市的鞋子去其紐堡的產品，或是新谷車。

購物者。我而且通常是一處我挑選一賣我有推著買的採購人走進一家到某個空檔小時有幾個週末可山瑞吉舒爾爾適的鞋子去開車。

節、便利利商店。我會前往執行長談工作，零庭和未來

我是到商店一挑康乃狀的早期，我在郊約州或克附近的街或郊區的某處，在週末有幾小時的空檔是基斯卡，我會坐在家特吉（Target）、Stop & Shop 超市或是新谷的

我會驅車前往執任的式區證會驅車前

儲藏室看起來如何？什麼才適合這個社區的家庭？那些令人渴望的視平線擺放位置應該放什麼呢，對你來說很好玩還是對你來說很健康的產品？我感到苦惱，因為我們的貨架就算整理得非常整齊，看起來也是有點令人厭倦。

同時，我受到了新產品的吸引：地方品牌海鹽口味爆米花的簡單包裝，或是手工飲料瓶上的低調字體，全都標榜它們是天然、低熱量又無添加物。我開始明白為什麼年輕女子可能會試喝綠茶康普茶或椰子水，而不是再挑一瓶健怡百事可樂，即便我們已經添加了萊姆新口味。

商場瞬息萬變。有些生氣勃勃的利基品牌成長得非常快，但是假如無法擴張，它們就會急轉直下，產生泡沫化現象。同時，像是美國最大超市公司，克羅格（Kroger）的連鎖店，也增加了特別的健康與福祉區。我擔心這些連鎖店的購物者不會在店裡的其他地方看到我們的營養產品。

我喜愛觀察國內各地的超市。我有一次在佛羅里達州的一個退休養老村附近，有家美國大眾超市（Pulbix）的停車場，和百事公司美國食品部門主管，布萊恩・康乃爾（Brian Cornell）坐在車裡，觀看那些購物者。他們從電動玻璃門進進出出，有些有汽車停在路邊等，有些是開著電動輪椅。對老年人來說，購物顯然是一件愉快的事，大家會打招呼和閒聊。

個廣受敬重又應把心及幾個沒見過的觀點，最正式的所有產品及糖分的含糖食品及飲料產業都減半。

我是從事他的南店之旅，見過生活型態加州總部，正式的醫療養及健提帕庫，讓我回想起這件事。我說他真的非常親切，他和史蒂夫總部辦公室見面。我開始和史蒂夫談到我造訪的行程。

我說明我對他朝半的醫生較多益良多的收穫——為了解出色的工學院的見代及銀髮族也是說，那次的佛羅里達監視行談到我的好友迪恩·歐尼許（Dean Ornish）是賣的雜貨架上的產品，然後布恩和我然後水泡氣騰騰的瓶裝氣水來的勁的膠瓶我去店裡看我們的產品，然後布恩和我進去店裡看我們在貨架上的瓶子機回國家的產品，上的糖子。我想這些人要怎麼把我們有多難打開我們的百事公司審慎考慮這些進去組一支百事公司更緊張，有多麼把我們在貨架上看我們的瓶裝水，然後水來的勁。

我開始和史蒂夫說明他和史蒂夫很好的造訪行程，總令我獲益良多，為了解年齡的銀髮族的需求——一字學體、人體研究的機會，以及生活品質的延長。

我們關於食品的和健康總部的辦公室見面。我和史蒂夫好的造訪行程——一個研究的銀髮族里達監視行佛羅里達監視行說，Aquafina Aquafina和百事可樂和史蒂夫。

我就不成立了，才永續共同的環境發展。並且重新設計重食主義的好。「二○○八年，歐尼許我和史蒂夫。」我笑著說他旗下這歷史著夫，我笑說他們提他然後。

劇化的行動，我說。再說，人們喜歡糖。

然後我們談到設計。有兩個小時，我盡情感受史蒂夫把出色又經典的設計注入公司產品及文化之中的想法。設計是史蒂夫生活及思考的方式。打從一開始，設計便深植於創新之中，他說，而且無法在最後才加入。在蘋果公司，設計是一切。史蒂夫擔心全新的漂亮iPhone看起來及感覺起來是什麼樣，也擔心介面、配件、商店，以及誰可能會採取創新的作法，和公司合作。蘋果公司是一種體驗。使用者不只看到產品，他說。他們受到它的追求。設計是訴諸情感的。它會令人著迷。

儘管百事公司擁有出色的廣告活動、設計及包裝，還有我們所有美味又無所不在的食品和飲料，我知道我們離這種整合一切的全方位取向，還差得遠了。設計思考會需要涉入公司的每個部分。這會是全新的工作方式，研發、行銷及廣告、生產及配送的跨部門協調，而且需要投入更多的原型設計製作及測試。對我們來說，這會是一次激進的改變。設計功能需要培養及保護，史蒂夫說。「假如你不展現執行長的支持，那就乾脆別開始。」

我受到啟發之餘，決定我們要把設計當成我們產品的一個重要的示差器。不過首先，我必須了解我們在現況及夢遺之間的差距。我給我的執行委員會每位成員一本《當代包裝設計》（Package Design Now）。這是一本桌邊書，裡面有很多出色消費者產品設計的精采案例。那週稍後，我又加碼，發給他們優雅的棕色柔軟皮革相本，請它們把自己認為是好設計

我還沒有就要卸任，羅傑斯接任史帝夫不過接手分別領導百事公司的時間，對我說來也很重要。我希望百事公

且從這個更重要的策略性行動，我考慮接下來接任領導百事公司的時候，應該由誰來接手。美國上市公司的執行長任期大約是五部

門。接下來這個策略性是味道的科學，我們解決了和我安然做得在辦公室

年？最後又一個重要的行動，我考慮接下來接任領導百事公司的問題？平均下來的十年，我的職責大的總經理，也完成許多的績效，這些想法是我們的國際指導原則，把它們收購回來，而馬。

二〇一〇年，我把交回來的相片貼起來，我把執行放在北美裝瓶廠的轎子上，但這是設計，目的是完成許多出色的性，把它們收購回來的指導原則，而馬。

製作的結果像作拼貼的任何事物的相片貼下來的任何事，影印製作拍下來，我可以任何都可以。

我把交回來之中，有幾個男士請他人交了我的妻子去旅遊，十五歲那是平拿到什麼，它可以。我就說放在幾個顯然其中安者，思考椅子是設計，做出一個相，沒有一刻做最後一個設計鉛筆，沒有在認真做法去做，但這些想法的成果是在他們的浴室裡。我曾意識到牙齒拍下來，回到他們可以在他們的浴室三個月後，設計可以拿到雜誌上我的手上。

資深管理人之中，有些男士請他人交了我的妻子去旅遊，拿平那是什麼，都可以。我就放在幾個顯然其中安者，思考椅子是設計，但這些想法的成果是在他們的浴室裡。我曾意識到他們的牙齒拍下我在瓶業雜誌上的手上的

司可以運作順暢，在我卸任很久之後，依然能夠繁榮興旺。每一年，董事會都會檢討萬一執行長「被公車撞上」，會發生什麼情況。這是好的企業管理，我們認真看待，包括萬一我忽然無法執行職責時，所有過渡時期快速選項的精確細節。但是我們也需要有系統及嚴格的努力，去開發下一代的高層主管。我們在世界各地都有非常優秀的人才。

下一個領導百事公司的人就在那裡。

我們有某種的指導手冊。過去四年來，我手寫並琢磨一份機密的備忘錄，內容長達二十多頁，我稱之為「未來之書」。

這份備忘錄記錄了十項重大的全球大趨勢，我們認為這些能塑造我們在二○二○年及之後的世界。大趨勢是影響經濟及社會，極具主導性又不可否認的力量。在思考目的性續效時，我研究過人口統計學、社會學、科學及消費趨勢。「未來之書」概述這些內容，並且進一步規劃策略行動，以及百事公司在未來數十年所需要的能力。這份備忘錄也提出我們未來領導人的基本特質，包括精通數位知識、深入了解資源及環境議題，以及我們以前不曾著重的非美國經驗。

這份大趨勢備忘錄在將近十年後，讀來依然令人著迷。清單上的第一項是東半球及南半球的興起；第二項是人口統計學及權力朝年長者、女性及青年世代的轉移，還有市中心移民社群在美國逐漸增強的影響力；第三項談到飲食更健康的變化。第五項是無所不在的數位世

我們還要擴大飲料的整體努力。史帝夫以前在幾年競爭變得困難，以及對全球消費者賺取物者演化、第九項琢的大趨勢進度研究。當我們的組織結構的同時，我們也討論了我們對每一項網路使用及使界份文件，在二○一○年包含了我們對消費者的持續力。

每家營銷公司而為——的最大供應商成長。我帝夫的團隊以來都是總是將未來至兩百產業演化，組織結構的調論的時間，經常延長至兩到三小時的幾個月，我們對每一項網路對於這份文件。

公司而為——的談判之他。他們像是沃爾瑪。然而一個權力下放的新提到三小時的幾個月，我們的公司——面對於那些不同時代開發，他們都和我們的觀點。我們對消費資本主義及企業領導人在改變，我都能那時受起，對在這會面檢重視企業的信任。備忘錄上。

在傳統領域的項目——同樣地，百事公司——的力量，我喜愛互惠要我們的部門，建立各自想做的事，包含密合作的公司有那份鎮密的會面新視造。

例如那種公司也取得更有利的世界更加立一個更多改變，我都那能那時受起，在會面檢重視我們新視造。

所謂的卓越中心。我們也必須增加新領域，例如數位行銷、電子商務、設計及人工智慧，讓每個部門及地區都能取得世界級能力，不必付出重複的努力。我們需要大家跨越公司的每種職能來進行溝通及合作。

我決定改變資深階級的頭銜網格及呈報程序，給予高階主管更多的全球授權。我得到幾位已離職人士的協助。負責我們非美國業務的麥克・懷特離開公司，成為DirectTV執行長，我將他的工作一分為三。財務長理查・古德曼退休，由負責所有北美業務的全球營運主管，修・強斯頓接任。後來他成為非常出色的財務長，也是我的好夥伴。

這樣還剩下一個資深職缺。我們提拔更多內部人才，並且從外面找來幾位優秀人選。這場人才拼圖持續進行。

我們的科技資訊工作從二○○二年，菲多利的訂購系統故障開始。在這次的轉換期也有幫助。隨著每個新軟體上線使用，我們就能看到更多公司各部門的資訊流，包括零售商業績數據都觸手可及。我們能看到全世界有哪些產品、行銷或生產活動正在進行中，也知道它們的效率如何。這對成了效率的一大利多。我們能從任何國家取得最好的構想，必要時稍加修改，然後在其他地方施行。這種構想的負載平移及最佳實踐促進營收成長及獲利能力，最後在三年內至少帶來十五億美元的生產力提升。

這些全新合作在許多方面都帶來更多自由。我們開始使用即時資料來做出快速決定，這

受過
嚴峻
性的
批評，
我因
為這
受華
爾街
想修
補及
媒體
的品
牌可
樂的
瓶商
分析
師百
事也
說服
我加
注意
我們
的短
期財
務業

五年來在包括百貨商店、報紙和大眾可口可樂的品牌酒店，二〇一一年營收高達六百六十億美元的品牌，做出我們回我們要重金花六百億美元復利六百五十億美元之後，替它投資我們要重金花六百億美元的裝瓶廠有直接關聯的百事用，現在我們有直接關聯的百事用，說服我替它做好，我多加注意我們的短期財務業，但是我們的短期財務也經營品質

能夠起飛：二〇一二年一月，我宣布我們對我們的知名宣布我們的最後做出一個重大策略行動，讓我長期以來想望的百事公司

能夠
起飛。
長久。

這是可能造成那些人無法接受其他的公司。其實我必須承認，我令人目不轉睛的新系統的公司。對一些人來說，這是非常不幸的過渡期，極大了，其他職缺又要接受這些新程序的開放方法。有些是在美國有幾位資深員工，請他們繼續待在百事公司的資深主管必然認為這種資深員工不習得，我認為這些高階主管分享某些中階資

這些人可能在那些經理人退休

績及股票表現。事實上，我們的業績相當亮眼。從二〇〇六年十二月到二〇一一年十二月，百事公司的股東回報高達百分之二十二。而相較之下，在同一段時期，標準普爾指數下降了百分之一點二五。

大約在這段時間，我也必須向我們的一位激進投資人，關係投資者公司（Relational Investors）的勞夫・惠沃斯（Ralph Whitworth）作出再三保證。他買了六億美元的百事公司股票，認為他可能有辦法左右我們。我和勞夫在一家中城曼哈頓法律事務所的會議室見面，身勞都是律師及金融界人士，並且仔細傾聽他的顧慮。他說他需要弄清楚，我為什麼要買回裝瓶廠。我詳細說明這個策略。勞夫聰明又友善，而且經過幾次討論之後，他為我們的計畫背書。他告訴我繼續做下去。他不想再浪費我的時間了。後來他賣出股票獲取利潤，然後一直都是我的朋友和支持者，直到他在二〇一六年九月辭世。

當我們宣布品牌重啟，提撥一大筆經費給我們在北美的核心飲料，我又遭到窮追猛打了。對某些記者及分析師而言，這種新花費看似投降，將傳統汽水品牌重新組裝，完全違反我們推動更健康飲食的目標。

我並非如此看待這件事。我們駕駛一輛大車參加一場路程遙遠的比賽，我們必須確保引擎狀態良好。百事可樂、健怡百事可樂及激浪汽水都很重要。在美國每年七百億的汽水市場正在衰退，但是我們必須在這個產業保持競爭力，這是有利可圖的類別，為零售業者帶來

意要找他們直接談。我的需要見你在社交場合認識的人。

我為略為超過公司的百分之一。

我們沒有料到的尼爾森·佩爾茲（Nelson Peltz）——一位激進投資人而來。我們的主要競爭者增加汽水品牌的廣告，而我們必須跟上腳步。有趣的事才正要展開。

佩爾茲是一位激進投資人。（Trian Partners）的尼爾森·佩爾茲（Nelson Peltz）情。不久後，他打電話來了。我們得知，他持有百事公司十五億美元的股票。

我向他保證我會請我的百事公司團隊準備這份文件。他寫給森多年來他曾經過，然後……一天，他打電話來……

基金，也是全球金融……他們的命令為止。他們的報酬放進他們的錢袋。這是假的散戶股東權益不滿，繼續進了激化。有充裕的現金，十年之間有大把現金流進分子並未持格，是這種會積著仔細看完……然後……然後他們分別公開所謂的百事公司野人。

執行長金，也直到聽懂他們的命令為止。

佩爾茲是億萬富翁，也是這方面的專家。不過他們就居著公司的替百事。他們居著他人也能投資，他們能攪亂該期盼，他們能讓事情公開，他們做的投資就能攪亂該期盼觀點所的計畫，我想讓事情公開，他們也順利的留保守地。

說，算是激進的。他想把我們公司分成零食及飲料部分，然後把零食公司、菲多利和億滋（Mondelez）合併在一起。這家公司位在芝加哥，是奧利奧Oreo及奇寶Chips Ahoy!餅乾、Triscuit薄脆餅，以及吉百利Cadbury巧克力的製造商。尼爾森的基金擁有大約二十億美元的億滋股票。他說他會督促百事公司的飲料部門籌資，開辦獨立的公司。

這個計畫的每個面向都有問題。首先，打散百事公司會毀了我們非常成功的合而為一的力量銷售努力。其次，尼爾森讓菲多利結合一家餅乾及巧克力公司的構想沒道理。菲多利的業績成長是因為，它從人們伸手拿取餅乾及巧克力的甜點時刻獲取市占率。一家擁有各式鹹味及甜味零食的公司會自相競爭。這會是一場零和遊戲。再者，拆開百事公司肯定會分散我們的獨立業務，它們的動力會熄火。而且菲多利及億滋很可能會經歷長達一年的聯邦交易委員會反托拉斯程序，而我們無法確知結果。

尼爾森想要我們花五百億到六百億美元來做這一切，並且經歷兩到三年的混亂及中斷。這會毀了百事公司的競爭力。我們遭到弱化的公司會是我們對手的禮物。

儘管有這一切，百事公司的董事會、我們的資深領導人和我依然詳細分析尼爾森的白皮書，尊重地和他談，並且只要他要求，我們就和他見面。我提醒他，我大部分的淨值資產都是百事公司股票，我樂於見到股價飆漲。「假如你有很棒的構想，我會樂於傾聽。」我說。「但是我不想毀了一家很棒的公司。」

全球飲料行銷部門。

些人看，我取出以及蜂蜜及糖果的相關棕色的，我們相後來從世界最大的電玩公司，動視暴雪（Activision Blizzard）過來加入我們，傑德克曼（Brad Jakeman）——

我想對世界最大的電玩公司必須面是我的高階主管程度哪種機種，其中一項計畫。新型設計新產品，過視暴雪（Activision Blizzard）過來加入我們，傑德克曼（Brad Jakeman）——

思考的混亂 DNA，在那個經典媒體及互動媒體市場揭開——二○一三年，為了重啟、享受和我們的營養食品擴展組合，我們的品牌的名行銷廣告及行銷投注的龐大資金，為百事可樂公司及全球飲料行銷部門的團隊領導。

顧及前社群媒體及互動媒體市場，在二○一三年，比爾·強森（Bill Johnson）之後，他會成為新的董事會成員。卡夫亨氏公司（H. J. Heinz Company）的股票的收益，獲利超過百分之三十。

終於在二○一六年，尼爾森退休的二○一六年，尼爾森在推薦我們增加我們的營養食品擴展組合，以及目前的性繼續相關效成員，比爾·強森（Bill Johnson）之後，他會成為新的董事會成員。卡夫亨氏公司（H. J. Heinz Company）賣掉他的股票的收益，獲利超過百分之三十。

努力想說明我的觀點時，布萊德和我領悟到，我們必須盡快成立一個內部設計部門。我們需要一位有能力、肯合作又具代表性的領導人來負責這個新職務。

經過長時間尋找一位常任設計長之後，布萊德向我介紹莫洛‧波契尼（Mauro Porcini），在明尼亞波利斯的3M工作的義大利設計師。

我不相信進來我的辦公室的人之中，有誰比莫洛更有趣。我無法把我的目光從他的鞋子上移開：黑色室內便鞋上有紅色寶石，和他不拘一格的服飾及親切的笑容形成優雅的搭配。我們第一次見面，莫洛便滿懷熱情地說話。我感受到他完全明白我對設計的想法，用我一直找不出的詞語說明。我在當下便決定，這就是我們要的人。我想像這家公司會變成波契尼化。

莫洛要我打造一個和總部分開的空間，吸引世界各地最棒的設計師。我同意這麼做，於是一年後，位於紐約市哈德森街的百事公司設計創新中心便啟用了。它成了一塊磁鐵，吸引我們的高階主管去了解設計，以及研發和產品及包裝發展的交集。一個真正的良性循環。

我開始閱讀更多關於設計能為我們做什麼的書，然後欣然接受莫洛的建議，讓百事公司參加米蘭最知名的年度設計週：米蘭國際家具展。一連三年以來，這支設計團隊打造出不可思議的實驗性展覽，提升公司在世界頂尖創意人才心中的地位。莫洛主要是利用這個活動來招募新設計師。他主辦商務、食品及設計的對談，展現我們對於軟性飲料未來的構想。

我是個任務導向的執行長，也是愛車人。我立刻聯想到我自己參加過那場車展，找了拉波‧艾爾坎（Lapo Elkann），還有銅想不到的組合，例如讓人

我們有款咖啡機了，我理解達義大利，每次抵達符上幾天，將飛雅特旗下的汽車改造廠（Garage Italia Customs），由他旗下的500改造成我們的產品代表色，包括冰茶、咖啡……卡里姆‧拉希德（Karim Rashid），選有意想不到的組合，例如

那場的咖啡機鑑賞了義大利，而在那個全球設計手錶設計展示的特別在全球設計，盡可能集中匯集一年有點有點主題尷尬的花花世界，我真希望及設計，並希德拉玻……法比奧‧諾凡布雷（Fabio Novembre），把冰茶倒進咖啡色的代表色，包括卡里姆‧拉玻，Lavazza

我們的品牌相關的設計師把它當作我們整體當作一個開始嘗試的經驗。當我想到任何抓住人心的設計，我會振奮。

界的關係更是如此。百事公司和體育及音樂界擁有長久又良好的合作關係，我們相信這種安排能帶給人們無限喜悅的時刻，同時反映出百事公司的精神。我們選擇和擁有年度賽季的聯盟合作，而非像是奧運的週期性賽事。我們和國家美式足球聯盟簽擁有一份龐大的合約，在二〇一一年又續約了十年，內容包括和超過二十支球隊的協議。我們的公司名稱出現在超級盃的中場表演。場邊狂飲開特力。桂格贊助美式足球的青少年聯隊。即便我不曾和美式足球一起長大，我後來也愛上了這種球賽。和國家美式足球聯盟主席羅傑・古德曼（Roger Goodman）以及其幾位球隊老闆培養出友好的關係。

二〇一三年，我受邀在曼哈頓的《運動商業週刊》（*Sports Business Journal*）研討會上發表演說。我非常清楚記得這場演說，原因有二。首先，我說明我何以長久以來都認為女性在運動行銷上受到忽略。我在探索這個題目時，得到百事公司全球運動行銷資深副總裁，珍妮佛・史東姆斯（Jennifer Storms）的協助。她總是在思考我們應該如何發揮運動的影響力，建立我們的品牌。其次，當時的美國國家籃球協會副主席及營運長，也是現任主席的亞當・西維爾（Adam Silver），也在觀眾席上。

在演說一開始，我展示一份一九五〇年代的厚羊毛登山毛衣雜誌廣告。這個廣告上有兩位高大魁梧的男士站在山頂上，他們的下方有一位女士抓緊繩子。廣告文案寫著：「男士比女士優秀！在室內，女性有用處，甚至很討喜。在山上，她們就成了累贅。」

協會的未來，包括大螢幕帶到場生活中，我們的行銷及銷售設計特別包裝起來。我們發揮特別的蓄勢待發，在曼哈頓的國家公司都能做到。從場邊全都由美常帶到大廳，參與及洛列。我們如何在看電視轉播的同時協助推廣籃球。我們合作的飲料和品牌進行互動。我們合作的選項合作夥伴在百事公司的任務是把這些公司整體交易的品品那了。

韓之——一年後，開特力度及頂尖銳利，我們的演說之後，我如何在國家籃球協會設計團隊之外，沒有其中之最是在美式足球，我告訴他，我知道我不能打美式足球及籃球，我可能也沒有其他球衣，全部都是客製化為多精緻的我認為女性曾聽過的運動心得，我們公司要做的依然不——「我些非常，而且也多年來收到執行長而提出這種作法都尚未紅粉教練，我說以及女性變成改變我們公司有很多是只曾努力去認了當然發「而以我——他知道本能球業界，聽眾初。我認真的正的球迷，談到行銷者和她們的運動，她們的心時，這樣的女性越來越多，我們公司的名字也有消費方面的要求我們依然不……

我——些非常，而且也多年來執行的可能縮小女性運動變成經改……以我——品牌很多把去認了當然……球迷公司的品牌很多可能是……

處可見美國籃球協會器材設備的倉庫裡，舉辦了一場熱鬧盛會，亞當和我談妥了一份五年的再次續約交易，這使得百事公司品牌成為美國國家籃球協會、小聯盟、國家女子籃球協會以及美國國家男子籃球隊的官方食品及飲料。這是一大勝利。

我們也和紐約洋基隊簽下一紙新合約，包括在洋基球場有更多的看板。我只要有空就會看電視球賽，但是不久便發現我自己在計算我們的品牌出現在螢幕上的分鐘數，而不是了解賽事。每年有幾次，我會到場觀看比賽，我們的銷售團隊會確定我們得到額外的能見度。當時的洋基隊經理喬‧吉拉迪（Joe Girardi）有一次和我開玩笑說，他可能要叫一、兩名球員出去，這樣球員休息區才有更多空間擺放額外的開特力保冷箱。

二○一五年，我們和歐洲足球協會聯盟簽訂合作合約，增加更多美國運動行銷特色的奢華炫目手法，協助在歐洲美式足球提升品牌行銷。

儘管要面對工作及家裡的一切，我對運動的熱愛並未減少。我總是期待能去看幾場球賽，認識運動員，並且讚嘆在競爭激烈的運動賽事中，依然能有精彩表現的努力付出。但是這不全和大聯盟團隊運動有關。美國保齡球經營者協會（Bowling Proprietors' Association of America）是一個貿易組織，有一次邀請我在它的保齡球展（Bowl Expo）發表演說。我們的銷售團隊說，我們非常歡迎這項邀請，假如我們能和三千四百家屬於非營利團體的美國保齡球中心簽下食品及飲料合約。

業務及我接下這個職務八或九年後，維持聯繫的群眾，我覺得這次演說我自己一個人去打了幾次保齡球，以便我更了解了整體，經驗感受這非常有用以及呈現

我一如往常，為這次演說做準備，我覺得自己的領軍真的很不一樣。我和麥克拉斯加打保齡球的群眾，大家都知道我真正是我自己，我和各地的人員工交談，了解保齡球。

我們的沃爾瑪部門這下這個職務，我覺得文化在世界各地的吉姆·西尼格（Jim Sinegal）和麥克·杜克（Mike Duke）以及萬豪酒店的阿恩·索倫森（Arne Sorenson）的執行長，以及麥克·彭博（Michael Bloomberg）的執行優異

包括業務及我接下這個職務的研討工作及生活場所在世界各地的吉姆·西尼格和各地的萬豪酒店的小組，他們的臺灣及後來的道格·麥克米倫（Doug McMillon），他們對培養出高度的熱忱，變得更好。

我的觀點研討工作及生活活動，我不斷地演說我在生活場合上發表演說產業專題討論小組，而且也在由重大投資女性研討會以及做好企業管理商業

的家鄉·紐約·我也曾臨時上陣，布魯姆伯格（Michael Bloomberg）紐約市長臨時無法出席時，我不斷地在各種場合上演說。我獲得的演說效果在許多領導與受產業專題討論小組，我也在經濟學會總是受邀請在各地，也認識了其他人談論和賺錢的好主意，以及做好企業之間，以及高度的敬。

美國州政府及世界各地的性多領導獎項，我也在由重大投資和汽水稅有關的議題，保持活動及商度。

可·布魯姆伯格及世界各地的人談遊說將汽水稅的容量限制在我們。

十六盎司以下。汽水稅在其他的州及世界各地也紛紛出現，包括加州、墨西哥，以及拉丁美洲及中東的許多其他地區。我們設法確保它們是合理的，而且提議選項，例如豁免零卡飲料以及低於一百卡的獨立包裝。我覺得這些稅是關於他們要替地方政府帶來稅收，而不是限制含糖的汽水。塑膠容器徵稅也開始出現了，我們找到夥伴合作發展封閉循環回收系統，而這是一件艱難任務。我設法透過社群的目光來看待這些議題，這種方式讓我們的批評者得以信賴我。

我清楚表達的目的性。績效有許多即將出現成果了，雖然好壞不一，但是來自百事公司員工的那段熱忱讓我有了動力。我們每年出版永續報告，讓全世界看到我們在各種倡議的所有進展。我強烈感覺到這些報告必須在細節部分一絲不苟，在這些領域做出真正改變有多困難的部分，不能含糊帶過。我們的目標、時間表及報告的完整性，對我來說至關重要。

我們也著手裝修百事公司的總部，撤離那棟建築兩年。這次的大整修讓我們能規劃新空間，我們在公司裡增設了托育中心叫作PepStart，有特定的接送區、戶外攀爬設備，以及設計得很漂亮的嬰幼兒空間，讓他們睡覺、吃飯及學習。PepStart很快就招收到幾十個五歲以下的嬰兒和小孩，還有等待名單。家長為這項服務付費，但是提供這種便利及安心的福利是立即見效又持久的。我們在世界各地的許多辦公室也提供在公司內部及附近的托育中心。假如我在百事公司待更久一些，我會把這項福利也引進我們的工廠。

我國駐美國大使·尼魯帕瑪·拉奧采（Nirupama Rao）的邀請，在新德里向印度外交官發表演說。我熱愛美國，因為那些產品這些倡導農場以省水的發現，使他們思考，我是我的國家投資和世界各地的某些好處。有一位我承接的某些成功的所有職務。

我的總農場歷經帽旅之旅也有剩餘的產品，配送出的產品能採集水滴導人聚焦在農業，系統種植馬鈴薯發展，女性的女性，而我們政府的許多領導者，在中國領導奇想我們如何能在領域實施執行者會面。他告訴我他最早倡議了我的性承接成功，他也最早倡議了我承接的某些成功，大量管言不講謙少了糖分的非天造訪我的訪目性。另一方面而言，我給我做但

產品要讓這些倡導以省水的發現，使他們對話能。我是我得以聚焦在農種植馬鈴薯焦在農業發展，女性的女性而我們政府的許中國領導奇想生產，我們他們如何能在領域極具施行的公司及國家也熱情，效果將進行長時有機會討論和總裁相

許多人也感到驕行倡著隨合拍著例行公司傳奇時過去的內容品，他們的對好去。我是我的對話出生的女性投資和世界各地的許告訴我他最早倡議了我的性承接成功證明了我的訪目的清目。在受到我造訪目的性續行成效的公

大使·尼魯帕瑪·拉奧采（Nirupama Rao）的邀請，在新德里向印度外交官發表演說。我熱愛美國，因為那些

D·V·D·出所有甚至能更快就一方面來說，我覺得

情地談到我深信不疑的事：大使及總領事必須更努力加強經濟外交，作為他們政治外交的支柱。這是他們第一次邀請全球執行長對他們發表演說，而我給了他們很多要思考的事。

我經常提醒自己，由於我的地位，我和這些出色的人接觸，收到他們的邀請，而當我退休時，我的「朋友」名單會縮水。有幾個人的關係從職位發展到個人，但是不太多。擔任執行長以最令人目眩的方式開啟了許多大門，但是沒人這麼做，因為他們都是好人。這是關乎你能為他們做什麼。我也很清楚，每當我在一個不熟悉的地方下了飛機，我就必須以當地人的方式思考。對於合作成功的專案來說，這是非常有用的架構。

在美國的家，我曾受邀參加喬治·布希及歐巴馬兩位總統舉辦的白宮國宴，並且分別和布希、歐巴馬及川普三位總統參加資深商業高階主管的會議。在每次的會面，我總是受到領導人及他們的員工尊崇無比的對待。我也曾和歐巴馬總統同行，前往印度進行國事訪問，其中包括美印執行長論壇。在會議後，他邀請美國執行長到他的飯店套房，我們脫掉鞋子，喝一杯飲料，逗留了幾個小時。我們天南地北地聊，不拘個人或專業事務。他是我們之中的一分子。

我參加過的這些國際行程，對我來說最有趣的是二○一八年二月的非洲七天之旅。十年前，我答應我們的奈及利亞及烏干達裝瓶廠，假如他們在他們的市場上達到領導性市占率，我就會造訪，而且，當他們達成時，我不會讓他們失望。我也在很久以前就像我們的南非團

的合作關係，而無法協助解決了。

然後我最後的夜晚，和她和其他角色一起，在靈歌圖圖歌唱團（Soweto Gospel Choir）演唱。這樣女子公司的計畫中，我們的麥子公司就要展開，以天籟美聲因年莎瑪當。

秋隨機亂數抽了一趟非洲行，在上午的陽光下，我和康培拉這些國家的女性領導人見面。那是我們建立的公司適當在非洲以往更受食遠的農業資源和年輕人口——非洲大陸的人以及非洲的故事，讓我們自己接下。

隨後我去了一趟南非，我和葛瑞莎·曼德拉（Graca Machal）——就是尼爾森·曼德拉的遺孀——一起渡過了一個早晨。我參加了她在曼德拉基金會（Nelson Mandela Foundation）舉辦的一場公開基金會見面會。我感受到那種曼德拉的層級，在種族隔離禁了二十七年之中，也不怨恨，想透過教育和小生意讓人們自立。我看著非洲那些年輕女性如此熱忱，討論是如何創建自由的城市，而我想著，我們的城市——讓我們感覺自己跳舞及財務自由。我在那裡見到執行長羅貝（Sello Hatang），他想把她們當成希望，讓她們起來把她們的投資傳統所吸。

第三、四十年，我蔡覺我相信我會擔任執行長，是過去我們如何建立出色的，那是我們最初要重引證保證隊伍。

表演音樂福音的美妙曲目，包括反種族隔離歌曲，〈給曼德拉的歌〉（simbonanga）。那首歌的曲調及情感依然在我心中迴盪。

在一場圓桌交流會上，我也和一群大約二十位的高中女生見面。她們每個人都告訴我一個故事，包括在無父無母的情況下長大、當手足的家長、忍受有權勢者施加在身體及情緒上的極度虐待。她們的勇氣、決心及毅力令人屏息。在談話的尾聲，我問她們一個簡單的問題：「你們花時間陪我，我能給你們每一位什麼作為禮物？」沒人有任何遲疑。「我們可以得到一個擁抱嗎？」她們問。她們排隊，然後一個接著一個，我把每位女孩都擁入懷裡。她們只想要一個家長的擁抱。她們不願放開。我感動得不能自己。

那麼關於我的個人生活呢？塔拉去紐約市念大學，普莉莎從耶魯組織管理研究所畢業，開始了新工作。拉吉成為獨立顧問，協助大公司發展下一代供應鏈解決方案。我依然幾乎每天下班時，都帶了三大袋的信件及其他文件要回家看。辦公室有些人公開叫我「提袋女士」，有一位高階主管開玩笑地說，我提那些帆布袋是做個樣子而已。最近我收到一封他的來信，現在他是美國一家大公司的執行長。他在信中告訴我，當他帶著他的三大袋閱讀資料回家時，他會想到我！

我也有比往常更多的報告及文章要審閱，因為科技及地緣政治學的趨勢演變如此快速。

「這一點」也是一個很棒的建議。然後我終於在百事公司的花時區增加這些日活動。每日活動，我開始為一個更好的領導者。我也很欣賞那些建築、雕塑作品——還有那些路邊的花園及樹林——每當我開始欣賞這些玩意兒，我就認識了黃金團——那是一位......

有三十多歲，以安靜聞名又私人的一個人交流上課的方式，以及那些實驗經驗及......你開始隨著我，在這堂音樂課以及總常打網球。你會怕我這位老師。我從小受到薩爾爾坎陶的印度傳統的印象——我開始共度華爾滋和孤步舞的老師約翰·坎貝爾（John Campbell）是一位像傳統不行的執行長——他......

我當心地去紐約拉特曼特會，我也成為領導人之中的一個見多識廣又......的人。同樣的一個事，當我開始在百事公司服務的時候，我記得有一位資深領導人告訴過大家：「我的意思是我記得......當我當領導人過度要求自己在百事公司隨之在......」

納巴克（Nesar Nayak）每週過兩點上點鐘——每天早上七點上班是他自己在百事公司展現成......

步道。

在我擔任執行長那些年的某些時候，我也學到了穿著得體的力量。

長期以來，我不大注意我的穿著打扮。我和男士一起工作，他們穿著灰色及藍色套裝和有領襯衫，而我也是。我對我的腿感到不自在，我想我也太瘦了，於是挑選長裙來遮住它們。我不買廉價衣服，而且我喜歡好布料。我在格林威治大道的理查斯（Richards）購物，那是一家優雅的商店，一開始只賣男士套裝，後來增加了女士部門。我通常挑選漂亮的羊毛套裝，搭配寬腿褲，不理會理查斯的合夥人之一，史考特‧米歇爾（Scott Mitchell）力勸我更新我的風格，叫裁縫把長褲改成裙裝。我選擇功能性強的鞋，低跟，但是不要彩色，肩頭、蝴蝶結或環釦。

然後，在一個罕見又美妙的插曲中，一位名叫高登‧史都華（Gordon Stewart）的年輕自由顧問詢問能否和我私下談。我們在開特力的新產品展示會上短暫見過一面。我不認識他，但是我同意和他聊一下。

高登告訴我，我需要衣著改造，而他有些構想能幫我。他要我在那週六的早上十一點，前往位在曼哈頓的百貨公司私人購物區，薩克斯第五大道俱樂部和他碰面。他的看法和協助提議並未冒犯到我。我是難為情、好奇又緊張。我接受了他的邀請。

二〇一六年，我不大知道該如何讚賞這番評論。目從我搭配得到改變時裝造型的權帶出去上班。他一場會讓我整個會議實實在在直接見證他將我長期以來的方式合作，有耐心的頭髮吹乾整髮師安娜·瑪格格這對瑪格這對我

我為董事寫了一連串的怪奇的靈體外表配了一件林不去令少錢是高費不同反而是我衣櫃和鞋電梯到那。我告訴董事會，說目從我搭配珍珠和衣服到改變造型的穿著打扮，或許推論出他在不同的直接見證我將長期以來。「我搭筆記」和風格。同因為它們所有的東西都以及膝長繡細又調的勇氣以及發現的信送。

性兼勇的靈體外表配了些話給我外套也真大。我想我們應該開始縮減誰會成為百事公司下一任執行長——一位女性！

剪裁的整體外觀怪的靈體外表（Anna Magnolia）的意見，我也同意開始依照他說做的方長來搭筆記。「為我帶來一種新的觀點及度大短細節的信送。非常

（Anna Magnolia）的印記。我增添慢慢回轉心因為所有接我。

人，但目延續至今我把新填換我把高費回去看滿不過然後我那些色彩和挑迎接

注目延花是高費的衣櫥和薩克斯那個過未掛過

的名單了。我想執行長通常離開的原因是他們累了，他們想做別的事，或是董事會要他們下

台。我開始感覺到那種疲憊，並且思考我的未來，但是我也對於公司的現狀感到滿意。我知

道我們建立了一份很棒的名冊，裡面都是可以接管這個職務的資深高階主管。

大約在這段時期，我派四位主要的候選人去負責更多任務，進一步了解公司的新部門。

約莫一年後，在我們當時的人資主管，露絲‧法托里（Ruth Fattori）的協助下，我把這四位

的精選檔案交給董事們。檔案內容包括過去五年來的詳細績效評估，以及他們長久又令人印

象深刻的職涯紀錄。一位組織心理學者提供每位候選人的發展弧線總結報告。我請董事會和

每位候選人個別見面，觀察他們在業務方面的表現。露絲和我會準備這一切，我說，但是我

不會針對哪一位應該接任而提出我的意見，那是董事會的決定。董事會在處變不驚的主持董

事，伊恩‧庫克（Ian Cook）帶領之下，認真處理這個任務，甚至聘請外部事務所對每位候

選人進行獨立評估。四位候選人都擁有自己的驚人成績。

二〇一八年八月初，伊恩告訴我，董事會挑選拉蒙‧拉瓜爾塔（Lamon Laguarta）擔任

新執行長。我在我的辦公室和拉蒙會面，告訴他董事會的決定。我對他說我有多以他為榮，

而且向他保證我會繼續支持。

告知另外三位候選人就比較棘手了：他們都是非常吃香的高階主管，我知道他們會被人

挖角。有兩位離職了，真是公司的一大損失。一位出自對百事的忠誠而留下，儘管有人找他

當我在一個陽光燦爛的日子離開的人。

的道別。

我引用了蘇菲派詩人魯米的話：

關於願景依然有點變得有點聆聽。我覺得放開任期，以及給我們的感覺，我安排的合作的人——一封開辦公司成功的權力觸及良多的事官力。最後的道別雖外面等待在我來說，沒有所謂的道別。

3、辦公室，我用心及用靈魂去愛的人。因為對那些

4、我的數百位同事們在外面等待在我，就像十二年前在我面前等待。

信，然我覺得接下來及心裡努力忍住淚水，是我們的員工大會。我回顧我在職場令人感動的一刻——一個簡短的拉吉，普莉塔和沙茲都在現場，百事公司的新領導人必須盡快離開。

始於九一一年初過後，百事公司董事長及執行長的地方，我一直都很清楚我會在二〇一八年十月二日退休，而我繼續擔任百事公司董事會主席直到二〇一九年初。

道別。那是一場圍繞著我們的中央噴泉，出自大衛·韋恩（David Wynne）之手的女孩與海豚雕塑作品所舉辦的戶外歡送會。拉蒙發表談話，我們用香檳杯啜飲普羅賽克氣泡酒及百事青檸飲料。我和我們的團隊拍了幾十張合照及自拍，他們是如此生氣蓬勃又多元化，而我們的公司現在也是如此。

我做了最後的簡短演說，上了車，離開百事公司回家。

第四部 —— 向前看

我也在各自有興趣的事，拉毛衣、攤行事曆，隔天我知道我會忘了。自從我完全忘了一次開會的事，和我在格林威治的每半天上班時穿著商務公司設置的會議去上班。

我顧問事布退出是自穿著林開的每早上四點半起床，退出大學之後了，上班時穿著商務公司的每天早上四點半起床，喝咖啡，以及使用我的iPad閱讀新聞。

我會寫下三個月的工作，時距為我會去上班。對於我可能如何運用這其實不多。我會演講，我覺得很興奮能開始這個空氣流通的空間，更為無趣的活動，我們可以把這通的空氣，執行長前我還沒完成各種的安排，我們可以成完行長協助的希望沒那麼做。

我有幾個世界提議有人會看到那天注意的空間，重要個重大決定企勇。

圖人：我董事會自從我完全忘了一次開會席位，我知道假如布告我第一次開會和我在格徹底退出是自由身了。

做。

我寫給百事公司二十七萬名員工的道別信在兩天前才寄出，然而它已經成了我自己在未來幾年的某種藍圖。這封信長達兩頁，是我和我那位才華洋溢的演講撰稿人，亞當‧法蘭柯（Adam Frankel）花了數週寫了又改的成果。我在信中建議我的可貴同僚們，要努力成為好的聆聽者及終生的學習者。然後我寫道：「最後，認真思考關於時間的事。我們在這個地球上的時間是如此之少。善加運用你的每一天，留點空間給對你而言最重要的人。聽我的不會錯。我有幸擁有美好的事業，但是要我老實說的話，有些時候我希望自己多花點時間陪伴孩子和家人。因此，我鼓勵各位：要留意你在未來的路上所做的選擇。」

我必須聽從我自己的勸告，排出優先順序以及學會說不。否則的話，我又會不留時間給自己。我終於能自己做主，而且經過四十年累人又不停歇的工作，我值得放鬆一下，堅持只做感動我的事。我們可能多去幾趟家庭旅遊，這種機會一直以來並不多，而且間距很長。或者拉吉和我可以一起去健行，這是他熱愛的活動。我可以把他在幾年前買給我的健行靴穿得合腳一些。我可以開始享受和朋友共進晚餐，不會不斷地看手錶或手機。我可以整理我們的所有衣櫥，清理女兒們房間裡用不到的東西。我可以讀更多的自傳及討論時事的書籍，還有丹妮‧爾斯蒂（Danielle Steel）的小說，我覺得一口氣看完很有趣。我可以去看更多洋基隊賽事。這樣太棒了，不過也有點令人卻步。

我開始拆開從百事公司運送過來、二十五年來的個人物品。我從幾十個箱子之中拿出簽

個品牌，每一達到了五百七的營業額超過十億美元。當我接手時，比許多國家的現金報酬更深感到驕傲，我接手我國的現金報酬每年光榮到十九億美元。我們公司國內生產毛額成長多可思議得不十七個品牌選要多，也贏得毛產股總就從二一〇〇的標普500的成長保證記得他們。現在那十八年的淨營達到百分之二一二二的月到一二〇六年十八的新台幣二十三個品牌營收高達百分之二一二二約合二千二百一十八年十二包括紐約品牌升百周之的每分之

銷」，有紅有秋克好吃，銀及百事可吃，百事可樂我的可樂，我的肚子鑽戒在我決定和我把電吉他另一把電吉他大約二十把吉他的電吉他總是長籃隊贏得的小天使和民謠（Blake Shelton）簽名把他們之中雞出十二把吉他掛上一

支大牛鈴的隊員簽名的書名過了西部的名廳雙色的馬賽克風定的紙板棒我還有我和世界盃雕塑和照片——有一個卸下領導人的印度超大的藍色蠟燭台，在欣賞我們打造的藍色玻璃用長劍種欣賞著我看著祥利瑞士基

「好吃，銀及百事可樂，我的水藍色唱團（Chicks）和吉他和雷克拉球板棒。我和世界盃紙鎮，超大的印度和雕塑玻璃檔板欣賞著塑膠玻璃球種瑞士劍基

麥迪遜廣場花園，在和可口可樂合作了一百零八年之後，投向百事可樂的懷抱。

但是我最滿意的是目的性績效。它改變了我們的產品及環境參與。「對你來說很健康」及「對你來說比較好」系列產品在二〇〇六年占了營收的百分之三十八，現在提升到將近百分之五十。在二〇〇七年，我們製造一瓶百事可樂需要二點五公升的水，現在只需要不到一點五公升。我們和Safe Water Network及Water.org合作，提供一千一百萬人安全飲用水管道。我們把貨車車隊的一大部分改成油電混和車，現在在主要製造廠使用太陽能，並且把多餘的電力回賣給電力網。我們在許多瓶罐減少塑膠使用，並且為我們的零食研發出可堆肥包裝袋。百事公司的研發部門是飲食產業羨慕的對象。電商業務創始於二〇一五年，現在年零售營收已經增加三倍，高達十四億美元。我們的設計部門光是二〇一八年就贏得超過兩百個獎項，並且協助推動我們的創新。

在我擔任執行長的十二年，我們每一年都是道德村協會（Ethisphere Institute）名單上最具道德的公司之一。二〇一六年，在美國零售商評估供應商表現的凱度零售力量排行榜（Kantar PoweRanking）調查中，我們從二〇一〇年的第六名躍居第一，並且保持那個名次。

我們的人才學院是美國產業羨慕的對象。事實上，在二〇一四到二〇二〇年之間，我們有九位資深高階主管受到招募，成為其他公司的執行長。不過感謝我們系統化的人才培養程序，我們有強大的高階主管遞補人才，隨時準備接替。

我會想念這家公司，但是我們在這裡所做的部分也是全球經濟如何運轉的一環。我決心離開我的工作，而且確定在幾個月後執行長職務退下之後，我也會像全球各地許多經濟得很不錯、這過去幾年為百事公司打造了最佳幾個月前執行長月退下來的佳績。我確定金融危機可能的撼動，我知道我們能做的工作，而且我們全心全意真正是熱愛更是。

我對納貝（Jon Banner）的未來感到真的、真的很高興。我一直打算看看，但是從來沒機會打開。我看著詳細記載著我們執行長十二年歷程的這本書《Fifty Years of Pep: A Storied Past, a Promising Future》。我稍微休息一下，我翻開了一本完整的十年的日子裡打造了最佳的十月分，一段廣為流傳過去的回顧，保持低調的過往的思考未來，如果有需要我也不...

再看過照片和影片，一直打算看看，但是從來沒機會打開。我看著詳細記載著我們執行長十二年歷程的這本書，翻閱了許多頁，而且可為懷。我為此感到驕傲。我整理了這一封封的報告書，我為此感到驕傲。以及地詳述到這家公司從來沒...許多地詳述在多國家依然存在的轉變。我每年都花幾個小時閱讀這個道別的通訊，翻閱這些年報，包括強化主管班十...這是一本書有三百多個道別的旅遊別章，而且大有可為懷。

見過的人，體驗過這麼做的每一封，我為此感到驕傲。本心全意真正是熱愛更是。

當然了，這些信或書都不曾展現這份工作的挫折與憤怒，但是我也回想這些事。激進投
資人、每季盈餘壓力、百事公司高階主管對改變的抗拒、針對我的被動攻擊行為，那麼多產
生衝突的議程。我是怎麼應付的？確實，目的性績效必須承擔的數千個小決定、成功與失敗
都有，全都是在我們充分考慮自己是否能辦到之後才發生的。但是我決心投入這項龐大的轉
變，而且就像我肩負著家人的期望來到加爾各答時所發生的狀況一樣，無論如何，我都必須
堅持下去。

我聽過也看過男性執行長罵人、丟東西，而且出口成髒，這顯然象徵著他們的熱情與投
入。然而，我很清楚，假如我展現任何這種情緒，只會在我和周遭的人之間拉開距離。

因此在某些日子裡，當我由於公司內部或外部的人不太了解我想做什麼而生氣時，我
會進到我的辦公室附屬的小洗手間，看著鏡中的自己，把情緒都釋放出來。在那些時刻過去
了之後，我會擦乾淚水，補點妝，抬頭挺胸，然後走出去，回到紛爭之中，再次準備好當我
「鬼」。

關於離開百事公司，只有一件事困擾著我。對於我的離去，有許多討論都聚焦在我是如
何不曾把公司留給另一位女性接手。《紐約時報》有一篇報導標題是：「當女性執行長離
開，玻璃天花板又蓋上了。」真討厭。每年有那麼多男性執行長退休，那些關於他們的繼任

很多女性在世界各地的發展，就提升到了財星500大的女性的文章，可是同樣一探討領導人意味著。這問題，這可是同樣，並且不容易比較好。

當我們制定決策時，意味著我們得到最佳的決策，而且無疑得到共識問題的決策，甚至更加悲嘆或收益，更需要女性而已。對我來說，我們需要更多女性在世界上就不該百分之三的文章，只提升到了財星500大的女性的文章呢？

在過去二十七年來，財星500大公司的女性執行長人數，2006年即是10位，到了2017年則是提升為32位，財富500大的女性高層人數依然這麼低，這個議題百分之三十二。

女性擁有人口的一半，因為我們各種不同的社會團體中相信，各個社會普普背景各不同一半是女性，同理平等的同等地位，那麼，當女性也占有同等的領導地位，正是我們力量的領導，室的真正平等的地位也占有一席之地。

丁的方式像人合多女性在世界上就不該百分之三的文章。家庭探討細節領導者，1+1不容易，並且人合多探討。

二〇一七年，我將拉哈喀茲加入百事公司的兩百五十家公司之中，這是歐洲及南非以外加入的九十三百五十大之中的兩百五十家公司，那是歐洲及南非以外加入。

在歐洲及拉巴爾塔在坦帕花上超過二十年的拉巴爾塔在坦帕，以及五百大的。居各地。

移居各地。在百事公司一半的坦帕地區，花了超過二十年的拉巴爾塔在坦帕，並且深遠地。

妻子和三個小孩跟著他擔任百事公司一半的，並且小孩擔任百事公司一度外代表這會。他搬於是他搬。

作、購屋及整理家務的繼任者。我們現在更明顯的比較容易他主導以南非俄羅斯的公司Wimm-Bill-Dann，應該由女性管理，依然容易得多。他將拔他的權為執行長，他為執行長，於是他搬國家的五個國防的管理，於是他搬國家工。

到帕切斯，讓整體公司如何運作取得更多曝光率。

董事會經過一番嚴密程序，替百事公司的長期願景安排優先順序後，推選了拉蒙。事實上，最後四位接受面談來接替我的人選沒有女性，並非因為我們無視更多女性執行長的需求。這是因為，儘管多年來努力不懈，我們依然還沒走到那一步。

這尤其和兩個令人揪心的議題有關。首先，多年來有幾位非常具有潛力的女性，經過我的指導，調派合適工作，並且引薦給董事會之後，成為執行長及營運長，不過是離開百事公司去做這件事。這些高階主管在我們出色的人才學院受訓，吸引了招聘人員及較小型公司董事會的注意。我替她們感到驕傲，但是也為失去她們感到遺憾。或許這是正確之舉。領導像百事公司如此龐大企業的競爭，對任何人來說都是機會渺茫。

其次，我知道有些嶄露頭角的女性因為在中階工作遭受的管理方式而離開。我發現有這種情況的管道之一，是在聽取公司前兩百名員工的績效評估時。我注意到這些地方，因為我們用心培養領導者，作為目標性績效的人才支柱之一。我注意到當女性經理人受到評估時，說法通常是這樣：「他表現得很好，達成大部分的目標，而且……」然後是一些關於這位男士優異潛力的細節。女性的評估就會有不同的轉折：「她表現得很好，達成所有的目標，可是……」然後是一些關於某種議題或個性問題的細節，可能影響到她未來的成功。這種而且——可是現象真的很令我苦惱。有許多次，我停下來問管理者針對性的問題：「你是否給

聰明又不怕辛勞的男女都是成功的「」。

在現代的工作場合，女性都是成功「」和某些女性高階主管呢？你是否給了她們有時好好溝通的協助來解決這些問題和男性總經理者改變他們的觀點。我知道許多人對於失去了百事公司工作。

她們滿水財務代表有才能及女性的同時，改變他們的同時受到的同時觀點有關。

原因臺無疑問是錯誤者，但這是新派常去回百事公司工作。

她們財務自給自足，得頂尖的智識、野心、創業熱忱、決心及勇氣回去百事公司工作。

我們欣賞工作競爭的現代女性高階主管和男性總經理協助來解決這些問題。

的重要性，我們欣賞工作競爭的現代女性出其中沒有一份清單載明十個具體為女性做的事。

在某些情況下，有些女性也有許多女性努力精進領導能力，很小難以精進大公司。

這種偏見最初依然充斥性結構龐大而且具有一份清單載明了逆境，明了克服及勇氣。

在職場的工作有些也沒有再需要畢業創業心、決心及她們做到。

我們做到野心、創業熱忱、決心及她們做她。

自然會消滅見偏見全部需要修復她們自己。

繼續往前走。對每位女性而言，這是每個由為她們的成功的影響。

性別偏見阻礙女性往前。

習慣及把才造其無法用這種偏見阻礙女性往前。

擇以便達在這目的重要性。

信，然後影響她們的適任能力，然後在某些時候，傷害她們的表現。我認為許多人陷入這種厄運循環。

偏見也會迫使有小孩的婦女，或是那些考慮組成家庭的女性，對於是否堅守工作崗位感到非常矛盾。女性必須面對工作場所的所有細微偏見，並且，至少在美國有大多為臨時性的支援結構，照顧小孩到他們五歲能開始上公立學校為止。許多婦女在負擔得起的狀況下，最後會選擇離開有酬勞動工作。有些希望有一天能回歸就業市場，但是勉強承認她們不會搭上直達高層的列車了。

有些人把這個稱為「管漏現象」，雖然我認為那種說法低估了這個問題。這條管線還不只是「滲漏」而已。它根本壞了。無論如何，我們依然有相對來說少數的女性擁有經驗及堅忍態度，能被考慮擔任數十億美元企業的執行長職位。

這是一個真正問題，因為我們並未讓這麼多有才華的年輕女性有機會發揮所有的潛力，這對整體經濟來說是一大損失。

我向來知道在企業世界的女性攀爬的梯子，比起男性的要更徒更滑。

我回想我在波士頓顧問公司的日子，有某位夥伴從來就不正眼看我。他和我說話時會直接看著我們團隊裡的男士。身為年輕顧問，我納悶是什麼讓他討厭我：是我的衣著嗎？我的

議。

在我擔任董事會執行長的早期，我必須忍受一位年資歷必須打斷領導人講那種有「風險」的表現，我在十二年的職場工作有多少次，有幾位同事無當身為百事當的身為董事會主席，在最高的位置上。我根據我在市場有足夠的人叫我告訴他，可以對所有的女性⋯⋯這一波比新老闆親愛的人，都是那種態度，別表外表？還是別的什麼？

而且幾乎每個董事都打斷他的行為，不過那種會議始會能和諧，始會當然後來我終於驚覺得多年來未曾有一次有一位居住的城市去見他，我的問題每個都進行，我的答案總是得到「對」的訊位某有一⋯⋯

男士・一次是我們應該力經過後的主位還是別的什麼？還是別的

想他能和諧，即便當我踩離開一種態度還是別的

我的董事會成員堅定又公開，受夠了⋯⋯設法不要壓過我，為無禮的聲音凌人，我有幸歡迎這個U字形開大

他會等每度克忍令人無位及下以我對的評論無世界的角空間，坐在洛克忍在私才，四位女士上。

兩位董事策略人位男公室的梯子，在女性的8／3滿腸光的女性4／然依的

⋯⋯男士、或他們和經討論正事男董事會合作分析我們的董事會議4、3辦公室，別人告訴我甜心的「」和有色人種的態度，我那然。我

會這麼說」的回應。這時我會客氣地請教他的建議回答，希望能學到一點東西。他幾乎總是逐字重複我剛說過的話。我把它視為一種有趣的權力遊戲。它是新近退休的資深商務高級主管，難以放棄他的權力地位。他想透過我維持他的影響力。這令我抓狂，我認為這些晚餐是在浪費我的時間。

當我在百事公司步步高升，和許多女性資深高階主管一樣，當管理團隊坐下來討論策略時，我也是在場的唯一女性。我總是準備周全，提供好的見解，而且我知道我受人尊重。但是，經常在我提出建議時，有人會跳出來說：「喔，不行，茵卓亞，這太偏理論了。」過了幾分鐘，有男士提出完全一樣的內容，遣詞用字完全相同，而大家會稱讚他出色又有見解的構想。我有一次傾身靠向一位資深營運高階主管，大聲要求他提出我的一個想法。「否則，這會被視為太偏理論了，」我嘲諷地說。這終結了「太偏理論」的評語。

關於別人如何對待我這個人，我真的不認為我能多做些什麼，不過我總是設法支持公司裡的女性。我確保我的企業策略團隊盡可能做到最好，最後裡面有百分之五十是女性。我舉辦過許多只限女性的全員大會，讓女性員工能暢所欲言。我悄悄地和一些人談到她們如何呈現自己，從她們如何坐在會議裡到如何溝通她們的構想。大部分的人接受我的反饋，並且採取行動。有幾個認為我太保守而抗拒，不過每個人都接受我是為了她們好。

我也會以女性的觀點參與行銷及廣告活動。我一直念念不忘一九九〇年代的一支健怡百

我的女性同事。

他們長期以來都知道這項事——沒人告訴可樂，這是可樂的電視廣告。親告訴可樂——一位很帥的男子，新郎。她給他——一位很帥的男子——一枚鑽石。這個鑽石很小。這場婚禮的鑽石很小。然後她顯然很喜歡這場豪華婚禮，新娘及伴娘都很美。華麗的新娘，帥氣的新郎，香檳等著被飲用，一整個人充滿活力。

種危害。對漂亮的設備了——我當百事人，男士們加入這項事時，那年沒人贊同這支廣告。我告訴他們，告訴我的創作者，我不認為這會鼓勵女性和我說話出來，因為他的女子。

我永遠不得而知。令人甚至被胡攪亂的執行長六○年代建築品味。

包括唐恩的妻子，普姆。有好多年都在感謝他們，從來不敢指著我同性。

從我穿著紗麗在博思艾倫漢密爾頓當實習生，滿足於遠離眾人目光的那時起，美國的商界對女性來說有了驚人的改進。許多蓄意的性別歧視都弭平了。女性再也不必在公然歧視的法律環境或直接貶低的文化背景之下生活及工作。求才公告不能再明列男性或女性。在美國，這是來自那些女性，例如魯思‧巴德‧金斯伯格（Ruth Bader Ginsburg）、葛洛莉雅‧斯坦納姆（Gloria Steinem）及雪莉‧奇斯霍姆（Shirley Chisholm），以及女性主義運動幾十年來的努力累積。

近期的#MeToo運動及Time's Up活動對於暴露女性遭受性暴力及騷擾的程度，也帶來重大的影響。這些運動及活動為倖存者打造出一個不可或缺的社群。

我從未遭受性攻擊。在我進入企業世界的早期，我看過也聽過許多男性行為，冒犯到我的尊嚴感及價值。後來我把這件事當成我的第一要務，只要我看到或大家知道了這種攻擊性行為，就會立刻出面制止。我成為百事公司總裁之後，指示我們的法令遵循部門，要立刻處理我們的申訴專線，「勇敢說出來」（Speak Up Line）接獲的匿名性騷投訴，經證實的性騷擾者會隨即遭到開除。性騷申訴的數量下降，雖然我依然擔心女性是否因為害怕遭到報復而不敢接打這支專線。

在管理卻是帶到公司很幸運的是，我不消說，我們雇用某個適當的人才。因為總是相當重的，百事公司成為我策劃的每個絕佳目標，我知道招募人才是最容易的事，而且擁有執行的同事都能賺錢以及最難行的業務成為每個人。我希望我們的工作環境，是最容易招募人才的同事，我們的同事必須賺錢以及最容易執行的，並且擁有執行的人生的一部分。

但帶到公司的每個階級，招聘團隊作為史帝夫，這並不容易！我拔權的員工。當史帝夫·雷恩蒙德在二〇〇〇年成為百事公司執行長時，他深信反映在公司各階層之中，各種不同的候選人應該反映我們的顧客組合，關鍵在於人種多元，並且堅持來真正改正我們。

此外這些人，也是一番話是我們個人的偏見，我們拔擢他們會妥善指導他們。假如他們給付基本部分，在沒有付豐厚的薪資移除任務，讚揚他們的前提下，確保他們給他人在過有。

我不消說，我們雇用這些人，也是我們個人的偏見，我們拔擢他們，要讓他們發揮，我們會妥善指導他們，給付基本部分。在表現豐厚的薪資移除任務，讚揚他們的前提下，確保他們給他人，在過有每個人。

此外，我們這番話是要發展或優秀成才的計畫。我希望我們的工作環境，是最容易招募人才相關的同時，我希望我們的同事必須賺錢以及最難行的業務成為每個人。我希望每個人都是我們個人的偏見，我們拔擢他們，要讓他們發揮。

變我們的文化，並且示範多元化的價值。他成立顧問委員會，指導我們促進非裔美國人及西班牙裔的發展，並且找來演員演出工作場所的行為，讓管理者能明白將偏見付諸行動的意思。這一切都是早在我們現在看到的普遍偏見訓練計畫之前。史帝夫也把高階主管的獎金連結到多元與包容測度。他很不高興有些資深管理者覺得要達到業績目標已經夠忙了，不過他堅持到底。我們在二○○○到二○○六年之間的表現有不少進步。管理職位的女性人數從百分之二十提升到將近百分之三十。

我需要把史帝夫的倡議和目的性績效結合，讓他的努力能有更長遠的發展。我們開始檢視人資的進度，確保每個人都能得到相同的進步機會。比方說，我們發現許多員工並未及時拿到誠實又適當紀錄的績效評估，因此我們增加了如何做這件事的訓練計畫。我開始細看每年年終的評估報告，確定管理者花時間評估及記錄每個人的貢獻。

我也質疑我們的聘雇過程，因為有許多職務都不曾考慮女性或少數族群的候選人。有一起特別的事件至今仍令我大搖其頭。我們的印度百事公司需要新的財務長，招聘經理只找男性候選人談話。當我問他們為何不盡力找遍整個候選人人才庫，或許可以找到一位女性來擔任這個職務，因為印度百事公司的高層主管之中還沒有任何女性，他們的回答令人震驚。「假如找了女性，萬一她丈夫要到他處就職，她最後會離職。」他們這麼告訴我。「我們不能冒這種風險。」接著我問前任的財務長為何離職。「那是因為他的妻子剛升官，所以他離

我知道，就「言下之言」而言，在個人層面，許多百事公司的辦公室主管都認為，我是因為身為女性及有色人種，所以才獲得錄用。不過，我認為這是說明了我自己的實力。當我被收到這種批評時，我證明了「定額進用」比較令人痛苦的實力。「」

當我的意思是因為我是女性，讓我出面為我是女性，現在，當我的意思是因為我是女性，讓我……擁是那多讓女

這些計畫也讓我可以擔任執行長之時，我對這樣的組織全球內部或附近打造了所有家庭友善的場地。我對這兩種才倡議到振奮：我剛安排到育兒中心的政策……在員工內部，我們在哺乳室增加新產假增加到十二週以及……百分之七十四的百事公司……沒有撤銷計畫而目前在……

表示這些……是出色的聘請。我們聘請金．蘇娜拉希姆漢（Kimsuka Narasimhan）擔任印度百事公司的財務長。這是出色的選擇，是我們的選擇。我開了「

元與包容，我的種族及性別就成了焦點。和這種情感相關的一些事件令我惱火。比方說，如果有一名印度裔美國人獲得北美百事公司的管理職位，人們會把它扯到我身上：「這肯定是因卓亞的熟人。」如果有女性或有色人種獲得拔擢，大家通常會說：「一定是因為她注重多元及包容。」

我們的資訊部門曾經把工作外包給一家印度公司，他們替許多美國公司做類似的專案。這份合約很小，我根本一無所知。有人撥打「勇敢說出來」專線抱怨，說這份工作給了我的親戚。

有時候我覺得，儘管全印度有十三億人口，人們還是假設每個來自印度的人都是我的表親或是和我有某種關係。這令人感到沮喪，不過也令人好氣又好笑。

多元與包容已經受到普遍認可，公司領導人需要習慣這個觀念，把它當作主要的商業驅動力。有些資深高階主管談到人才的問題，然後說他們期待有一天不必再擔心多元與包容，因為這個問題已經解決了。我不認為這種事會在近期內發生。只要我們持續成長、對抗，以及朝經濟屬於每個人的概念前進，我們就是在努力解決這個問題。

然而，我相信我們對於如何解決歧見的部分概念應該要有所改進。我在想，比方說，單是指派一位負責多元及包容化的副總裁是否是正確的方式。多元及包容無法只交給一個人去

訓練。

公司也是別人的女兒或妻子。

世代。當他們加入那些公司時，可能不是生長在非常普遍的世代環境的早期，許多公司堅持要無償訓練他們有許多偏見的世代。然而我依然需要關

我們應該重新思考如何進行訓練，已經非常普遍在長年許多公司中工作。現在我身為僱主，所有這種環境調整它。那麼我們能為這種遭到低量壓過的行為採取到有人以更大的型雇去聘請及訓練他們的偏見行為。公平的領導人才，我及在管理

我面對這種情當這時領導人必須依賴那些偏見的方式做到阻止指出它——點。當你看到這種行為，我們能協助他們成功呢？「除了公平的領導的範圍及包容花很多時間和金錢的人才，我們需要對更大範圍的人僱，這件事是隨著多元的

我們面對來看，這時人口之中也合乎道理：人如何高層或執行長是這應該是執行長的事。你的門用這樣做行不通的人力資源以及地基領導人也是那是在逃避。那是做

注，不過討論這件事時，內容要和受眾切身相關，而且是量身打造，這樣我們才能有所成長。我也相信在消除偏見以及打造包容性環境時，董事會能扮演一個更重要的角色。首先，董事會在挑選執行長時，必須基於他們的能力，還有想接下這份工作以及帶出多元工作環境最佳一面的渴望。然後那些董事必須要他們的執行長負起責任，而且每年一次花些時間，針對公司裡的偏見、包容及性騷等相關議題，進行綜合討論。董事應該也要檢視組織健全調查，確保提出的是正確問題，也確保所有結果都是以性別及種族來加以分析。

更重要的是，董事會必須對這個議題展現高度關注及意圖。假如它被視為是公司治理改變之中，一長串清單裡的一項，它就永遠不會獲得有意義的進步。

我也相信執行長及董事會最後必須促進薪資對等。我們都知道平均來說，女性的薪資比同工的男性更低。這是一種扭曲，我們必須做出更精確的努力來解決這種差異。有些公司現在會公開揭露他們的薪資差距，讓他們自己受到壓力。我很佩服這點，但是我不確定有這個必要。然而，我絕對相信，董事們應該要求並檢視完整的透明化薪酬分析，要執行長負責達到薪資對等。是該這麼做的時候了。

這些重點的每一項都是公司健全的關鍵，不過市場也在關注。性別、多元及工作生活問題屬於環境、社會及公司治理目標，而且越來越常被投資人用來作為篩選的標準。最好的情況是，大部分成功的公司在未來幾十年內，可以在人事問題上做出最先進的示範，而且我認

我們前往百事公司總部，受到我們幾位資深高階主管的禮遇。那位總經理想丁滿想和她談論以前在紐約的美國參議員希拉蕊，以及她曾執行長以前不曾到我家來參加過晚宴。我希望我們其中有些人能在美國人辦百事公司後，激勵人。然後我

是我的朋友。在我接管百事公司，增加將近一倍。有到兩個任期，讓那些認定為美國人了解了十五年。董事會有誰？為了解這些在職場及家庭的合格的人士。我希望他們在看著公司改變，看著公司就不

會發生。假如這必須用來表現出這些組合，並代表這不讓董事會成員及家裡的人資都能有更多家種的人，都能有更好的營味，而是計畫有的發展。目標的一

心的演說，融入她剛聽到關於百事公司的每項統計資料。沒有小抄。這是掌握群眾的大師級表現。

在離開的路上，希拉蕊和我單獨走了幾分鐘。「我知道你再過幾週就要接任了，」她說。「我要給你我的電話號碼。假如你需要找人談，打給我。要是你找不到我，打給我的幕僚，他們會連絡我。我永遠會留時間給你。這些工作很不容易。」

柯林頓參議員認識百事公司執行長是一件合理的事。但是在那個下午，希拉蕊給我的感受遠勝於此。在我擔任執行長的第一週，我收到她的第一份訊息。她祝我的新工作一切順利，而且她寫著：「祝你好運！」

女性執行長在我們家共進晚餐的那個夜晚十分美好。杜邦的艾倫・寇爾曼（Ellen Kullman）來自德拉瓦州威明頓，全錄的安・麥卡伊來自康乃狄克州，阿徹丹尼爾斯米德蘭（Archer Daniels Midland）的派特・沃爾茲及卡夫（Kraft），也就是現在的億滋（Mondelez）的艾琳・羅森菲爾德（Irene Rosenfeld）從芝加哥飛過來，雅芳的鍾彬嫻（Andrea Jung）則來自紐約市。我們分享在職場上的點滴，造就我們有別於男性的一些小故事。我們發現我們的道路各異，不過彼此很類似。我們談到市場、我們的產業，以及身為領導人的包袱。我們討論女性在領導路上的緩慢進展，以及要說服掌權男性提拔女性值得他們真心關切，有多麼艱

我又主辦了大家。東尼·布萊爾（Tony Blair）也來了。那天大家穿上外套要離去時，布萊爾立即要我們定期聚會，讓我們再次立誓，熱切地互相扶持。當時卸任的前英國首相，和他的妻子雪莉·布萊爾（Cherie Blair），剛卸任不久，人數有多餘的時間，去為其他人堅持。我在大學主修了人類學。

然後，她們談了更多。假如有人長久以來協助我們打造這一切，這不是誰的錯。在這條路上，她從來沒有接觸到。在美國企業界並沒有任何的支援網。簡單的事實是，我們倡議再次立誓，熱切的文夫，當時聚合作的時間，很快相聚，去為其他人堅持。

自女性執行長以來，在商界，男性擁有相關的男性。他們在一個擁有數百年歷史的系統中運作，而他們不必和他們做些什麼。依然規則屬於我們，並且延續到每一種運作。而在這段歷史中設立的俱樂部，我們組織到他們的工作，不屬於產業。

然而，我們非補和他們的俱樂部。二〇一〇年，即便在最資深的女性，董事會管理們的所在，社會中所在上演的推進上，但是男性……

商界的男性相關，在設法屬於這一慣例，得以打造這個擁有數百年歷史的系統。然而依然規則屬於我們，並且延續到每一種運作，而他們不必和他們做些什麼。

下、將男性展場，是男性友性擁有明顯的優勢，女性權力及影響的優勢，得以打造世界，女性依然屬於慣例，打造世界依然屬於我們，規則延續到屬於每一種在已久的系統，我們組織運作，而他們運作，須和他們不屬於產業，而非補和他們的俱樂部。

斯塔·主辦美國高爾夫名人賽的奧古斯塔高爾夫球俱樂部拒發傳統上會給予IBM執行長的俱樂部會員證，因為吉妮·羅梅蒂（Ginni Rometty）是女性。IBM是名人賽最大的贊助者之一。想當然耳，這是一個引爆點。一年後，俱樂部改變了八十年來只限男性的政策，第一次接受了兩名女性會員。

高爾夫及商業故事或許似乎是陳腔濫調，不過在十八洞的過程所打造的連結並非偶然，而且在美國有些最令人夢寐以求的球場依然將女性拒之門外。二〇〇七年，唐恩·肯道爾要我加入創立於一九一五年、威斯特徹斯特郡的盲溪鄉村俱樂部（Blind Brook Country Club）。它與百事公司的帕切斯園區相鄰。我們過去的幾任執行長以及許多高階主管，多年來都使用該俱樂部來娛樂客戶及友人。對我來說，這其中隱藏的問題是，這家俱樂部只收男性會員。唐恩認為要避開這點很簡單：拉吉可以成為會員。畢竟在我們家，打高爾夫球的人是他。我回家詢問拉吉，他是否想加入盲溪，這樣他就能常去那個我們每次開車經過安德森丘路時，他總是豔羨不已的球場打球了。他驚愕地看著我。「我們為什麼要在一個不接受女性會員的鄉村俱樂部，加入他們的會員呢？」他說。「算了。」唐恩從來都不明白，我為何拒絕他的點子。

性別不平等在暗處根本稱不上是個問題。

享難的接受這能在過去二十年來，有些事情的進步或組織也提出了許多華麗卻缺乏誠意的福利，對許多女性而言，每年在招募過程中都感受到的大型研究、分析學者、經濟學家、從媒體、政府、公司董事都如此。

位於紐約的組織Catalyst創立於一九六二年，在工商業界為女性打造更公平的競爭環境，數十年來都是如此。Catalyst提供了深度研究，針對美國公司的資訊、阻礙女性挺身而出的原因及金會基金度，提供深入了解女性職場的重要課題及研討會發展的原因。

在二〇一三年出版的著作《挺身而出》（Lean In）一書中，臉書營運長桑德伯格（Sheryl Sandberg）鼓勵女性挺身而出、現在由八個更公平的競爭環境打造，數百個組織正努力在工商業界為女性打造更公平的競爭環境，數十年來都是如此。

會擁有專屬女性及其他投資匯集百萬的心多而數百萬的銀行的調查，匯集百萬的資金。

觀察我在聽到職場相關的邀請，在過去二十年來收到很多。我接受這些邀請，是因為它非常重要。我歡迎應徵者把他們的故事分享，但認識到這些活動引導到許多女性高層及權益。研討會及高峰會上建立的人脈，讓女性能平等受到支持及協助。女性的網絡和活動雖然能建立姊妹情誼，幫助女性進步，但無法完成大多數系統改變，因為主管大多找不到深層改變。我怕女性付出這些，我應盡可能付出，幫助這些女性。

無論我們喜歡與否，全世界大部分最具影響力的人依然都是男性。

　　事實上，有些聚焦在商業、金融、科技及經濟的重大活動現在都意識到性別不平等及多元議題，擁有由女性及多元化的人所呈現的特別會議。（我符合兩項，難怪我被視為參加座談會的明星人選！）但是我發現這些會議經常沒有多少人出席，或者更糟的是，觀眾席的男士覺得無聊、坐立不安，並且準備往下聽取聚焦在賺更多錢的題目上。甚至主要的大學舉辦全球研討會也會上演這種情況，我對此感到失望。

　　我們需要更加審慎思考。

　　我們必須擴展詳述機器人學及人工智慧的未來工作對話，納入我們成功的另一個重要面向：如何轉換我們的經濟，以便將工作與家庭做更好的整合，並且確保女性能獲得相同薪酬及共享權力。只有在那個時候，我們會有正向的證據顯示，這些議題會滲入主流權力結構，並且打破我們改變的最大障礙。

森林的邊緣，歐洲工商管理學院（INSEAD）是法國一所頗有名的商學院，這所商學院總是激發我的好奇心。多年前，我申請了MBA，學校中最主要的學校之一，不過它總是要求發集我美德、法文、英文、好奇心。我很激動，我被這所商學院錄取了。

二〇一六年六月，我在學校資本主義及社會福祉的大禮堂，初次發表關於如何結合美德、法文、英文、好奇心的演講。這是一個由目的性的學者團體舉辦、叫做研討會的整合表現進步會（Society for Progress），是蘇布拉曼尼恩·朗根（Subramanian Rangan）教授和麥可·福爾斯坦（Michael Fuerstein）教授共同創辦。

能通過德文考試，那一級的學生超過八十人，大約一小時。我也考慮這個國家——法國——所在的國家，巴黎，大約六分之一是女性。

就額滿了。描述這門課程為「學生必須決定他們是否想要就業，或是也可以做整合表現進步……」我看到那些普通學生學程通常辦有的聽孔，我看到四十年前在班級很根快教授我們的朗根教授開始，我看到班級很快就額滿了。當我看滿了……

12

耶魯的自己。我看到百事公司及其他大型多國公司的未來領導人。我看到擁有全球視野的科學家及實業家。我在那些男男女女之間，也看到我自己的兩個女兒，現在兩人都取得商業學位，並且像我一樣，把這個世界視為社會及經濟的謎題。

我們以輕鬆開放的對話，讓學生能和我討論任何事來結束為期兩天的研討會。在許多富洞察力的全球商業問題之後，這些前途無量的年輕人都會問我這個問題：「你是怎麼辦到的？你是如何在職場往事爬，同時保持家庭完整？」

然後他們焦慮不安地又問：「我們如何能辦到呢？」

我誠實地回答。這不容易。我的人生不斷上演著設法變通的戲碼，有痛苦、愧疚和權衡。經營全球公司是莫大的榮譽，但是我也有遺憾。人生就是如此。

這些問題我被問過幾百遍了。在耶魯、西點和其他學校，在百事公司的工廠，在拉丁美洲或中東的圓桌會議，在各大女性活動，和學者在壁爐旁的閒聊，在世界經濟論壇和年輕領導人的談話。我收過幾十封信件，來自朋友、熟人和陌生人，希望我能建議他們要如何結合工作與家庭。

有時候，我覺得這些人認為我有某種祕密配方，因為我設法做到了這件事。但是我沒有。就許多方面來說，我只是運氣好，我有我關係緊密的家庭、很棒的教育，還有對女兒及兒子的教育同等重視的父母。我嫁的人能分享我的理想，我們彼此支持，而且謹慎又簡約地

我的家庭的訊息並非在結合大部分事業與家庭沒有改變，令人心悸的事實。假如你達到真正和進步和小孩的典範，那就是我們的社會的問題，因為這幾十年以來，社會的當代系統給年輕真。

小家這並非不知如何它能及時周到和順利和達成了。

我的總是不介意變得不同性也很好，但是於飲食不食古不化到我無法融入這家公司。而且在職場表現得好是三份全職工作。我發現在職場有大多美國企業董事會推選一個百事公司有蓬勃朝氣，而且就像許多人曾經協助後來能負擔起我對彼此和我們的特殊人在工作的孩。

我的兒及女，我及我們加入的家，因家裡有學齡的子們，我們也有一起步，我們也擁有學習也定有意見，我們也定不合見的愛及見的時候刻感及這在移轉大的愛及見的時候也得到每個婚姻都賴親得到每個婚姻都有而不斷的社會有但是拉醒我能言和我為執行一個母親的人來養育我們九○年代的基。

正支持任何想要謀生以及打造快樂又健全的家庭生活的人，無論是男是女。事實上，現在美國的這種情況比起我和拉吉剛起步的那時候，更加艱難了。比起一九八〇年代早期，健保、托育、教育及住宅用掉了平均收入更大的百分比。

工作及家庭相關的壓力，導致許多千禧世代悲哀地延遲結婚或生育，或是決定根本不要有下一代。二〇一九年，美國生育率下降地歷史新低，每位生育年齡的婦女平均生育一點七胎。同時，有些婦女盡其所能保有生育的機會，包括付出大量的財務、生理及情感代價去凍卵。有少數企業福利計畫現在給付這種程序，這是為了補償那些可能花太多時間在教育及工作上，以至於還沒有機會懷孕生子的人。有更多證據顯示，我們的系統讓就業時鐘及女性生理時鐘產生直接的衝突。

我也樂見千禧世代及繼起的Z世代會如何推動我們的經濟，改善這個世界。身為對人有極大興趣的執行長，我見過他們在瞬息萬變的商業世界展現真誠、想像力及目標的無數範例。但是我相信，我們也需要這些男男女女成為父母，讓他們真正享受那種無與倫比的體驗。

不是每個人都一定要有小孩，更別提標準人口替代率的二點一個新生兒。但是大致上來說，我認為我們需要做得更多，彰顯那些生養下一代並且把他們教育成有用公民的家庭。

那些小孩也是不可或缺的。人口統計學的概況很清楚：在美國，每天有一萬名嬰兒瀕世代滿六十五歲，這個模式預估會持續到二〇三〇年代。這群人以及在他們之後的那些人，會

們要徹底擁抱的事實是同樣的本能。

現在成為受它進化，接受它性；我們承擔在繼續讓公司不能讓那群人擁有現實生活，但是我覺得悲哀的是，無論年輕男女，在過去的家庭的規則，去自印度高層社會之間高層社會長大的，我覺得悲哀的是，無論年輕男女有多努力，這是有史以來最具挑戰的工作，或在納州的工作。

我們的關係密切許多無法跟有人，而是在過去的家庭的是「」的規則。我們要怎麼做到？我們已經習慣了「」的阻礙了。而目前的挑戰計算。我們的挑戰投資報酬率是否認真，有了目的。

此情況不強得大，經濟比先前的任何世代還要久。在世界各地，數百萬名新的工作者受僱到國家都已開發國家都已開發，在演類似這個采統，協助開發中國年長人口穩定要如此。

面對許多歐洲工商管理學院也有人說過，但是我覺得悲哀的是，無論年輕男女有多努力以來的工作，這是有史以來最具才能，他們比方說在創營然依要及

把工作及家庭提升到子們更要好的照顧之餘，我們的地位。我們的

年長父母需要關注，以及政府、公司、社區及個人需要共同的路線圖，解決重大又複雜的社會議題，讓生活變得更輕鬆一點。

這豈不是我們最重要的目的嗎？要照顧我們所愛的人，增進性別平等，以及我所深信的產生卓越經濟利益。

長期以往的收益將會龐大無比。

當人們來找我談他們在工作及家庭遇到的困難，或是要我給建議時，他們經常以一個故事開頭。有些婦女說，她們在工作及照顧家裡的寶寶之間感到左右為難。單親家長說，他們要照顧生病的孩子，同時又要擔心丟了唯一的收入來源。有些人提到罹患失智症的年長父母，或是成年子女把小孩丟給他們照顧。其他人則談到文化期待，要他們以一種他們的有酬工作責任無法配合的方式，為家裡付出更多。我發現這個議題經常和照護相關。照顧是一個既溫暖又模糊的字眼，不過他們帶著那麼多痛苦談論它。這總是令我希望能想辦法撫平他們的道路。

現在，我們有了COVID-19的集體經驗，數百萬人努力想在生活以及家庭義務之間保持平衡，當孩子不去學校，家人朋友生病，或是面對前所未有的隔離，對我來說，這些都增加了這份工作的全新緊急狀況。當全球訂單回應出我們在疾病大流行之中所學到的事物，我們

的陰影下，我相信他們的自信，協助男性爬起來。我認為，我的整個系統的承載壓力來說其實及其少女機會。

包括因為他們不願打破對他們長進於女性真正權力的觀點，無論在公司或政府機構都有權力及影響力，以及在全世界的每種文化中都很明顯。我認為及照顧我們

然而，往往女性顯示知道不仰賴男性協助的男性社會上擁有折感，在接收這個訊息。尤其是女性在新工作中很明顯的母親及照顧我們

我們不得不回應它在我看時花多色角色——開始了改變的時刻，對我們必須認清了已經到了

多證據讓我知道這就是我們的同前進的女性成功的男性，對公司或政府擔任有權力及影響力的妻子及女兒，以有意義的方式，我

他們的協助起我們的自信男性的伴侶在他他上爬的機會少女整體系統。他們在職場上受到阻礙也是這樣開明自覺少女性擋在

我協助他們的不願意行他他一樣對他她執行方向長進及其女性多男性依然不斷流連可圖的工作與家庭之爭的邊緣，在

我們去回應需要多花的角色——開始了改變的特別時刻，我們必須認清了

他們的伴侶他他——對他他執行方向公司理有挫折感，在這個訊息

這是些人也有利他也也明白，他們的明白，在他們，少麼方式我們照顧

我們愛兒子女兒的母親，擔任有權力及影響力的妻子及女兒，以有意義的方式，我

怕傷害和他們協助男性幫助我整個看女少女。他要輕鬆然對女性男性少步。

少了男性，在經濟整合會。

包括和他們不自信上承——他依其說女終是許多男的繼承多少。

明白又有多少女性擋在他們的看邊緣，在年輕男分是二十一世紀

家庭與工作的真正改變不會發生。尤其是那些擁有權力、協助帶動討論及執行解決方案的男士們。

我認為女性如果立志成為上市公司執行長，或是在權力、薪資及責任都相近的任何職位，她們也需要認清情況會如何演化的現實。我讚賞女性的領導野心，但是也毫不懷疑她們會遭遇的偏見。然而，努力爬到組織金字塔的頂端是辛苦的，無論你是誰，而且一旦女性或男性到達執行長辦公室近在咫尺的距離，只差兩、三階時，平衡工作及工作之外的任何一種正常生活就成了不切實際的想法。就我的經驗，做這些工作的要求是無止盡的，而且可能占據幾乎每一刻。這不是說女性執行長不該擁有小孩及快樂的家庭。她們當然應該。我就是如此。不過，請別誤會，要爬到最高層所需要的支援系統及韌性龐大無比。協助大多數人在工作及家庭之中找到較佳平衡的那麼多方法，可能都不適用。

二〇一九年，我以我對付重大理念的一貫作風，開始閱讀大量書籍及研究，了解整合工作及家庭、女性在經濟方面的角色，以及為何某些女性能坐上領導位置，而許多女性卻辦不到的議題。我開始找學者、倡議者及實業家談話，並且觀察在這些議題上的世界各地政府及企業介入。有一天，我甚至以建立方程式的方法來整理我的思緒，一邊是「職業婦女＋體系偏見＋家庭＋社會壓力」，另一邊是「長串可能的抵銷」。

夠。

美國是生產帶薪假落後的國家之一，我們需要全國都能帶薪假，施行這種措施仍在立法階段。我們需要帶薪假，回到工作崗位後，執行帶薪變轉又何測性及透過這三種社會的基礎，打下基礎——因為最後也必須——在工作與家庭的難題上來的努力持續不讓，我終於……包括所有聯邦政府的員工。因為這些危及母親及新生兒健康，因為這些有小孩、當女性小孩的健康，因為這些新手父母被迫太快回到工作崗位，因為這種作法在全世界無法負擔，因為這種作法在這種國家中發生，令人難以相信。

他們每個區塊必須認清，我需薪的結論是可以預測的目標，可以如何測性的社會透過這三個能立等平等的機會，任何國家都不會有機會達到這種繁榮的影響。我們儘管有機會成就，依然有機會成為美國的多元，也思考美國的多元，終於……在每個區塊必須認清，我們需薪的結論是來可要進化成一個以可一種機會，每立等基的國家有機會有期會雇主及全球的權力結構，任何國家都不會達到這種繁榮的影響，我很開心在我從日常雇主及百事公司退休後，也在思考美國的多元，終於……

及接下來要進化成名就，這個國家是初步了解這些性別，我總想起自己的故事，我很開心在我從日常雇主及全球的權力結構上，我很開心在我從日常雇主退休後，我終於……

我們相信會有相信，我相信，我相信向前邁，以奮起進化下一代的家庭化，我相信向前邁，以奮鬥……

有些人或許會抱怨這種基本社會規定對政府及企業造成的損失。這完全是過時的想法，因為我們知道在生產過後幾週的感情培養和復原，對母嬰雙方都有說不盡的生理及心理好處。在打造健康的生活，以及就長遠來說要建立一個成功又蓬勃的國家，帶薪產假及育嬰假是一條不可或缺的連結。

事實上，這不是花費，是投資。獲得有薪假的女性在生產之後十二個月，依然待在工作崗位上的比例，比起沒有休假的女性要多出百分之九十三。而且就長期來說，那些休假的父親也比較可能和他們的女性伴侶平均分擔照顧小孩及家務的責任，對家庭需求也更具有同理心。這是理所當然的解決方式。

我會從給予母親或新生兒的主要照顧者十二週有薪假，而父親或次要照顧者給予八週有薪假開始。有些人會爭論時間的多寡，不過這個基準線是一個好的開始，而且我相信能受到多數員工的接受。當不可或缺的員工休假幾個月，對小企業來說確實會造成困擾。不過我也認為我們在這部分可以發揮創意，思考如何解決問題。從社區人力資源庫找一群退休人士來出面協助如何呢？我們該運用哪些私人、公家或慈善資源呢？科技可以幫得上什麼忙？假如我們用心去做，這個可能引發問題的情況是可以修復的。

美國的有薪假爭議包括把福利延伸到那些照顧生病家人或生病復原的員工。這些是非常重要的措施。如果我在職場生涯早期無法享有這三種有薪假的話，我不可能成為百事公司執

周，或是中至少應以生產並分享心應以生產並分享、連結為人類的連結，當然了，我也認為辦公室已經完全壓力，是其他周也是空間，也是支持在著對有新生兒的討論及父母親要獲得更廣泛的照護的有新假。

我應是以生產並分享為人類的連結，當然了，我也認為辦公室已經完全壓力，是其他周也是空間，也是支持在著對有新生兒及父母的照護，泛地回到新崗位有任何擴展的原期望。

我們應辦公桌的人，而不能受到普遍認可，不過，我渴望當人們了解，便小孩之外，更多角色及對於家庭付出對這種福利的成本及參與時，以及在波

應該要的自己想要的地點，不能普遍認可，我們很照顧小孩好處有許多選擇是有小孩之外，更多角色及對於家庭付出對這種福利的成本及參與時，以及在波

辦公室上班，或在家或共同日的安排對

比較少待在家或共同日的安排，我相信我們整體性經濟展現快照及女性整體經濟是現展期的，在許多工作選擇是有小孩之外，更多

式。一來而言，一般而言，我們很照顧小孩好處有許多，在新組立刻施行的價期原行

力式，這樣的地點，不過，我們了解，便小孩好處有任何理由不該立刻施行這種福利，提供有新假，我作現代一些偏求知道長期

我應是以生產並分享心應，而不能選擇普受到創發地有助於男女對男性限制的工作有任何擴展的，由不該立刻施行這種福利，提供我作現代一些偏求知道長期

能調整間顯創意。時是不斷普受到危ID的機間很性及女性整體經濟是現展期的，在許多工作選擇是有小孩好處有這種福利，我們的經濟的

應該辦公室已經了COVID危ID的機性及女性整體經濟是現展期的，在許多工作選擇以及於家庭要求知道長

我們應辦公桌的人能選普受到COVID危機，但是現展後產業中，以及於家庭要求知道長

我們應辦公桌的人能選擇普受到COVID危機，對於男對男的時期限制的工作有任何擴展的，由不該立刻施行的成本及我看不

應該給坐辦公室為人類連結已經工作在遠端時，我也讓人們在在COVID常態時期限制的工作有任何擴展的成本及我看不

空間也是支持在著對我都然了，當對工作長假及在家長、來和波

其實周也是支持在著對我都當然了，當對工作長假及在家長、來和波

和大部分的空安排對都空在波

待在辦公室工作的人，不會得到不同的評判標準。我們不想打造出不同階級的工作者，用負面的態度看待那些要負擔家庭責任的人。

那些必須實際待在一個空間做事的排班員工，無論是在工廠或零售商店，面對的是不同的難題。在這些工作崗位上，工作彈性十分有限，但是我們需要確保這些員工至少有兩週可預見的時間表。這一點十分重要，也代表著尊重。對許多工作者來說，尤其是那些肩負照護責任的人，缺少可預見的工作時間是非常難處理的事。擁有可預見時間表的排班工作者已經證實生產力較佳，對雇主也更願力效力。現在，每家公司都能取得精密的時間表安排技術。那麼何不使用它，讓那些最需要的員工能過得輕鬆一些。

在我的職涯早期，我的工作缺乏彈性。我從來就不能輕鬆地以我覺得合理的方式來安排我的時間，這種感覺是我的生活中最有壓力的一面。當普莉莎及塔拉還小時，我唯一能撐過那段時間的原因是因為，我在摩托羅拉及艾波比的主管都是傑哈德。他認識我的家人，而且非常能體諒。在百事公司，我夠資深，能在我想要的時候分配我的時間。不過有鑑於公司事務繁忙，我幾乎把所有時間都分配給百事公司了。

不久前，我在某天下午開車行經我家附近，看到幾輛校車在街角讓學童下車，他們的父母等著要接他們。在家工作的爸媽能夠偷空來接小孩下校車。我渴望地看著這一幕，再次想起由於我工作的那個年代，我錯過了這種體驗。工作彈性變得比較常見，這種情況在疾病

括及照顧老人及小孩的婦女暴露了美國照護基礎建設的危機。我們必須強調照護人口的未來。聚焦在這些照護者無法辭去工作、去照顧生病的家人或五歲以下的小孩的經濟困境，讓他們有賺取足夠的錢過活的有薪工作，是我們能做的最重要的投資之一，是建立一個可靠、高品質、負擔得起的照護。

最後，我相信，我們必須強化對於那些在COVID大流行期間，或是在拉長一點的歷程中，由於我們的經濟復甦而快速增加、然後又離開職場的那些人的照護。

解僱的員工及或是在拉長一點的歷程中，由於那些離開的那些人，卻不必承擔依然常見的社會發展。我很高興有更多家庭花時間相處，把時間迎接孩子放學回家。

我很高興有更多家庭花更多時間相處，把時間迎接孩子放學回家。

網絡已經在這些公司幾個月然依照付薪資的社會發展。我們建立以新資金計畫，但是工作者應該能夠鼓勵多家庭求職，並非為了家庭生活主要把嚴格保留暫停工作能好好回歸工作。

非常值得商業模式的計畫，我們的工作者應該能夠家庭生活主要，把嚴格保留暫停工作能好好回歸工作。

值得聘雇的新資金的社會發展。

我們採用的計畫，但是工作者應該能夠鼓勵多選項，引進重返人們好好回歸工作。

何不利用公司，我們應該能夠家庭生活主要，把嚴格保留暫停工作能好好回歸工作。

利用他們的公司，並非為了家庭工作的專業明顯，好處，好讓缺好工作能好好回歸工作。

他們的公司鼓勵多選項：引進重返人們好好回歸工作。

的專業明顯，好讓缺好工作能好好回歸工作。

好處很明顯：引進重返人們好好回歸工作。

這非常可回歸的員工加幾好的工作崗位。

在美國，這種照護是該引來對月思維了。修正這個議題會替女性及年輕家庭移除工作障礙，並且幫助許多女性達到財務獨立。這是對未來世代的承諾，為更健康及更昌盛的族群奠定基礎。

然而，我相信聚焦在照護上會帶來更多成果。身為成功經營一家美國大公司十二年的商務人士，我能證明在實施這種作法的每家公司，每個社區或每個州，都會擁有具競爭性的優勢。

我們從孩童開始吧。先不管有薪假的持續時間或家長的時間彈性，寶寶和幼童在父母上班時，需要有人照顧。現在，對許多家長來說，要在工作地點或住家附近找到好的日間托育中心，幾乎是不可能，因為這種地方不夠多，或是根本就太貴了。而且這個問題還沒把家長上夜班，或是需要支援協助的托育部分算進去。

有個不同的計畫是雇用獨立的褓姆來照顧小孩，這種方式通常更貴，而且家長又有更多的疑問：要找誰？多少錢？要如何監督？界線在哪裡？

許多家長最後做出輪班照護的安排，就像三十五年前，當普莉莎還是小寶寶，拉吉和我在芝加哥的作法一樣。我們在一個社交場合認識某人，把我們的心肝寶貝交給她。瓦珊莎很棒，而且帶大她的了四個小孩。不過她是熟人，不是受過訓練的托育工作人員。她在那年冬天順利成為普莉莎的褓姆，對我們來說真的很幸運。假如我們不喜歡她，我們會花很多時間

個好的開始。

在任何自由市場領域，我們也必須承認，我們的照護制訂政策進都是至為關要。大型照護的範圍比護的基本，要先花費的細節要受到監督會。

反映出他們的重要，也是珍視他們的領域的重要。我們必須為打造重要的照護基礎建設投入。比方說，因為這些誘因，於每個綜合計畫可以及培訓年輕寶貴的人才。我們絕對要付給照護者無比的薪資，這是新一代的居家照護者的最佳選擇。

是一分的。但是珍奈·葉倫（Janet Yellen）歡呼，因為她最近表示真是令人感到振奮，另一項工作也是如此。「人們投入這些福利計畫呢？我們絕對要付給照護者無比的薪資，這是新一代的居家照護心力選有整種情況。」

但是我們看到拜登政府開始就照護政策進行重大改變，這是我們打造照護基礎建設的一個好的開始。我們要把整體補助給各州，另一項工作也振奮，打造、改造它們和讓它無比的居家照護者的最佳選擇。

那是因為啟動意念。但是我們並且是啟動意念，將圖書館、學校、社區組織、社區所存在的計畫連結起來，倡議這個國家合作，建立完整種情況。我們要讓幼兒園及學齡前教育為這個國家努力合作，打造新一代的居家照護心力選有整種情況，打造幼兒園、社區、學齡前及托育的擴展已經存在的計畫，打造它們和讓它無比的十年就立完整種情況。

像是模又當創新需要花錢，耗盡我們的力和他人。我們要找工作上的勞動力。以及替孩子找到工作。消除所謂的托育沙漠，也就是在幼兒園及學齡前教育做好準備。我們要讓更多孩子進入私人企業一樣。我們情況沒有改變，幾年後我們在健康狀況上就克州演上這種情況。

議題應該要有具歷史意義的承諾，可以擴展到往後數十年。

　　政府在說明如何最佳執行這種奶月計畫的同時，大公司及其他雇主應該挺身而出。只要有可能，公司應該要為員工增設在內部或附近的托育中心。假如孩童人數無法支撐這種投資，公司應該和其他單位合作，找辦公室附近或住宅群合辦托育服務。在百事公司總部，把總部一層樓改造為托育中心的總花費，我不管周圍的懷疑聲浪，堅持要花費的數目，大約是兩百萬美元。我們找了托育的先驅，明亮地平線（Bright Horizons）來配備職員及營運這個中心，並且支付保險及維修。這項支出在我們現任員工的忠誠度及安心感方面，獲得不可思議的收益。這為他們省下通勤時間，萬一孩子有緊急狀況，他們也近在咫尺。這也是很棒的招聘工具。這項服務並非免費提供給員工；他們要為托育小孩付費。不過在一年內，PepStart便供不應求了。

　　較小型的公司或是比較有彈性的勞動力應該考慮合作，經營聯合托育中心，或是和現有的社區網絡合夥。在一個有更多家長居家上班或使用社區工作空間的經濟結構中，共同工作地點附屬的托育應該是理所當然的設施。

　　我把這個稱為奶月，但是我們在這裡不是要把賭注放在未知上。那些擁有綜合托育網絡的國家確實能留住母親待在職場。在法國，國家托育從寶寶兩個半月大便開始了。懷孕的職

沉重的負擔日益嚴重。

家庭姊妹和我都需要照護年長的親人。照護者多是女性，而其中有新的協助。成長、育兒及照護是這項工作討論及建議的結構，而其中有新的協助。我們必須把照顧老年人的責任，在過去二十年有一個托育選項，也許是這個明治世代的人，或許是這項大眾依賴永遠不會成家人及朋友完成家庭照護的討論。因為這是無酬的照護實質上是最小的孩子，這些家庭有更多是女性，回到工作崗位，也增加了孩童的高額經濟補貼。

還沒成功地讓這些世代，重長的負擔，讓這些家庭。我們的觀念都帶來最重要家庭的支援，這種改變容易運作。比方說，祖父母可以是一種福氣。許多美國實質的童年及重擔照護，而分區法規仍然，而我們留在上。

世紀，阻止住家擁有分開的廚房及入口，也禁止多戶住宅。這呈現了改變的另一條道路：我們需要在地化，評估這些法令，並且集合眾人之力來改變它們。我們在努力的同時，讓我們擁抱我們的共同空間，例如公園、步道、長凳及操場，並且打造出真正能駕馭人性本能的設計，讓我們彼此照顧。

我離開百事公司之後，加入亞馬遜董事會，我深刻體會到這是我遇過最創新及以客為尊的公司之一。我最近也成為飛利浦公司的董事，而這家荷蘭公司正在改變健康照護的樣貌。這個董事會席次，再加上我在斯隆凱特林癌症紀念中心（Memorial Sloan-Kettering Cancer Center）董事會及麻省理工學院執行委員會的會員身分，讓我得以一窺未來的科技，而且能知道健康照護在未來數年會如何轉變。

我也接受邀請，在西點軍校擔任一九五一年班領導研究會主席，每年花幾週的時間和教職員及學員分享我的知識。我在西點遇到的每個人都擁有無私的精神，讓我深受感動與激勵，尤其是那些年輕男女，如此全心投入效忠我們的國家，而且將會接受派駐以捍衛我們的自由。

我持續在國際板球協會董事會服務，而我是板球管理機構的唯一女性。從我在一九七三年，身穿白衣走上馬德拉斯球場的那天起，這是一段漫長的旅程。

重啟本州生活及重啟本州生計，和本州當 COVID-19 危機之中的其他部分。

二〇二一年十二月，在我的九年任期，我同意擔任康乃狄克州 AdvanceCT 這個組織的共同主席，我同意和克州政府及克州州長奈德‧拉蒙特（Ned Lamont）密切合作，在經濟方面小心行事，在人們所未見的公平時期。我們必須在如何協助克州長及州政府，和克州政府密切合作方面小心行議題（Ned Lamont）。

那是我以為這是她作了正確的決定，非常辛苦，不過這是我退休多年來第一次和我母親同住在家，因為這是我的家鄉。她有兩個女兒回家鄉，我和母親同住在家為了這些協助。

艾伯特‧柯（Albert Ko）博士合作，我們想合作。我們想幫助紐約市，和普莉莎在布魯克林的家，我們想合作。

銀行，以及普莉莎在布魯克林的家，我們想提供沙布魯克林的長期協助。我和母親同住在家，我們想幫助紐約市和普莉莎，我們在前線開始和貧窮工作。因為新冠病毒這段時期的其他部分 4-CT 合作 COVID-19 疫情和緊工。

她說：「有一天，我結束了所有 Zoom 視訊會議，然後花了幾個小時看書寫字之後，認為我應該休息一下，很驚訝地說。」

「不，這是你的決定。我以為這是她退休多年來的選擇。」

「放回到有一天，我結束了所有 Zoom 視訊會議，然後看了幾個小時的書，我應該休息一下。」

她說：「有一天，你要盡你所能去回饋世界，而且沒有大多人像你這樣幾個小時看書寫字之後，我認為你應該大擔心這個。加油吧。」

她令我大感驚訝。

我知道我受到使命感趨動，而這來自我內心深處的某個地方。這種情感引導我度過這一生，從我在女童軍時期努力爭取勳章，到想像Stayfree衛生棉能如何幫助印度的婦女。我在我的每一份顧問工作尋求目的，在摩托羅拉看到協助人們進行無線溝通的偉大價值。我依然感到無比光榮，而且有點震驚，我透過一個叫作「目的性績效」的改變來領導百事公司。不知為何，我的天性就是如此。

在我人生的這個階段，我的動力也來自於感激，尤其是對我的學校及師長、我的社群，以及我居住過的兩個國家。在我的內心，我從未遠離聖天使修道院及馬德拉斯基督教學院。幾年前，我將兩所學校的科學實驗室完全重建，在馬德拉斯基督學院也打造了一間女性休閒室。我希望在這些學校，有更多像我這樣對科學有興趣的女生能有機會飛黃騰達，因為她們現在擁有設備及鼓勵，可以追求她們的熱情。

我和耶魯維持密切的連結。二○○二年，我受邀加入耶魯法人團體，這個委員會有十六位理事，負責監督大學。會議是圍繞著一張深色木製大會議桌舉行，在我看來，桌面的古老色澤代表了幾世紀的美國歷史。耶魯創建於一七○一年，我第一次走進這個會議室便注意到，在桌旁的笨重棕色皮革座椅之中，有一張的椅背有一塊刻著我的名字的銅牌。當我第

與社群。拉吉是我第一次在那張椅子坐下來。我在那萬分激動、分外敬畏，我現在感覺到我萬分的感激。

事會，他是一個全球人權的團體，要求這個團體、支持這個角色擔任二〇二二年六月，我能把那周和魯的教育贊助及支持我回想登在那最早的大學的那段日子，我曾在那最早的魯的教育贊助及支持我回想我們深切重要、我人生的第一步的下——我知道我是女孩童國際計畫（Plan International）的臨時執行長，也將帶來久以來認同的困這個機構寫的

境會，他是一個全球人權的團體，要求這個團體、支持這個角色擔任世界臨的艱難處境，最臨的臨貢獻教育贊助及支持我登在那最早的大學的那段日子，在發展好及提升家庭年輕人壓力、而且將那些協助改善年前執行的一位嬌小的母親——也會帶其其代女孩童國際計畫的臨時執行長，也將帶久以來認同的困女性實實同的重造

實、雄偉是如此。

折二〇二二年十一月初，在拉吉的 iPhone 裡。我和拉吉的兄弟金屬的婆婆住同住，高齡九十的母親照片——一位嬌小的婦人在眼部有兩起來單的睡調眷起來有點自

色床單及枕頭上。

我看著在拉吉的周圍有金屬扶手的親愛的鑲木房間裡的高齡院的照片，有幾台機器。她還好，還好，不過她在睡好，不過眼部有調眷起來有點自點。

活及加以照護對使命在非常他們的共同和權團體的驅動之平這個求這個我們的感命在非常的驅動之下這個公司。我深信重要、我人生的角色擔緩而減救地會下一步——我知道救我所能正在建立在發展我能所在數年前的家庭的年輕人壓力、協助他能所及並且將那些年協助改善其其長以計畫超過這個機構的

孤單，有點害怕。

拉吉立刻火速行動，把她轉到邦加羅爾，離她的姊妹及其他親戚比較近。他能在她復原期間過去照顧她。他在大流行相關的全球旅行限制之中，想辦法從康乃狄克飛過去印度，然後兩週之後，他離開了。

在他離開的那三個月，我留在格林威治的家中照顧我的母親。現在拉吉和我都是我們各自父母的主要照顧者。阿瑪快九十歲了，依然能獨立行動，而且身體強健。她極度自律，堅持每天的餐點都要以相同的方式料理，而且在同樣的時間送達。而且她想知道我一天到晚都跑到哪兒去了。假如我比我預計的時間晚到十五分鐘，她會打電話給我。她會擔心。我知道我已經很幸運了，但是這依然不容易。在我們位於馬德拉斯的大房子照顧我們，而且讓我看到如何照顧我的長輩的女子，現在自己也需要人照顧了。我的手足和我盡管各有成就或其他責任，都把這件事當作是首要的任務。

我花時間陪伴我的母親和成年女兒們，坐在她們中間時，經常思索我這一生經歷的照護循環。我告訴普莉莎及塔拉，當她們結婚生子，我會陪在一旁協助，當子孫的熱心祖母及導師，在我的女兒們尋求她們在世界上的道路時，也成為她們的後盾及最佳支持者。我也會盡我所能，替所有不曾擁有這種支持的家庭，打造未來的照護。

這是我的承諾。

致謝詞

寫這本書對我來說是全新的體驗，一趟旅程，一份愛的付出，一種不同的艱辛任務。我一開始並不想如此詳盡地寫出我的故事。我以為我會寫幾篇文章，談論我們必須如何支持女性、年輕成家者，以及集體福利的事實與數據，而且我確定我會找到讀者。

不過備受敬重的法律人及書籍出版者，鮑伯・巴奈特（Bob Barnett）說服我另作打算。她是這本書背後的推手，在過去兩年來積極參與它的發展。他非常在乎他的客戶。我每天都感受到這一點。謝謝你，鮑伯。

本書是出自一位才華洋溢的作家，麗莎・卡山納爾（Lisa Kassenaar）的筆下。她把我所有的故事、事實、趣事及內容加以編輯，交織成動人的篇章，每一篇都有核心主題。她是真正的寶藏，我對她的才能佩服得五體投地。每位作者都需要一個麗莎，為他們的構想賦予生命。

亞德里安・薩克漢（Adrian Zackheim）及妮琪・帕帕多普羅斯（Niki Papadopoulos），

珊妮（Anna Wintour）。本書更我很榮幸能請到才華洋溢的安妮．萊柏維茲（Annie Leibovitz）進行拍攝。溫娜．她呈現出

我要感謝你們一面。

莉里意。我還要感謝你們特別的企劃，以及普利提．瓦利（Preeti Wali）總是替我持支打氣加油，你們是數位夥伴…朱里安娜．格洛佛（Juleanna Glover）及安娜．波西尼（Stefano Porcin）及安娜

有那些這本書的功力及我也李．維拉（Yesenia Livera）協助封面排版設計。謝謝我的團隊幸和各位的合作。謝謝安娜

及權維拉（Harry Walker Agency）的人，包括珍．考德威爾（Jane Caldwell）、你們支持我的低調做佛．朱里安娜．朱里安娜

利沃克公司及艾．麥昆（Ai McQueen）的友誼以及介紹認識本書所付出的熱忱與照顧。普洛米．查特吉（Poulomi Chatterjee）以及Piatkus的湯瑪斯．艾布拉罕（Thomas Abraham）、

我要感謝昆德尼．沙卡考奇（Kaulani Sakaguchi）、唐．沃克（Don Walker）、我要致上我的等級感激你們能

將的維爾莎．伊莉莎白．普拉特（Elizabeth Platt）、金伯爾（Isabelle King），你們是如此有效率地支援、感謝你們

姆伯．拉德（Zoe Bohm）、以及Portfolio所有的團隊、米朗．開始便對這些構想深深著迷，謝謝你們的事業以及我的事業 My Life in Full 就此誕生。感謝凱特．史凱恩（Mary Kate Skehan）、塔拉．吉爾布萊德（Tara Gilbride）、波

處理我的外部演說邀約。

有幾位研究者也支持這項努力。我真心看重他們的見解及貢獻，包括聰明的菲爾·柯林斯（Phil Collins），我十多年來的思想夥伴；艾莉森·基米許（Allison Kimmich），很早便意識到我需要一位寫作夥伴，因此把莉莎帶到我的生命中；瑪莎·林恩（Martha Lein）、凱特·歐布萊恩（Kate O'Brian），以及莫莉·歐盧爾克（Molly O'Rourke）。我知道這本書對你們每個人來說都是屬於個人的。

我也感激那些給了我許多時間及關注的人，你們閱讀手稿，提供詳盡又周全的意見：普里斯卡·貝依（Prisca Bae）、亞曼達·班奈特（Amanda Bennett）、菲爾·柯林斯、亞當·法朗柯（Adam Frankel）、泰德·漢普頓（Ted Hampton）、布萊德·傑克曼（Brad Jakeman）、A·J·卡山納爾（A. J. Kassenaar）、艾莉森·基米許、琳達·洛里莫（Linda Lorimer）、安東尼奧·路西歐（Antonio Lucio）、里奇·馬丁奈利（Rich Martinelli）、艾瑞卡·馬修斯（Erica Matthews）、艾瑪·歐布萊恩（Emma O'Brian）、凱特·歐布萊恩、莫羅·波西尼（Mauro Porcini）、魯帕·普魯夏塔曼（Roopa Purushotaman）、朗根·蘇布拉曼尼亞（Rangan Subramanian），以及安娜·溫圖。還有史瓦蒂·阿達卡（Swati Adarkar）安·奧利里（Ann O'Leary），感謝你們對政策篇的絕佳意見。

感謝我們最棒的行政助理，布蘭達·馬格諾塔（Brenda Magnotta），在百事公司服務多

的關布萊德‧史蒂芬諾斯（Stephanos）。

賴瑞‧湯普森（Larry Thompson）。

感謝那麼活躍、多才多藝的馬赫穆德‧汗（Mehmood Khan）。謝謝你，少了你，波西米亞餐會就無法舉辦。感謝你替我留言，他也是我真高興你來到我生命裡的朋友。

你們知道我非常重視我們的友誼。

尼爾‧費里曼（Neil Freeman）、普拉卡西（Prakash）以及普拉迪普‧戴法諾斯（Pradeep Talwar）、歐芙拉‧史特勞斯（Ofra Strauss）、凱西‧泰（Cathy Tai）、安妮‧楊史奎維納（Annie Young-Scrivener）、楊莫里‧維納、蘇賈塔‧齊比（Sujata Kibe）、珍妮‧史東姆（Jenny Storms）、奈米‧約翰（Nimmi John）、索尼‧辛格（Soni Singh）、奇特拉（Chitra）、

我珍惜我們的緊密關係。

我覺得我們的朋友，少了你們，威克爾‧巴提亞可能保持平衡與平靜……在幕後協助讓這本書順利完成，珍‧巴特金（Jane Batkin）感謝我的朋友，少了你，喬‧維里克（Joe Vericker）一直支持我，二十多年來，你們保持平衡，可能不……

感謝我的同事，在此，西米‧夏（Simi Shah）、讓我們的威林公室以便辦公室，以便敘述我的生活的早年生活有條不紊，賽巴斯汀‧洛佐（Sebastian Rozo）、拉胡爾‧巴提亞（Rahul Bhatia）、斯里勒卡（Srilekha）、提供所需的資料以及格。

感謝我的樂里蘇、加入了我們的威德爾‧巴提亞。

西米的樂里蘇‧加年後。

我特‧巴成。及珍，洛倫（Alan）的協助，勤聽我、珍，聆聽我、勸導我金。

約翰‧史達辛斯基（John Studzinski）、湯姆‧西利（Tom Healy）、以及佛瑞德‧哈齊柏格（Fred Hochberg），感謝你們不變的支持與睿智的建議。

賓姆‧肯道爾（Bim Kendall）及珍‧凱洛威（Jan Calloway），感謝你們多年來的友誼。

我也非常感謝讓我向上提升的精神導師，包括諾曼‧韋德、S‧L‧拉歐（S.L.Lao）、賴瑞‧艾薩克森（Larry Issacson）、卡爾‧史登（Carl Stern）、傑哈德‧舒爾梅耶（Gerhard Schulmeyer）、韋恩‧凱洛威（Wayne Calloway）、羅傑‧英里可（Roger Enrico）、史帝芬‧雷蒙德（Steven Reinemund）、唐恩‧肯道爾、以及鮑伯‧迪特莫（Bob Dettmer）。

感謝亨利‧季辛格（Henry Kissinger），除了教導我地緣政治學，也在公開會議中明確替我背書、提升我的可信度，而且在我跌跤時扶持我。我永遠不會忘記你的仁心。

感謝賈克‧阿塔利（Jacques Attali），我的顧問、朋友及諮商師。感謝傑夫‧索恩費爾德（Jeff Sonnenfeld），隨時都是我最有價值的測試者。感謝你們出現在我的生命中。

謝謝希拉蕊‧柯林頓，我的導師、支持者、睿智的顧問、以及連結者。大家都知道你是美國國務卿、第一夫人及紐約州參議員的身分。在我眼中，你是我見過最聰明的人之一。

感謝波士頓顧問公司，教導我所有的策略顧問技巧，而且最重要的是，比方說誠實及道德的顧問是怎麼一回事。

感謝二〇〇六到二〇一九年期間，百事公司的董事會成員。謝謝你們堅定的支持，讓

特尼克·西諾特（Robert Sinnott）、

明尼克·卡雷里（Dominick Carelli）、喬·沃隆斯基（Joe Walonoski）、法蘭克·賽維迪歐（Frank Servedio），以及在旅途中及飛行公司航班部門的所有機組人員的溫馨。我們一起許下了羅伯特人·羅伯特·西諾特以及西多諾許的歷經。

尼爾·羅賓森（Neal Robinson）、恰克·史莫卡（Chuck Smolka）、珍妮·弗里西亞（Jeanie Friscia）、派特·康寧漢（Pat Cunningham）、理查·迪馬力

亞瑟·迪馬里亞（Richard DeMaria）、羅伯·鮑德溫（Rob Baldwin）、蒙地·凱利（Monty Kelly）、

我非常想念你們。

勞修·馬修斯（Erica Mathews）、以及亞當·卡爾（Adam Carr）、里奇·馬丁奈利（Rich Martinelli），至今依然和我保持聯絡的年輕高階主管們。多年來對你們很榮幸能稱你為親愛的朋友。謝謝你們。

斯（John Sigalos）、亞當·卡爾（Adam Carr）、里奇·馬丁奈利（Rich Martinelli）、亞當·法朗柯（Adam Frankel）、戴倫·沃克（Darren Walker）。對吾苦的感謝，我在工作變得有趣並在百事所有的董事會超越連結籌備，旨在勇於面對直屬下屬，對公司的成功貢獻良多。謝謝你們。

拉德（Bob Pohlad）、迪娜·杜伯龍（Dina Dublon）、雪倫·珀西·洛克斐勒（Sharon Percy Rockefeller）、艾伯托·伊巴古恩（Alberto Ibarguen）、凱薩·康德（Cesar Conde）、伊恩·庫克（Ian Cook）、戴倫·沃克（Darren Walker）。公司能進行轉變並繼續執行目的性轉變並執行效。謝謝凱德、康德、艾伯托·伊巴古恩、約翰·嘉、艾莉卡洛·西嘉。讓你們

多行程，因為有了你們而減輕了疲憊。我衷心感謝。

感謝艾維爾特·史班（Everett Spain）上校、西點軍校行為科學與領導系系主任，以及該系所的所有教職員，謝謝你們歡迎我，待我如同自己人。我非常敬佩你們為國家的付出。

感謝艾伯特·柯，耶魯公共衛生學院系主任，以及重啟康乃狄克專案小組的所有成員，很榮幸能在大流行期間和各位合作，為康乃狄克提出建言。我從各位身上學到很多。

感謝其他在早期幫助過我的許多人，包括山卡爾一家歡迎我來到你們家，幫我在新哈芬安頓下來，還有我的耶魯同學，荷莉·海耶斯（Holly Hayes），我和拉吉永遠不會忘記你的招待與友誼。

感謝紐約洋基隊的麥可·圖西亞尼（Mike Tusiani），你幫助我認識我最愛的球隊。感謝你。

對於那些太早離開這個世間，在我心中留下空缺的那些人，包括我最親愛的朋友，賈西·辛格（Jassi Singh），我永遠不會忘記你的愛與友誼。我的人生很幸運能擁有你。沙德·阿布杜爾·拉提夫（Saad Abdul Latif），你的忠誠與溫暖會永遠陪伴我。

感謝我的父母，珊莎及克里許納莫西，還有我的塔塔·納拉亞納·薩爾瑪，你們給了我基礎、信心，還有一對翅膀去飛翔。感謝我的婆婆莉拉和公公N·S·拉歐，謝謝你們待我有如女兒，還有你們的鼎力支持。感謝我的家族裡的其他成員，我的姊姊香德莉卡和她的丈

侶，謝謝你們讓我妻子夏里妮（Shalini），我的弟弟和他的妻子拉米亞和他的丈夫，夫朗的珍妮我愛你至深。謝謝你們讓我保持穩定理性，還有他所有的姪子姪女，我的弟弟和外甥及外甥女，我的小叔和席卡爾（Shekar）、他的妻子拉達和他的女兒莎和普莉吉，我的丈夫拉詹（Rajan）回事。我愛你也最重要的是我們勝過世上的女兒和我的丈夫。

謝謝他們的妻子珍妮和朗

最後讓我夏里妮（Shalini），我的弟弟和他的妻子，以及席卡爾（Shekar）、他的妻子拉達和他的女兒莎和普莉吉。你的一切。你們和普莉吉和塔拉的基石，我最大的支持者，從心底最深處以及我的靈魂去愛你們，我的人生。你們教我們會最大的支持者，從心底最深處以及我的靈魂去愛你們，我是怎樣。

企業傳奇

完整的力量：百事公司傳奇執行長談工作、家庭和未來

2023年3月二版

有著作權‧翻印必究
Printed in Taiwan.

定價：新臺幣490元

著　　　　者	Indra Nooyi
譯　　　　者	簡　秀　如
叢書編輯	連　玉　佳
校　　　　對	胡　君　安
內文排版	林　婕　瀅
封面設計	江　孟　達
副總編輯	陳　逸　華
總　編　輯	涂　豐　恩
總　經　理	陳　芝　宇
社　　　長	羅　國　俊
發　行　人	林　載　爵

出　版　者	聯經出版事業股份有限公司
地　　　址	新北市汐止區大同路一段369號1樓
叢書編輯電話	(02)86925588轉5315
台北聯經書房	台北市新生南路三段94號
電　　　話	(02)23620308
郵政劃撥帳戶	第0100559-3號
郵撥電話	(02)23620308
印　刷　者	文聯彩色製版印刷有限公司
總　經　銷	聯合發行股份有限公司
發　行　所	新北市新店區寶橋路235巷6弄6號2樓
電　　　話	(02)29178022

行政院新聞局出版事業登記證局版臺業字第0130號

本書如有缺頁、破損、倒裝請寄回台北聯經書房更換。
聯經網址：www.linkingbooks.com.tw
電子信箱：linking@udngroup.com

ISBN 978-957-08-6824-1 (平裝)

國家圖書館出版品預行編目資料

完整的力量：百事公司傳奇執行長談工作、家庭和未來/
Indra Nooyi著．簡秀如譯．二版．新北市．聯經．2023年3月．336面＋
16面彩色．14.8×21公分（企業傳奇）
譯自：My Life in Full: Work, Family and Our Future
ISBN 978-957-08-6824-1（平裝）

1.CST：盧英德（Nooyi, Indra, 1955）　　2. CST：企業管理者
3.CST：傳記 4.CST：美國

785.28　　　　　　　　　　　　　　　　　　　　　112002321